基础设施投融资：
理论、实践与创新

吴亚平◎著

经济管理出版社

ECONOMY & MANAGEMENT PUBLISHING HOUSE

图书在版编目（CIP）数据

基础设施投融资：理论、实践与创新/吴亚平著.—北京：经济管理出版社，2022.6
ISBN 978 - 7 - 5096 - 8417 - 7

Ⅰ.①基… Ⅱ.①吴… Ⅲ.①基础设施建设—固定资产投资—研究—中国 ②基础设施建
设—融资—研究—中国 Ⅳ.①F299.24

中国版本图书馆 CIP 数据核字（2022）第 077147 号

组稿编辑：张馨予
责任编辑：张馨予　乔倩颖
责任印制：黄章平
责任校对：董杉珊

出版发行：经济管理出版社
　　　　　（北京市海淀区北蜂窝 8 号中雅大厦 A 座 11 层　　100038）
网　　　址：www. E － mp. com. cn
电　　　话：（010）51915602
印　　　刷：唐山玺诚印务有限公司
经　　　销：新华书店
开　　　本：720mm×1000mm/16
印　　　张：13. 75
字　　　数：245 千字
版　　　次：2022 年 10 月第 1 版　　2022 年 10 月第 1 次印刷
书　　　号：ISBN 978 - 7 - 5096 - 8417 - 7
定　　　价：98. 00 元

序言一

一

参加工作近30年，我一直在国家发展改革委（国家计委）投资研究所工作，既做过项目可行性研究和咨询工作，也评审过很多项目，给地方政府和企业讲过很多投融资方面的课程，还直接参与了一些投融资相关文件研究起草工作和具体项目审批工作，当然做的最多的还是投融资体制改革和投融资政策研究。我深刻地体会到，学投资、研究投资、讲投资、管投资和干投资真的不是一回事，而是五回事。

学投资自然海阔天空，无拘无束，但掌握学习方法和逻辑比学到多少投资知识本身更重要，能够了解一些基本概念和原理其实也差不多，如投资收益和风险相匹配、专业人做专业事、投资风险防控比收益更重要、投资是预测未来、投资股票是请专业人士帮自己挣钱等。

研究投资算是无禁区，自由度非常大，但要遵循投资的基本原理和方法，要观大势、谋大局、出大策，特别是前后逻辑要自洽，否则相关结论和政策建议经不起时间检验，甚至直接误导管投资、干投资的人。

讲投资要求讲解者本身拥有丰富的投资知识和方法，要有学习、研究投资的基础，乃至管投资、干投资的经验，否则很可能是瞎掰。此外，讲课本身也是一门学问，要有演讲技巧，要把这些投资知识和方法以听众能理解的方式讲出来，同时又要生动活泼，吸引听众注意力，让听众乐于听。就我个人的感受，讲投资的最大挑战是面对市县等基层政府有关部门的工作人员，因为他们大多数人都没有投资、融资的基本知识，最关注的是如何有效解决投资、融资和建设中的实际问题，不需要太多理论。

管投资包括审批投资项目和安排投资资金，必须要有强有力且公正、透明的制度规则约束，管理者要有"天下为公"的格局，有为国家服务和为社会创造价值的初心和使命。从理论上说，"决策都是个人作出的"。依靠管投资个人的自觉和觉悟是不靠谱的，个人能力和经验也比较有限，掌握的信息难免不全，所以要有强有力的问责制和责任倒查机制，否则可能为个人偏见甚至私心私利左右。

干投资不管是产业投资还是金融投资，对实际操作能力的要求都是最高的，且直接涉及企业和个人利益，搞不好甚至满盘皆输，这无疑是最难的，挑战性也是最大的，所以必须坚持目标导向和问题导向相结合，必须首先考虑投资风险防控，必须具备足够的专业能力，必须要有科学的方式方法和强大的执行力，还要有健全完善的投资监督、绩效考核和惩戒问责机制。只有这样，才能在不断解决问题的过程中，逐步实现投资目标任务。

曾经有个建筑行业央企的好友力邀我加盟，也有个著名的房地产行业排头兵企业通过猎头公司找到我，且都给我描绘了一幅相当美好的新图景，职责当然都是干投资。但是，学投资、讲投资和管投资都没少干的我，却没有勇气真正去干投资。因为我深知，那是完全不一样的挑战，不仅是对专业知识和能力的挑战，甚至是来自不同文化的挑战。

二

从事投融资体制改革和投融资政策研究工作期间，我曾三次在国家发展改革委机关相关司局帮忙管理政府投资和审批投资项目，包括写投融资管理相关文件材料，可谓"三进三出"。近30年来，我算是见证了建设国债、资金信托、产业投资基金、融资租赁、企业债券、公司债券、中期票据、供应链金融和资产支持证券ABS以及最新试点的公募不动产投资信托基金REITs等基础设施投融资工具的此起彼伏，也经历过"建设—移交"（BT）模式、融资平台公司打捆贷款融资模式、政府购买服务模式、特许经营/PPP模式、政府授权投资经营（ABO）模式、生态环境导向的开发（EOD）模式和交通导向的开发（TOD）模式以及各种涉嫌变相融资甚至违规融资的投融资模式的"潮起潮落"，比如近一两年来很多地方实施的"融资＋工程总承包"（F＋EPC）模式、"投资＋工程总承包"（I＋EPC）模式和"工程总承包＋运营"（EPC＋O）模式等。判断各种"穿马甲"的项目投融资模式或组织实施模式是否违规或新增政府隐性债务，最重要的是看其是否属于政府投资项目，看其交易的实质特别是政府承担的投资、付费或运营补贴等责任是否符合《政府投资条例》和预算法及其实施条例等相关法律法规要求。

在我看来，2010 年国务院 19 号文看似重点在于清理整顿地方政府融资平台公司、剥离其承担的政府非经营性项目融资职能，实则重在理顺政府和企业、政府和市场的关系，拉开了整个基础设施和公共服务等公共领域投融资模式转型乃至供给侧结构性改革的序幕；2014 年国务院 60 号文提出"建立健全政府和社会资本合作（PPP）机制"，为 PPP 模式走进公共领域提供了上位依据；2015 年开始登上公共领域舞台的地方政府专项债券则拉开了地方政府规范举债融资机制的序幕，使政府和企业的债务融资走上了不同的轨道；而 2019 年 7 月正式施行的《政府投资条例》则依法定义了政府投资项目，完善了政府投资资金和项目管理体制机制，明确提出了"政府投资按项目安排""政府投资资金跟着项目走""先落实资金、后建设项目"等制度规则，从而为判断公共领域各种投融资模式合法合规性提供了重要依据和基本遵循，也为从源头上防范新增政府债务风险提供了法治保障。

总体上看，在基础设施和公共服务等公共领域，恐怕没有比 PPP 模式更好的实现目标导向、问题导向和结果导向有机结合的投融资模式，没有比政府债券更加规范透明、总量和投向可控特别是风险可控的政府举债融资机制，也没有比政府投融资平台/城投公司授权投资经营制度更为适合的投资制度安排。在公共领域，传统公建公营模式、PPP 模式和企业自主投资模式各有所长、各有所短，但都有其用武之地。"运动式"运用或"一刀切"排斥某种投融资模式，不考虑具体公共项目的收益来源和性质，不区分不同投资主体的专业能力、投融资能力、风险控制能力和投资责任约束机制，都是不可取的。

序言二

一

地方政府与投融资平台公司等国有企业之间的责权利关系可谓"剪不断、理还乱"，但无容置疑，地方政府所属投融资平台公司在推进基础设施建设乃至新型城镇化发展中具有重要地位。推进投融资平台公司市场化转型，剥离投融资平台公司的政府非经营性项目融资职能，剥离其政府信用，促使其走市场化融资之路，是厘清政企责权利关系、推进公共领域治理体系现代化的必由之路，但这绝非一蹴而就。

投融资活动有其基本的逻辑，主要依赖政府投资的基础设施和公共服务领域同样如此。有为政府和有效市场的关系，政府和企业（包括投融资平台公司等国有企业和社会投资者）的责权利关系，投资回报和投资风险匹配的原则，专业能力和投融资能力匹配的原则，合规性、收益性、风险性和流动性的有机统一，都是需要明确研究回答的，而且要"先谋划而后动"。基础设施是经济社会发展的基础和保障，具有战略性、基础性和先导性作用。现代化基础设施体系也是现代化经济体系和现代产业体系的重要组成部分。新发展阶段，适度超前开展基础设施投资，全面高质量构建现代化基础设施体系，如何遵循投融资的基本逻辑，有效破解投融资的难题？

相信读者朋友看完我这本书后，会知道我的答案，也会有自己的答案。

二

基础设施投融资是一个世界性的难题，从世界各国的做法看，即使是发达国家，也没有一个统一的投融资模式；即使同一个国家，在不同的经济和城镇化发展阶段，随着投融资体制、财政体制、金融体制、价格/收费机制以及政府规制和政策的改革，基础设施的投融资模式也会相应地做出改变。基础设施投融资也是一个实践性很强的工作，不同的基础设施领域，由于技术经济特点、商业模式和回报机制不同，投融资模式也会有所不同甚至相差很大；即使同一种基础设施投融资模式在不同发达程度的地区，适用性也可能不同。

在宏观经济层面，基础设施投资是全社会固定资本形成的重要组成部分，从供给侧看不仅有助于扩大供给从而具有长期的供给作用，而且从需求侧看有助于扩大短期的有效投资需求从而助推投资和经济增长。扩大基础设施投资规模乃至适度超前开展基础设施投资，是跨周期和逆周期调节的有机结合，也是应对经济下行压力较大时期的重要宏观调控政策措施。因而实践中，基础设施投融资模式往往具有很强的政策导向性，为短期扩大有效投资采取的基础设施投融资政策以及相应的投融资模式，很可能短期过后就不适用甚至取消了。比如，我国曾经实行的特别建设国债、融资平台公司打捆贷款、国开行"软贷款"、国开行农发行专项建设基金以及 2022 年实施的政策性开发性金融工具（基金），都具有明显的短期调控政策工具色彩，即使是长期适用的资金信托、产业投资基金、融资租赁、城投企业债券、特许经营/PPP 模式等投融资模式，实施力度和节奏也明显受宏观调控政策影响。

试图从理论和实践两方面给出一个一劳永逸的基础设施投融资模式，恐怕是不现实的，或许创新总是"在路上"。在基础设施领域如何充分发挥市场配置资源的决定性作用和更好发挥政府作用，形成有效市场和有为政府的合力；如何践行"专业的人做专业的事""目标导向、问题导向和结果导向相结合"的原则要求，实现真正的"物有所值"；如何实现投资回报和投资风险的有效匹配，调动激发各类社会资本包括产业资本和金融资本特别是民间资本的内生动力，是基础设施投融资模式创新乃至投融资政策制定的永恒主题。这也是笔者长期做投资研究、教投资课程的重点内容，也是本书试图努力给读者回答的主要问题。

三

本书在写作过程中，得到了基础设施投融资业界的众多好友及其所在机构的大力帮助支持。这些机构包括直接开展基础设施投融资的产业资本和金融资本，也包括开展投融资服务的咨询机构和律师事务所；既有各级政府发改、财政等部门，也有地方投融资平台公司和投资运营企业，其从不同层面、不同角度给予了我大量的第一手"原材料"。我要感谢曾经向我问相关问题的朋友，他们在"打扰我"的同时，实际上也在帮助我，让我的投融资政策研究工作和本书的写作更具有针对性。

我尤其要感谢中建投资基金管理（北京）有限公司金浩先生、杭州城投资产管理集团有限公司李彩霞女士、北控水务（中国）投资有限公司徐东升先生、南京卓远资产管理有限公司吴健先生、北京市中闻律师事务所周瑞军先生。他们不仅促成了我任职的国家发展改革委投资研究所与其任职机构联合开展"基础设施项目资本金研究"课题，使得该课题研究成为基础设施领域产（产业）研（研究）合作的成功尝试，而且他们个人丰富的基础设施投融资管理或咨询服务的实践经验，有效弥补了我本人相关基础设施投融资实践工作的短板，使我本人受益颇多。

目　录

第一章　全面深化投融资体制改革

投融资体制是固定资产投融资活动的管理制度和运行机制的统称，是我国社会主义市场经济体制的重要组成部分，其基本架构包括政府投资的管理制度、政府对企业投资的管理制度、投融资机制和投资宏观调控机制等。新中国成立至今，我国的投融资体制经历了传统计划经济体制下高度集中的管理模式，改革开放后逐步引入市场机制、逐渐形成投资主体多元化、资金来源多渠道、投融资方式多样化、项目建设管理市场化的投融资格局，到 2004 年后重点围绕明确政府和市场分工、确立企业的投资主体地位、充分发挥市场配置资源作用等方面推进改革，再到党的十八大以来围绕发挥投资对优化供给结构的关键性作用的新定位，明确政府投资边界范围、进一步落实企业投资自主权、激发企业特别是民间资本的积极性、创新投融资机制、使市场在资源配置中起决定性作用和更好发挥政府作用，以及加强投融资领域依法治理等方面深化改革的历程。投融资体制随着我国经济体制改革整体推进、经济社会发展阶段变化和生产力水平提高而不断做出新的调整和变革。40 多年来的投融资体制改革的基本经验及相关做法值得总结和传承。

第一节　投融资体制改革历程回顾

改革开放以前，我国实行高度集中统一的计划经济体制。在投融资领域，政府是固定资产投资的唯一主体，每年制定投资计划，以指令性计划的方式对相关行业领域、地区和企事业单位的投资项目和资金进行调节。政府在投资项目管理中具有多重身份，既是投资者，又是融资者，还是项目管理者和监督者。在计划经济体制下，无论是对企业的投资（主要指国有企业或全民所有制企业），还是对基础设施和公共服务项目的投资都是由国家财政支出，计划经济时期投融资体制的主要特征是投资主体单一、投资资金来源单一。改革开放以来，我国高度集中统一的投融资体制被逐渐打破，呈现出投资主体多元化、投融资来源多渠道、投融资方式多样化、建设实施市场化的特征。投融资体制改革以充分发挥市场配置资源的作用和更好发挥政府作用为主线，具有阶段性、渐进性的特点。投融资体制改革的历程可以分为推动计划经济的传统投融资体制向社会主义市场经济的新型投融资体制的转型阶段（1978～2003 年）、深化阶段（2004～2012 年）、党的十八大以来的改革新阶段三大历史阶段。

一、转型阶段（1978～2003 年）

这一阶段的基本任务是对传统的计划经济的投融资体制进行全面改革，逐步确立社会主义市场经济的新型投融资体制。根据改革步骤，这一阶段又可分为以下两个阶段。

（一）起步探索阶段（1978～1992 年）

这一阶段是我国投融资改革较浅层次的局部尝试性改革阶段。这一时期的改革具有简政放权、缩小计划指令范围以及尝试投资项目建设实施市场化等基本特点，具体包括推行国家预算内投资拨款改为贷款制度（以下简称"拨改贷"）、改革投资计划管理和实行投资包干责任制等措施。这一阶段的改革最重要的意义在于打破了计划经济体制下，中央政府作为唯一投资主体和中央政府资金作为唯一投资资金来源的禁锢，并为我国投资领域由投资主体和投资渠道过于单一的旧格局逐步过渡到投资主体多元化和融资来源多渠道的格局打下了基础，为建立适应社会主义市场经济要求的新型投融资体制做出了必要的铺垫。

1988 年 7 月，国务院出台《关于投资管理体制的近期改革方案》，标志着我国开始由计划经济体制下的投融资体制向更多地引入市场机制的投融资体制转变。按照该方案提出的具体要求和部署，主要实行了以下主要改革措施：①初步划分了中央和地方政府的投资分工和范围，即面向全国的重大项目主要由中央政府承担，地方政府则主要负责投资建设区域性的项目。②为了明确资金使用方向，提高资金使用效率，将预算内基本建设投资划分为经营性和非经营性两类进行管理。③扩大融资渠道，股票融资开始步入规范化发展轨道，债券市场也初步建立和发展起来。④中央一级成立了能源、交通、原材料、机电轻纺、农业、林业六个国家专业投资公司，负责管理和经营各自行业领域中央投资的经营性项目。同时，各级地方政府，主要是省级和地市级人民政府也参照中央政府的做法陆续组建了投资公司，主要职能是代替地方政府发挥投融资管理职能。

总的来看，这一时期我国投融资体制改革处于起步阶段，虽然在部分行业领域和环节引入了市场机制，但由于受整个计划经济体制的影响和制约，投融资体制依然基本保留了计划经济色彩。

（二）社会主义市场经济下新型投融资体制的转轨阶段（1993~2003年）

1992年邓小平同志南方谈话后，我国破除了计划经济体制的思想束缚，开始了中国特色社会主义市场经济体制的改革和探索。这一时期投融资体制的改革措施主要包括以下几个方面。

第一，尝试建立竞争性项目、基础性项目和公益性项目三类项目分开管理的体制，分类实施不同的投融资模式。竞争性项目主要在产业领域，市场机制比较健全，主要由企业自主投资、自主决策、自担风险。基础性项目除政府投资主体外要大力吸引各类社会投资主体参与，包括民营投资主体和外商投资主体。公益性项目主要由政府投资。

第二，实施政策性金融与商业性金融分离。将工、农、中、建四大专业银行承担的政策性金融业务和商业性金融业务进行分离，成立国家开发银行、中国进出口银行和中国农业发展银行三大政策性银行，其中国家开发银行作为中长期批发银行，主要负责"基础设施、基础产业和支柱产业"领域重大项目的贷款。

第三，建立投资责任约束机制和投资风险约束机制。20世纪90年代中期相继推出了建设项目法人责任制和投资项目资本金制度，前者要求项目法人对项目建设、融资、运营和债务偿还等全过程负责，后者要求经营性项目总投资中必须要有一定比例的"本钱"，从而进一步强化了"谁投资、谁决策、谁承担风险"的原则。

第四，投融资机制逐步完善。企业债券和股票等直接融资制度不断改革完善，拓宽了投资项目的融资来源和方式，尤其是国家发展改革委（原国家计委）主管的企业债券融资直接服务于投资项目的融资需要。20世纪90年代中期，国家计委会同有关地方政府推出了五大利用外资特许经营项目，包括广西来宾B电厂、成都市自来水六厂等。1998年，国家开发银行开始与地方政府合作开展基础设施项目"打捆"贷款机制，标志着高度依赖地方政府信用和土地财政的政府特殊目的载体（SPV）——政府融资平台开始登上地方基础设施投融资的舞台。

值得注意的是，这期间我国财政、金融、国有资产、国有企业等与投融资领域直接相关的体制改革也取得了较大的阶段性成果，对深化投资体制改革产生了积极的推动作用。总之，这期间我国投资体制改革取得了显著的阶段性成果，投资建设领域的市场化运作机制大大加强，为下一步改革积累了宝贵的经验。

二、深化阶段（2004~2012年）

以2004年国务院颁布的《国务院关于投资体制改革的决定》（以下简称《决定》）为标志，我国投融资体制改革进入了深化阶段。《决定》充分肯定了我国改革开放以来投融资体制改革的成果，对进一步深化投融资体制改革做出了全面部署，提出了一系列改革任务和相关要求。

第一，发挥市场对配置投资资源和要素的基础性作用。充分发挥政府宏观调控下市场机制的基础作用作为深化投资体制改革的指导思想，提出按照完善社会主义市场经济体制的要求，最大限度地发挥市场对资源配置的基础性作用。《决定》提出深化投资体制改革的目标是：通过深化改革和扩大开放，最终建立起市场引导投资、企业自主决策、银行独立审贷、融资方式多样、中介服务规范、宏观调控有效的新型投资体制。

第二，实行政府投资和企业投资分开管理的体制。顺应转变政府职能和行政管理体制改革的要求，进一步明确了企业的投资主体地位，并合理划分中央和地方政府的投资事权分工，其中中央政府投资除本级政权等建设外，主要安排跨地区、跨流域以及对经济和社会发展全局有重大影响的项目。取消了政府对企业投资项目的审批制，对于企业不使用政府投资资金建设的项目，一律不再实行审批制，而是区别不同情况实行核准制和备案制。政府对投资项目实施核准和备案的主要依据是产业政策、国家安全、公共安全和公共利益等外部性。核准制和备案制充分有效地赋予和保障了企业的投资主体地位，尤其是落实了投资决策自主权。

第三，完善政府投资管理制度。提高政府投资的透明度与公众参与度，提升政府投资决策的科学化、民主化水平，加强对政府投资决策和实施全过程的监管。对非经营性政府投资项目推行代建制，试行政府投资的决策、执行和监督三分离的管理制度。规范政府投资资金管理，根据资金来源、项目性质和调控需要，政府投资资金可分别采取直接投资、资本金注入、投资补助、转贷和贷款贴息等方式。其中，非经营性项目由政府直接投资，确需政府投资的经营性项目采取政府投资资本金注入方式，确需政府投资资金支持的企业投资项目如高技术产业化项目和企业技术改造项目采取政府投资补助或贷款贴息等方式，转贷方式则适用于利用国际金融组织或外国政府贷款的项目。

第四，进一步拓宽投资资金来源。允许各类企业以股权融资方式筹集投资资金，逐步建立起多种募集方式相互补充的多层次资本市场。改革企业债券发行管理制度，扩大企业债券发行规模，增加企业债券品种。运用银团贷款、融资租赁、资金信托以及项目融资等多种方式，拓宽项目资金来源渠道。鼓励建立中小企业融资担保体系，为中小企业融资提供担保。建立和完善创业投资机制，规范发展各类投资基金如风险投资基金（VC）和私募股权投资基金（PE）等。鼓励保险资金间接投资基础设施和重点建设工程项目。这期间，政府融资平台公司迎来了持续快速发展，数量大大增加，债务总量不断攀升，但是管理不善和潜在的债务风险等问题也逐步积累。2010 年国务院发布《国务院关于加强地方政府融资平台公司管理有关问题的通知》（国发〔2010〕19 号），拉开了政府融资平台公司清理整顿和转型发展的序幕。与此同时，2009 年中央财政开始代发地方政府债券，拉开了地方政府直接面向资本市场开展直接举债融资机制的序幕。

第五，放宽社会资本的投资领域。允许社会资本进入法律法规未禁止的基础设施、公用事业及其他行业和领域。《决定》明确提出，除了国家政策、法规限制开放的领域外，能够由社会投资建设的项目，尽可能地利用社会资金建设。鼓励和引导社会资本以独资、合资、合作、联营、项目融资等方式，参与经营性的公益事业、基础设施项目建设。对于涉及国家垄断资源开发利用、需要统一规划布局的项目，政府在确定建设规划后，可向社会公开招标选定项目业主。这期间，民间资本开始通过特许经营模式逐步进入市政公用事业等基础设施领域。

第六，对进一步改善投资宏观调控和加强投资监督管理作出了新部署和新要求。《决定》提出，完善投资宏观调控体系，改进投资宏观调控方式，协调投资宏观调控手段；建立和完善政府投资监管体系，建立健全协同配合的企业投资监管体系，加强对投资中介服务机构的监管。

《决定》全面、系统地提出了深化投融资体制特别是投资管理体制改革的指导思想、目标、主要任务和具体措施，对进一步改善投资环境、推进投资领域尤其是基础设施领域的市场化运作，以及为社会资本特别是民间资本提供更多投资机会等具有重要作用。

三、党的十八大以来的改革新阶段（2013 年至今）

2013 年 11 月党的十八届三中全会发布的《中共中央关于全面深化改革若干重大问题的决定》提出"使市场在资源配置中起决定性作用和更好发挥政府作用"，对深化投融资体制改革作出了重要部署和要求。2016 年 7 月《中共中央国务院关于深化投融资体制改革的意见》（中发〔2016〕18号，以下简称《意见》）则进一步明确了深化投融资体制改革的总体思路、主要举措和相关要求。《意见》是我国当前和今后一个时期深化投融资体制改革的顶层设计，是新时代纵深推进投融资体制改革的纲领性文件。党的十八大以来，贯彻"使市场在资源配置中起决定性作用和更好发挥政府作用"的总体要求，大力推进简政放权、放管结合、优化服务改革，投融资体制改革取得了新的重要进展，尤其是投资项目审批范围大幅度缩减，企业投资自主权得到进一步落实，有效地调动了社会资本积极性。

一是大力推进投资领域"放管服"改革。投资项目审批范围大幅度缩减，投资管理工作重心逐步从事前审批转向过程服务和事中事后监管，企业投资自主权进一步落实，调动了各类社会资本的投资积极性。党的十八大以来，国家发展改革委按照中央要求先后数次下放项目核准权限，缩减政府核准的投资项目范围。初步统计，国家发展改革委实施的企业投资项目核准事项减少了90%以上，同时国家发展改革委会同有关部门将大量原属于项目核准的前置审批事项改为与项目核准同时开展的并联审批事项，从而大大提高了政府行政审批工作效率。与此同时，经国务院及有关部门批准的专项规划、区域规划中已经明确的投资项目，部分改扩建项目，以及建设内容单一、投资规模较小、技术方案简单的项目，可以简化相关文件内容和审批程序。此外，国家发展改革委会同有关部门还建立了全国投资项目在线审批监管平台（国家重大建设项目库）。依托该在线平台加强与其他有关部门管理平台的互联互通，不仅大大方便了项目建设单位申报分散在各政府部门的相关前置审批事项，而且对投资项目实现了各有关部门之间的信息共享和协同监管。

二是强调规划计划的引导约束作用。第一，编制三年滚动政府投资计划。在建项目、拟于当年和未来三年开工建设的项目以及拟申请安排中央或地方政府投资资金的建设项目，应当纳入政府投资项目储备库。对于未纳入政府投资项目储备库的项目，政府投资原则上不予支持。没有纳入重大项目储备库的项目，不得纳入三年滚动政府投资计划；没有纳入三年滚动政府投资计划的，不得编制年度政府投资计划，不得安排下达年度投资计划。编制三年滚动政府投资计划，使政府投资管理工作更加规范有序开展，有利于加强项目储备、调整优化投资结构和扩大有效投资，有利于加强关键领域和薄弱环节的补短板工作。第二，发挥发展规划的导向约束作用。国家发展规划包括总体规划、专项规划和区域规划，集中反映了党和国家发展战略意图和中长期发展目标与主要任务，是国家治理体系的重要组成部分。编制和实施发展规划是政府履行职责和实施宏观调控的重要手段之一。各级政府发展规划也是政府投资决策和项目审核的重要依据，重大投资项目未纳入相关发展规划的，有关部门不得审核批准项目，更不得开工建设。党的十九大进一步提出，发挥国家发展规划的战略导向作用，从而进一步强调了发展规划对投融资活动的引领性、指导性和约束性。

三是推广运用政府和社会资本合作（PPP）模式。PPP模式是指政府为增强公共产品和服务供给能力、提高供给效率，通过特许经营、购买服务、股权合作等方式，与社会资本建立的利益共享、风险分担及长期合作关系。推广运用PPP模式，是公共领域深化供给侧结构性改革的重要抓手，有利于扩大基础设施和公共服务供给，提高公共服务效率；有利于创新投融资机制，拓宽社会资本的投资渠道，为社会资本特别是民间资本提供更多的投资机会；有利于在基础设施和公共服务领域推动产业资本和金融资本相互融合、发挥合力；有利于理顺政府和市场关系、政府和企业关系，加快推动政府职能转变，充分发挥市场配置资源的决定性作用和更好地发挥政府作用，形成政府和市场的合力。PPP模式还具有"标杆"意义，有利于倒逼既有公建公营项目服务"上水平"和加强管理。截至2021年底，全国共开工建设PPP项目5000多个，总投资超过8万亿元，在促进社会资本投资参与公共领域方面取得了积极成效。

四是进一步完善投融资机制。先后出台了一系列有关重点领域和短板领域投融资机制改革创新的措施。大力发展直接融资，相继出台了绿色企业债、项目收益债（票据）、PPP项目专项债、战略性新兴产业和停车场等十多种重点产业专项债、私募债（票据）、永续债（票据）等债券品种。在严防地方政府以PPP、投资基金等名义变相举债融资、借政府购买服务模式违规融资的同时，建立规范的地方政府举债融资机制，除了发行地方一般债券外，为支持地方有一定收益的公益性项目建设，允许地方政府发行不纳入财政赤字的专项债券，相继推出了收费公路、棚户区改造等专项债券品种以及收益和融资自平衡债券品种，拓宽了基础设施和公共服务等公共领域的投融资来源；同时，为发挥政府专项债券的引导撬动作用，允许政府专项债券作为部分项目资本金。进一步理顺政府与企业的责权利关系，剥离融资平台公司等国有企业承担的非经营性项目的政府融资职能，促进融资平台公司转型发展和市场化融资。试行投（投资）贷（贷款）结合方式，支持金融机构以适当方式依法持有企业股权的试点，调动金融机构的投资积极性，促进实体企业"降杠杆"。支持设立地方政府出资引导、市场化运作、专业化管理的产业投资基金（政府投资基金），国家层面先后设立了集成电路产业基金、中小企业发展基金、创新创业投资基金、战略性新兴产业投资基金、中小企业担保基金、中国政企合作基金（国家 PPP 基金）和国家绿色环保基金等政府出资产业基金，吸引产业资本和金融资本共同参与，形成政府和产业资本、金融资本的合力。完善社保、保险资金等机构资金对重大项目建设的投融资机制，在风险可控的前提下，逐步放宽了社保、保险资金投资范围，创新资金运用方式，通过股权、债务等方式支持项目建设。统筹存量资产盘活和增量项目投资，促进存量资产证券化，试行基础设施公募不动产投资信托基金（REITs）投融资新机制，坚持权益导向，助力破解基础设施领域"缺资金、扩投资、降杠杆"的矛盾，促进基础设施领域投资主体多元化，开辟基础设施投资建设资金的新来源。构建了更加适合开放发展需要的投融资机制，牵头建立了亚洲基础设施投资银行，与俄罗斯和印度等金砖国家共同组建了金砖国家新开发银行，发起设立了丝路基金，支持"一带一路"建设。总之，这些完善投融资机制的改革举措，进一步拓宽了投融资来源渠道，丰富了短板和弱项领域的投融资方式，提高了直接融资比重，推动形成了市场化、可持续的投融资机制和运营机制，从更宏观的层面看，也激发了投资内生增长机制，提高了储蓄转化为投资的效率，从而为经济社会发展和产业转型升级增添了强大动力。

五是投资领域立法工作取得了历史性的新突破。投融资领域先后出台了一系列相关制度法规，涉及政府投资计划管理、政府投资资金安排、政府投资项目管理以及企业投资项目核准和备案等诸多领域和环节，对于规范政府投融资行为、进一步扩大企业投资自主权发挥了重要作用。《意见》对深化投融资体制改革及相关机制创新做出了全面部署和要求，明确了投融资体制改革的目标模式、主要任务和重点工作，是目前及今后一个时期投融资体制改革的顶层设计。2017 年 2 月 1 日起施行的《企业投资项目核准和备案管理条例》，使政府对企业投资项目的核准和备案行为"有法可依、有法必依"，不仅有助于加快转变政府的投资管理和服务职能，而且为落实企业投资自主权和保障企业相关权益提供了法律依据。2019 年 7 月 1 日起正式施行的《政府投资条例》，作为我国政府投资领域第一部行政法规，确立了政府投资管理包括政府投资资金和政府投资项目管理的基本法，围绕明确界定政府和市场关系、加强政府投资管理、加强公共领域补短板和有效防范风险四大主题进行了有针对性的制度设计，为规范政府投资、融资行为提供了基本依据。这两个重要的投资管理条例相继颁布实施，加上预算法、担保法、招标投标法等相关法律法规，构建了我国全社会投融资活动"1＋1＋N"（N 为相关法律法规）的法律法规体系，标志着我国投融资领域进入了依法管理的新时代。此外,《基础设施和公共服务领域政府和社会资本合作条例》以及社会信用体系建设、股权投资管理等重要的投融资法规立法工作也在稳步推进中。

　　总之,党的十八大以来,投融资体制改革继续向深度、广度推进,企业投资主体地位得到进一步确立,政府审批和监管行为进一步规范,政府服务进一步改进和加强,政府自身投资管理和监督进一步加强,投融资机制进一步健全完善。

第二节　投融资体制改革的基本经验

　　改革开放40多年的伟大历史进程,是一个持续的思想解放的过程、理论创新的过程、实践检验的过程。改革开放40多年来,投融资体制改革取得了巨大的成就,推动形成了投资主体多元化、资金来源多渠道、投资方式多样化、项目建设管理市场化的格局,有力地促进了固定资产投资和社会经济持续快速发展。总结40多年投融资体制改革的经验和做法,对于新时代在新的历史起点继续深化投融资体制改革具有重要意义。

一、坚持以改革创新为动力

　　改革开放40多年来的一条基本经验,是以思想大解放和观念大转变,推进了改革开放大突破,推进了中国经济、社会、文化和生态文明建设大发展,推进了以建立和完善社会主义市场经济体制为目标的改革和发展,成功实现了社会主义与市场经济的有机结合。可以说,没有思想解放和改革创新,就没有改革开放和社会主义现代化建设的巨大成就。

　　改革开放40多年来,我国经济体制改革的一条重要主线是市场化改革,用市场和经济的办法,调动各类投资主体的积极性和创造性,约束相关市场主体的行为。无论是在投资管理体制、建设实施机制、投融资机制还是投资宏观调控机制等方面,投融资领域改革创新的步伐一直在不断稳步向前推进,"摸着石头过河"。

　　在投资管理体制方面,为建立投资责任约束机制,提高投资效益,改革开放初期试行了国家基本建设拨款改为银行贷款的改革措施(即"拨改贷"),20世纪80年代中期还试行了投资包干责任制,80年代末期到90年代初期实行了中央基本建设经营性基金制并在中央层面成立了能源、交通、原材料、机电轻纺、农业、林业六大专业投资公司（各地方政府也参照中央政府的做法相继成立了政府所属投资公司），90年代中期开始又推行了经营性项目投资的项目资本金制度和建设项目法人责任制。

在完善政府投资机制方面，为适应不同行业领域特点和不同性质项目的需要，发挥政府投资的引导放大作用，从2004年开始，政府投资资金根据资金来源、项目性质和引导调动社会投资的需要，分别采取了直接投资、资本金注入、投资补助和贷款贴息等方式，此后又根据新兴产业发展、高技术产业化发展和创新创业投资项目的需要，政府投资又逐步引入了基金注资的方式，即政府出资产业投资基金。

在投资项目审核管理方面，中央政府逐步下放审核权限、简化审核手续，不断扩大企业投资决策自主权和地方各级政府的审核权限。尤其是，《决定》提出了对政府投资项目和企业投资实施分开管理的改革举措后，虽然对政府投资项目继续实施审批制，但审批权限逐步下放、审批程序更为简化、审批规则更加规范透明；而对企业投资项目，如不使用政府投资资金，一律不再实行审批制，区别不同情况实行核准制和备案制，政府重点对规划和产业政策的符合性和项目的外部性进行审核，项目的市场前景、产品技术方案、资金来源和财务效益等均由企业自主决策、自担风险，从而大大地扩大了企业投资决策自主权。

在投资决策机制方面，为提高投资决策水平，20世纪80年代即借鉴国际通行经验和做法引入了投资项目可行性研究论证制度并逐步推行了项目咨询评估制度，从而不断提高了投资决策的科学化、民主化水平。《决定》更进一步提出，咨询评估要引入竞争机制，并制定合理的竞争规则；特别重大的项目还应实行专家评议制度；逐步实行政府投资项目公示制度。

在融资机制方面，为拓展投资建设项目的融资渠道，完善融资方式，也先后推行了很多改革创新措施。为支持重点行业领域投资建设，20世纪90年代曾经发行了国家重点建设债券，其后又建立了铁路、水利、民航等重点行业的政府性基金制度，设立了专项税收（如燃油税、车船购置税、城市维护建设税等），设立财政预算内专项资金，支持企业通过发行公司股票、企业债券、可转换公司债券等直接融资方式筹集资金，鼓励通过产业投资基金、资金信托和融资租赁等融资方式扩大融资来源。在基础设施和公共服务领域，适应新型城镇化建设特别是加强基础设施建设的需要，引入了政府和社会资本合作模式以及基础设施REITs等投融资模式；拓宽基础设施投资资金来源，加大发展直接融资力度，支持基础设施企业包括地方城投公司发行企业债券融资。为应对经济下行的不利影响，

1998～2006年通过发行长期建设国债的方式扩大政府投资来源，加大政府投资力度，重点支持基础设施和公共服务项目建设；2015～2016年又通过开发性、政策性金融机构发行专项建设基金的方式支持地方看得准、有回报、不新增过剩产能、不形成重复建设、不产生挤出效应的重点领域项目；从2015年开始，逐步扩大地方政府新增专项债规模，为地方公共领域有一定收益的项目投融资开辟了规范化、透明化的"前门"。

在项目建设实施方面，市场化改革创新的步伐更大。为落实投资责任主体，20世纪80年代即开始改革建筑业，实现项目建设责任主体和施工建设主体逐渐分离以及勘察设计单位企业化、社会化，同时开始试行工程招标投标制和工程建设监理制。90年代初，提出试行项目业主责任制。随着合同法的颁布实施，投资建设项目的合同管理制逐步推行。90年代中期，则对经营性大中型国有投资建设项目实行项目法人责任制，同时一些地区开始了对非经营性政府投资项目实行集中统一管理（代建）和"交钥匙"等建设模式的探索。通过十多年的改革和探索，到2000年，我国逐步建立和完善了以项目资本金制度、项目法人责任制、招标投标制、建设监理制和合同管理制"五制"为核心的相对完善的建设管理制度体系。2000年后，为适应加入WTO和"走出去"的需要，又开始大力推行"工程总承包""设计施工一体化"和"项目管理"等国际上通行的项目组织实施方式。自2004年以来，针对非经营性政府投资项目长期存在的非专业化管理和建设单位自身行为不规范的问题，提出了对非经营性政府投资项目加快试行代建制，而深圳、珠海等部分地区还借鉴国际经验建立了相对集中管理的非经营性政府投资项目的统建制。

在投资宏观调控方面，改革创新成果主要体现在三个方面：其一，在宏观调控方式和手段方面，从20世纪80年代的以计划和行政手段为主的直接调控方式逐步改革为90年代以来以经济和法律手段为主、辅以必要的行政手段的间接调控方式。其二，充分发挥发展规划、产业政策、行业标准等对投资活动的引导作用，特别是发挥国家发展规划的战略导向作用，把发展规划作为引导投资方向、优化投资结构、稳定投资运行、规范项目准入，以及合理配置资金、土地等要素的重要手段。其三，也是最重要的，不断深化对投资在经济发展中地位和作用的认识，适应建设现代经济体系和高质量发展的需要，更加强调投资对优化供给结构的关键性作用，从而将投资宏观调控本身逐渐转为服务于高质量发展、扩大就业以及降杠杆和补短板等供给侧结构性改革的更高层次的调控目标。

实践证明，上述改革开放40多年来实施的投融资领域的改革创新举措，健全了投资管理制度，完善了投融资的运行机制，调动了各类投资主体的积极性，发挥了市场在资源配置中的决定性作用且更好地发挥了政府的作用，有力地推动了投资持续快速增长和经济社会健康稳定发展。虽然有的改革措施已经完成了阶段性的历史使命，也有的因为经济发展阶段和经济形势的变化乃至整个经济体制改革的新形势、新要求已经不再适用了，但改革创新永远在路上。唯有不断通过改革创新完善投融资体制和相关运行机制，才能使投融资体制机制不断适应新时代的新形势和新要求，才能不断释放投融资体制改革创新的红利。

二、注重发挥政府和市场的合力

市场化改革是改革开放 40 多年来的一条重要经验，其核心是正确处理政府和市场、政府和企业的关系。改革开放 40 多年来，投融资体制改革总体上贯彻了市场化改革这一主线。通过对原有投融资体制进行一系列改革，打破了传统计划经济体制下高度集中的投资管理模式，初步形成了投资主体多元化、资金来源多渠道、投资方式多样化、项目建设市场化的新格局。这一新体制格局的最大特点是确立了企业在投融资活动中独立的市场主体地位，市场机制在投资资源和要素配置中发挥决定性作用。①从投资主体看，除政府投资主体外，还有大量的以市场化为导向的国有企业投资主体、外商投资主体和民营投资主体，这类投资主体主要依据市场供求关系、市场价格、企业自身发展战略需要和自身投融资能力作出相应的投资决策，并获取投资收益和承担投资风险。②从投融资机制看，除传统的政府投资资金渠道外，投资建设领域的绝大多数资金来源于商业银行、外资、资本市场和企业自有资金，这些资金的配置从总量、结构（投向）到价格（融资成本）也基本取决于市场供求关系。即使是完全由政府按计划手段配置的投资资金，也实行了直接投资、资本金注入、投资补助、贷款贴息、基金注资和转贷等多种方式，以适合不同投资主体和不同性质投资项目的需要。而参与投资项目建设实施活动的各类市场主体，从投资咨询、勘察设计、招标咨询、造价咨询到施工、工程监理，以及主要设备和材料供应等，更是主要通过市场竞争决定。

在充分发挥市场在投资资源和要素配置中决定性作用的同时，也要十分注重弥补"市场失灵"的问题，在投融资领域更好地发挥政府作用，从而进一步形成政府和市场的合力，既弥补"政府失灵"又弥补"市场失灵"。2014 年以来，我国推广运用的 PPP 模式即属于发挥政府和企业合力的典型方式。政府和产业资本、金融资本共同出资设立产业投资基金，加大对高技术产业化项目和新兴产业项目的投融资支持力度也属于这类方式。政府设立偿债基金和融资担保基金，帮助银行等金融机构分担部分融资风险，从而激励银行等金融机构更好地为实体经济尤其是中小企业提供融资服务，也属于这类方式。

总之，投融资体制改革的实践证明，充分发挥市场机制在投资配置中的决定性作用和更好发挥政府作用，调动了各类投资主体的积极性，形成了有为政府和有效市场的合力，提高了全社会投资效率。

三、注重政府放管服的有机结合

伴随着整个经济体制改革的深入推进，政府在投融资领域的职能定位和作用更加明确，尤其是党的十八大后，相关管理和监督行为逐渐走向"简政放权、放管结合、优化服务"的轨道，管理和监督的制度规则更加透明、规范，政府投资与企业投资的管理和监督的重点也发生了明显的变化。

对政府自身投资管理工作，更加强调按政府职能转变和公共财政的要求规范政府投资行为、限制政府投资的行业领域和投向；更加强调提高政府投资决策的科学化和民主化水平；更加强调规划计划的引导约束作用和对政府投资项目实施严格的决策审批管理；更加强调建立政府投资的责任约束机制，特别是投资责任追究制度；更加重视提高政府投资项目实施全过程的透明度和鼓励社会参与；更加注重在项目实施全过程中引入市场竞争机制。

对企业投资的管理和服务工作，则更加突出了"简政放权、优化服务"的指导思想和"宽进严出"的原则，更加强调企业在投资活动中的主体地位，更加重视发挥市场机制对引导企业投资活动的决定性作用。同时，不断弱化对企业投资项目直接的行政干预，大幅度缩小政府核准的投资项目范围，下放审核权限，简化审核手续，取消了对企业投资项目的市场前景、经济效益、资金来源和产品技术方案等企业自主决策事项的审查，真正落实了企业投资决策自主权。更加注重运用经济和法律手段引导和调控企业投资行为，更加强调发展规划、产业政策、行业标准，以及通过投资信息发布、投资推介会等间接方式对企业投资活动的引导作用。与此同时，不断强化对企业投资项目负外部性的监管，加强对企业投资项目在城乡规划、土地使用、环境保护、公共利益、资源节约、安全生产和反垄断等方面的事前审核和事中事后监管，建立异常信用记录和严重违法失信"黑名单"，纳入全国信用信息共享平台，对企业失信行为建立联合惩戒机制。更加注重加强和改进政府的服务工作，探索建立投资项目审批首问负责制，投资主管部门或审批协调机构作为首家受理单位"一站式"受理、"全流程"服务，一家负责到底；制定企业投资项目审核工作规则和办事指南，提高透明度，及时公开受理情况、办理过程、审批结果。

在投资监管和服务方面，更加注重审计、财政、监察等相关部门的分工与协作；更加注重对投资项目实施全过程的动态监管；更加强调要建立和完善投资中介服务机构的责任约束机制与激励机制，推行投资中介服务市场的"宽进严出"政策，取消工程招标和工程咨询等领域的企业资质管理制度，代之以企业资信评估制度和失信行为联合惩戒机制；进一步加大对企业投资项目在环保、土地、资源利用、安全生产等方面的执法监督力度，促进企业投资活动诚信与合法守规；更加强化投资活动的社会监督机制，鼓励新闻媒体、公民、法人和其他组织依法对政府的服务管理行为进行监督。

总之，改革开放尤其是党的十八大以来，政府在投融资领域中实施的各种"简政放权、放管结合、优化服务"的改革举措，体现了经济体制转轨时期政府职能转变和行政管理体制改革的基本要求。投融资领域大力推行"放管服"改革是新时代"全面深化政府职能转变"的重要体现之一，也是推进国家治理体系和治理能力现代化的基本路径之一，必须长期坚持。

四、坚持与其他领域改革协同推进

投融资体制是我国社会主义市场经济体制的重要组成部分。深化投融资体制改革，发挥投资对优化供给结构的关键性作用，提高投资的质量和效益，需要财政体制、金融体制、价格体制、国有资产监督管理体制、行政管理体制以及人事制度等相关领域改革的协调推进和配合。

首先，投融资领域涉及范围广泛，投融资管理和投融资运行中存在的问题很多并不是投融资体制不完善导致的。进一步完善政府投资决策机制，提高投资决策的科学化水平，从源头上提高政府投资效益，在很大程度上要依靠政府职能转变、行政管理体制改革的同步推进，尤其是建立政府投资决策责任追究制度，更需要政绩考核制度和组织人事制度改革的同步推进。进一步加强对国有企业投资的监管，提高国有企业投资决策科学化水平，健全国有企业投资风险约束机制，改变国有企业投资长期存在的"软约束"问题，必须以国有企业改革和国有资产监督管理体制改革的同步推进为前提。投融资主体多元化、投融资来源多渠道、投融资方式多样化，在很大程度上也是金融体制改革以及积极利用外商投资和支持鼓励民间投资发展的重要成果之一，而今后进一步推进投融资机制创新，仍然有赖于深化金融体制改革。基础设施和民生工程等领域之所以成为经济社会发展的短板，在很大程度上与这些领域的政府管制过多尤其是价格形成机制不完善紧密相关，导致除政府投资主体之外的各类社会资本特别是民间资本投资参与积极性不高。实际上，由于放松政府管制、健全价格形成机制，发达国家很多基础设施和民生工程领域都引入了民间资本的投资，甚至有的还采取了私有化方式。此外，地方政府之所以投融资行为不规范，热衷于"上项目""搞建设"，通过政府购买服务、PPP 和产业基金等方式变相融资，违规通过融资平台公司为公益性项目融资，究其原因，与不科学的政绩考核机制紧密相关，也与现行财税体制不完善包括地方政府财权和事权不匹配、政府投资事权边界太宽泛等紧密相关。

其次，一些理论上可行、国外行之有效的投融资体制改革措施，之所以在实践中难以发挥应有的作用，往往不是这些改革措施本身的问题，而是其他领域体制政策环境的制约。比如，发达国家政府常用的对高科技投资项目提供政府贷款的方式，能够有效引导企业投资方向并提高政府投资效益。但在我国，20 世纪80 年代初期开始实施的"拨改贷"，却最终由于国有企业普遍"赖账不还"而停止执行。而国外能够有效实施的政府贷款制度，我国企业之所以跟政府"赖账"，显然不是政府贷款制度本身的问题，而在于国有企业改革和国有资产监督管理体制改革滞后的制约。又如，近几年推广运用的 PPP 模式，本意是利用专业化的社会资本的投融资、技术、管理等综合能力，扩大服务供给和提高服务效率，但实践中很多地方政府把 PPP 模式异化成一种融资工具，通过固定回报承诺、远期回购、明股实债等方式进行变相融资。再如，尽管国家支持鼓励风险投资发展，我国风险投资总规模近年来增长也很快，但大多数投向了成熟阶段甚至拟上市的企业，背离了风险投资的本意，这显然不是风险投资机制本身的问题，主要原因恐怕在于我国资本市场体系不健全，导致风险投资的退出机制不完善。还有，发达国家和地区普遍采用的非经营性政府投资项目集中统建制（即设立常设性的政府特定机构统一承担大多数非经营性政府投资项目的建设管理职能），可以有效克服政府投资项目"自建、自管、自用"模式下项目管理效率低下（如超投资、超工期等）以及有经验无传承、有教训无总结等问题，但受行政管理体制、部门职责分工等制约，除了在安徽、河北和深圳、珠海等少数地区推广外，其他地方很少运用。

总之，投融资体制具有很高的关联度，40 多年来投融资体制改革取得了重大成效，在很大程度上得益于其他领域改革的协调与协同。进一步深化投融资体制改革，补齐投融资管理的制度短板，释放改革红利，需要其他领域改革的协调配合乃至整个市场经济体制改革的同步推进。

五、坚持贯彻开放发展的新要求

我国改革开放40多年的发展历程，是我国经济不断扩大对外开放、融入全球化的过程。以开放促改革、促发展，是我国投融资和建设领域乃至整个社会主义现代化建设不断取得新成就的重要法宝。

改革开放40多年来，我国投资总额快速增长，技术水平大幅度提升，在很多关键领域和薄弱环节迅速缩短了与国际先进水平的差距，一些行业排头兵和重大投资项目甚至达到国际先进水平。这在相当程度上得益于对外开放，积极有效利用外资及引进国外先进的技术、设备和管理经验。改革开放以来，利用外资占全社会投资总额的比重虽然不高，但对我国经济社会发展产生了重要而深远的影响，尤其是在推动技术进步方面产生了积极效果，产生了巨大的外溢效应。通过吸收外商直接投资，我国建立了一大批现代化企业，发展了一批高技术产业和新兴产业，还直接引进了大量先进适用技术和设备，其中许多外商投资项目具备了国际先进水平，填补了国内技术空白，缩短了我国与发达国家的技术差距。利用外资也带来了技术外溢效应。外商投资企业还给国内企业树立了重要"标杆"，成为国内企业强大的竞争对手，激励和"倒逼"国内企业不断提高技术水平、加强管理和提升竞争力。利用外资还带来了新的商业模式与管理模式，并逐渐为国内企业所仿效、采纳、吸收，促进了产品与服务形态的多样化、质量的改善和运营效益的提高。

近年来，贯彻落实中央提出的"开放发展"的理念，顺应开放发展和构建全方位对外开放新格局的新形势新要求，构建更加适合"引进来、走出去"的投融资体制方面也迈出了坚实步伐。在营造制度环境方面，国家发展改革委会同相关部门相继发布并修订了外商投资准入特别管理措施（负面清单）和自由贸易试验区外商投资准入特别管理措施（负面清单），为外资营造了更加公平、透明和可预期的投融资环境，彰显了我国深化对外开放的决心和意志。同时，进一步简化外商投资项目审批程序，优化外商投资服务，对外商投资项目实行准入前国民待遇。在促进企业"走出去"和推进"一带一路"建设方面，中国联合有关国家创立了亚洲基础设施投资银行，与有关国家共同成立了金砖国家开发银行，设立了丝路基金，支持开发性、政策性银行和商业银行加大对海外投资项目的融资支持力度，鼓励商业类产业基金对外开展投资、融资活动，从而构建了相对完善的、服务于"走出去"和"一带一路"建设的投融资机制。同时，完善境外发债备案制，募集低成本外汇资金，更好地支持企业对外投资项目。在宏观和微观审慎管理框架下，稳步放宽境内企业赴境外融资，拓宽了企业投资项目的融资来源。

总之，40多年来投资建设和投融资体制改革的实践表明，不断扩大对外开放，构建更加开放的投融资体制，积极有效利用外资，是扩大投资资金来源的重要渠道，也是新时代加快技术进步、建设现代化经济体系和推动高质量发展的重要举措，更是发展创新型国家和建设社会主义现代化强国的必由之路。今后，仍然需要我们进一步坚定不移地走改革开放之路，大力推进全方位、多层次的对外开放，充分利用国内外"两个市场、两种资源"，高质量地"请进来"和"走出去"并举，促进国民经济瓶颈领域和薄弱环节的发展和技术进步。

第三节　"十四五"时期深化投融资体制改革的思考

"十四五"时期，是全面建设社会主义现代化国家的开局起步期。站在新的历史起点上深化投融资体制改革，要把握新发展阶段的新特征新变化，贯彻新发展理念的新要求，以促进高质量发展为主题，紧密围绕发挥投资对优化供给结构关键性作用的定位要求，为构建新发展格局特别是拓展投资空间和提高投资效益，提供强有力的制度保障。具体而言，要贯彻"使市场在资源配置中起决定性作用和更好发挥政府作用"的基本要求，继续推进投资领域"放管服"改革，深化投资审批制度改革，破除制约各类市场主体投资活动的体制机制障碍，营造公平透明、可预期的投资环境，促进投资便利化，推进投融资机制创新，调动市场主体的积极性，进一步释放和激发投资内生增长的活力动力。

一、进一步推进投资便利化改革

（一）深入推进投资领域"放管服"改革

各级政府要坚持"以企业为中心""服务企业至上"的基本原则，牢固树立"在项目审批和监管工作中更好地为企业投资服务"的理念，进一步减少、整合、简化项目前置审批手续，最大限度地减少重复和不必要的前置审批事项，切实为投资项目前期工作"减负"。坚持政府权力法定的原则，除非法律法规授权，各地区各部门在投融资管理中不得以部门规章和规范性文件等任何方式设置审批事项，不得以某一法定权力为依据擅自扩大权力范围、变相增加审批事项，不得以试点示范等名义设置前置审批事项或变相增加具有前置审批许可性质的管理工作。进一步转变政府职能，优化政府服务方式，大力推进投资项目的"保姆式""一站式"服务，加快实现从"企业跑项目审批手续"到"政府服务企业投资活动"的根本性转变。

（二）探索实施项目审批的"首问负责制"

对于实行审批制的政府投资项目和核准制的企业投资项目，由项目审批/核准机关作为首问负责部门，一个窗口受理、一个部门牵头组织实施该项目开工建设的所有前置审批事项。把城乡规划、土地利用、环保评价、节能评估、水资源论证、防洪保安、文物保护和社会稳定风险评估等相关前置审核事项作为首问负责部门的后台内审事项，通过首问负责部门向相关主管部门进行部门会签或联评联审等方式一并审核，需要补充修改完善的相关资料一次性告知，最大限度地让项目单位"少跑腿"。

（三）加强对社会投资活动的引导和服务

扎实推进全国统一的市场准入负面清单管理制度，明确准入政策和相关管理措施，建设统一开放、竞争有序的市场体系，促进资源要素自由流动，建立公平、公正、透明和可预期的监管制度规则。建立健全政金企合作对接机制，加强投资信息和投资政策发布，加强重大工程项目和特色优势产业项目推介工作，更好地引导企业投资方向，帮助企业"少走弯路""不犯错误"。各地要加强"十四五"规划纲要的权威性和指导性，更好发挥规划纲要及其他专项规划的引导约束作用，加快形成"让项目跟着规划走""让要素跟着项目走""让资金跟着项目走"的部门协调协同机制，促进项目顺利实施，助推规划目标任务实现。

二、进一步深化投资审批制度改革

（一）建立健全部门联评联审制度

对于确有必要保留的项目开工建设前置审批事项，各主管部门要明确其编制、申报、评估、审批（核准、备案）等主要环节的工作内容和相关要求，要加快制定和发布相关审批制度规则。加快建立以政府投资项目可行性研究报告和企业投资项目申请报告为核心的投资项目前置审批制度，由投资主管部门会同有关主管部门联合制定统一的项目可行性研究报告或项目申请报告编制指南，项目其他前置审批事项原则上作为项目可行性研究报告或项目申请报告的专题报告甚至直接作为专章（专篇），比如在政府投资项目可行性研究报告中增加环境影响评价、节能评估、水资源论证、文物影响评估等专题报告或专章。在此基础上，投资主管部门再会同其他有关主管部门进行统一评估、统一审批，同时协调协同配置政府相关资源要素和政策以及必要的政府投资或运营补贴。这样做的好处是，在现行项目并联审批/核准的投资审批制度基础上，有效促进投资项目相关前置审批事项同步、协调、融合开展，既大大减少项目单位的申报工作量，又促进各有关部门的信息互联互通从而形成部门协同监管的合力。

（二）试行重大工程项目审批的公众听证会制度

在重大工程项目审批/核准阶段，引入社会公众参与机制，扩大社会公众应有的知情权、参与权和监督权，减少项目审批/核准机关的信息不对称问题，从源头上识别和防范项目潜在的社会风险，从而完善政府投资决策审批机制，提高投资决策审批的民主化、科学化水平，提高投资效益。在正式作出项目审批/核准的决定之前，项目审批/核准机关要将公众听证会中公众反映的相关问题和意见及其采纳或不采纳的理由等相关情况，向社会公众公开。

（三）着力推进投资审批工作的规范化和标准化

制定项目审批制度规则并对外发布，完善投资审批程序及相关要求，推进投资审批工作规范化、标准化，提高审批工作过程透明度。促进项目咨询评估和决策审批过程的阳光化，最大限度地减少投资审批机关有关负责人及主要经办个人的自由裁量权，降低个人认识局限特别是个人偏好对投资审批工作的影响。对于采取专家评议或专家评审方式的项目，要采取公开、透明方式（如随机抽样方式）遴选与会专家，严防项目审批机关有关负责人和主要经办个人指定与会专家，从而有效防范其个人认识和偏好转化为专家评审/评议意见。贯彻"有权必有责"的原则要求，切实强化投资审批工作的责任约束，进一步完善投资审批权力清单和责任清单，建立健全问责制和责任倒查机制，用强有力的制度规则把投资审批机关有关负责人及主要经办个人的权力"关进制度笼子里"。

（四）明确不同阶段政府投资决策审批工作重点

贯彻《政府投资条例》相关要求，项目建议书阶段重点研究回答项目投资建设的必要性和重大意义以及初步的建设方案。项目可行性研究阶段重点研究论证项目技术经济可行性、政府投资的必要性和适合的投资方式、项目投融资方案和投融资模式的可行性，以及建设资金等主要建设条件的可用性、主要资源要素的可获得性和建设运营全过程风险的可控性。项目初步设计阶段重点回答工程技术的可行性和可操作性，以及科学合理地确定项目总投资概算和投资控制目标。

（五）适度简化政府投资项目的决策审批程序

根据项目建设性质、建设规模、技术条件和投资总额等因素，适度简化政府投资项目的申报和审批等前期工作程序。比如，相关规划中已经明确的项目（主要是指经济社会发展规划、重点专项规划和区域规划），建设内容单一、投资规模较小、技术方案简单的项目，以及应急救灾抢险等项目，可以在项目建议书批复后直接做初步设计，或者项目可行性研究报告代替项目建议书，甚至还可以是项目建议书、可行性研究报告和初步设计"三合一"。

（六）加强部门之间的协调协同与信息共享

加强和改进投资项目在线审批监管平台的服务功能，依托在线平台加强与项目其他开工前置审批部门的信息共建共享，最大限度地减少、精简重复审批事项和内容，协调不同部门、不同层级政府的项目前置审批工作进度，有效防范不同部门之间相互扯皮或推诿，更好地发挥部门之间协同监管和服务的合力，提高投资决策审批的科学水平。

三、更好发挥政府投资的重要作用

政府投资是固定资产投资的重要支撑部分，是政府实施宏观调控的重要抓手。更好发挥政府投资的作用，提高政府投资效益，对于充分发挥投资对优化供给结构的关键作用具有重要意义。

（一）加强和改进政府投资管理

贯彻落实《政府投资条例》，坚持政府投资有所为和有所不为，合理界定政府投资边界范围，加强政府投资项目谋划和可行性研究论证工作，健全政府投资决策机制，提高科学决策水平。

强化政府投资的计划管理。按照"一级政府、一本计划"的原则编制和实施统一的政府投资计划，增强政府投资计划的权威性和约束性。坚持集中力量办大事，把有限的政府投资用于基础设施补短板和农业农村发展等薄弱环节，充分发挥政府投资对优化供给结构的重要作用。

依托全国投资项目在线审批监管平台和国家重大建设项目库，加强政府投资项目全过程管理和动态监督，严格防范政府违法违规融资行为，严令禁止政府投资项目拖欠工程款，有效防范政府投资项目超投资，提高政府投资效益。

（二）更好发挥政府投资的引导撬动作用

鼓励地方政府与其他产业资本或金融资本共同出资设立产业投资基金和基础设施投资基金，政府可以适当让利，但不得对基金其他投资者承诺最低收益保障、保本保收益、远期股权回购或承担投资本金损失等安排。更好地发挥地方政府专项债券的引导作用，在市场化融资风险可控的前提下，鼓励政府专项债券资金采取资本金注入方式，吸引更多的社会资本参与有一定收益的公共项目。

（三）适度调整地方政府投资审批权限

建议在维持中央和省级政府对政府投资项目审批管理权限总体不变的情况下，对市县级政府投资项目的决策审批权限进行适度调整上收。市县级政府投资项目包括政府和社会资本合作项目，超出一定建设规模和投资规模的，应当申报省级政府（投资主管部门）审批。其中，跨省级行政区、跨大江大河大湖以及需要跨省级行政区配置资源要素的重大地方政府投资项目，以及属于国家区域政策、产业政策和生态环保政策等限制的地方政府投资项目（如地方党政机关楼堂馆所项目），应当由省级政府初审后报中央政府（投资主管部门）审批。进一步强化省级政府的审批职责，对于没有落实建设资金和主要建设条件特别是政府投资资金来源的市县政府投资项目，省级政府不得审批或转报中央政府审批。

四、进一步推进投融资机制创新

创新公共领域投融资模式，推进政府投融资平台公司市场化转型，有效调动金融资本的积极性，为投资内生增长创造更加规范、高效的融资供给环境。

（一）创新公共领域投融资模式

进一步推进公共领域市场化改革和供给侧结构性改革，积极审慎运用政府和社会资本合作模式，扩大服务供给，提高服务效率，同时从源头上为社会资本提供更多的投资机会，为地方政府投资"减负"。鼓励政府投资项目采取"工程总承包＋运营"（EPC＋O）模式，统筹利用项目建设和运营的相关资源要素，统筹质量成本、工期成本和运营成本，但项目建设所需政府投资资金应当严格按照《政府投资条例》要求纳入政府投资年度计划，地方政府投资不得假借 EPC＋O模式变相融资和违规融资。鼓励地方政府开展生态环境导向型开发（EOD）、交通导向型开发（TOD）等综合开发投资模式，统筹土地、商业和文化旅游等相关资源开发利用，统筹推进非经营性项目和经营性项目投资建设运营，实现生态环境治理和交通发展建设等目标任务。

（二）提高政府融资平台的投融资能力

贯彻国有企业改革发展的总体要求和部署，稳步推进政府投融资平台公司市场化转型，剥离政府投资项目的融资职能，通过政府注资和经营性资产注入等方式，提高经营性现金流收入，提升投融资能力。合理确定融资平台公司的投资边界范围，鼓励投融资平台公司以市场化方式重点投向新型基础设施、新型城镇化、重大工程以及乡村振兴和社会民生等重点领域和薄弱环节，支持投融资平台公司作为财务投资人以跟投、阶段性持股等方式投资重大招商引资项目或高技术产业化项目，打造成为功能性国有企业或政府特设的特殊目的载体。对于特定行业领域或区域的开发性投资建设任务，探索以地方立法方式建立投融资平台公司的授权投资运营体制，健全现代企业管理制度，明确公司投资边界范围，明确政府和公司的责权利关系。

（三）依托存量资产扩大融资来源

统筹基础设施存量资产盘活和增量投资建设，支持通过权益型不动产投资信托基金（REITs）和资产支持证券（ABS/ABN）等资产证券化方式，盘活存量基础设施资产，鼓励盘活存量资产回收的资金用于新的基础设施项目建设。支持地方政府通过 PPP 模式盘活存量基础设施资产，建议发改、财政、国资、行业主管等有关部门联合开展存量资产 PPP 模式示范工作，对试点地区和试点存量资产 PPP 项目提供"融智"支持，提供一定比例的项目前期工作经费支持，以及必要的政府投资资金支持。

（四）有效调动金融资本的积极性

充分发挥产业资本专业能力强、金融资本投融资能力强的优势，鼓励产业资本和金融资本联合投资重大工程项目，优势互补、形成合力、合作共赢，助推重大工程项目建设实施；按照投资收益与风险相匹配的原则，项目投资收益在产业资本和金融资本之间可进行结构化安排。鼓励银行、证券、基金等各类金融资本通过投资、贷款、债券、租赁、保理等组合投融资方式支持中小企业发展；市场监管、税务、劳动就业和社保等有关部门要加强与金融资本的信息互联互通，尽量降低金融资本的信息不对称问题，增强金融资本支持中小企业投资发展的信心。支持金融资本参与重大工程项目的谋划和可行性研究论证，在项目建设方案、投融资方案和风险防控机制中体现金融资本在投资回报、风险防控和增信等方面的合理合法利益诉求，提高项目的可融资性，调动金融资本的参与积极性。对于基础设施等公共领域具有一定经营性收益的项目，鼓励金融资本推荐同行业领域专业化的产业资本特别是行业排头兵参与投资。

五、促进工程咨询行业高质量发展

坚持"工程咨询为客户创造价值"的基本理念，坚持问题导向，强化工程咨询行业监管和自律，促进工程咨询行业良性有序竞争，健全工程咨询企业和从业个人的责任约束机制，提高工程咨询成果质量，助推工程咨询行业高质量发展。

（一）试行工程咨询成果注册咨询工程师签字制度

顺应投资/工程咨询市场准入管理从企业资质认定管理向企业资信约束和行业自律管理转变的新形势、新要求，强化工程咨询行业人员执业资质/资格的约束。对于政府投资项目以及政府核准的企业投资项目的可行性研究、项目实施方案、项目申请报告及其咨询评估等投资/工程咨询工作，建议试行投资/工程咨询成果的注册咨询工程师（投资）个人签字负责制度，要求相关投资/工程咨询成果报告应当由至少2个注册咨询工程师签字认可，从而增强对注册咨询工程师（投资）的个人约束，倒逼工程咨询企业提高咨询成果质量。

（二）加强工程咨询企业和咨询工程师的信用约束

进一步健全市场约束机制，对严重失信的投资/工程咨询机构及其主要负责人和咨询工程师，除企业资信评级约束外，建立"黑名单"制度，纳入全社会信用体系的失信企业和个人名录，依托"信用中国"平台对外发布，建立对失信企业和个人的联合惩戒机制，形成守信激励、失信惩戒的约束机制。建立工程咨询市场禁入管理制度，政府投资项目以及政府核准的企业投资项目的投资咨询、工程咨询和咨询评估等工作，对失信的工程咨询企业和注册咨询工程师个人实行一定时期乃至终身禁入制度，倒逼相关工程咨询企业和个人切实尽职履责，提高工程咨询成果质量水平。

（三）大力支持发展全过程工程咨询服务

工程咨询企业要根据自身专业能力配置和工程咨询项目经验，努力提高全过程工程咨询服务能力，加强相关专业人才培养、引进。支持政府投资项目和重大工程项目引入全过程工程咨询服务，全过程整合优化资源、降低成本、提高效益。鼓励工程咨询企业强强联合、优势互补，共同开展全过程工程咨询服务。鼓励工程咨询行业龙头企业通过并购、重组等方式提升全过程工程咨询服务能力。建议各地投资主管部门会同能源、交通、水利、住建等行业主管部门遴选一批重大项目开展全过程工程咨询服务试点，重点解决全过程工程咨询服务的权责划分、咨询服务取费、咨询资质资格条件、激励约束机制等共性问题。

（四）充分发挥工程咨询行业组织的作用

扩大工程咨询行业组织的自主权，加强和改进对工程咨询行业性组织的监管、指导和服务。支持工程咨询企业成立产业联盟，共商行业重点、难点、热点问题，促进联盟成员企业协同协作发展。加强工程咨询行业自律，充分发挥行业组织对会员企业的引导和约束作用，促进工程咨询企业上档次、上水平和加强管理，引导工程咨询企业规范有序竞争，促进工程咨询行业良性健康、高质量发展。

第二章　发挥发展规划的重要引领作用

固定资产投资是促进经济社会持续发展的原动力，是补短板、惠民生的重要抓手，也是"强弱项、增后劲"的重要倚靠。"十四五"时期要研究编制投融资规划，谋划提出重大工程和重点项目，推动"十四五"规划纲要提出的主要目标和任务项目化，高质量做好项目储备工作，为拓展投资空间、扩大有效投资和统筹安排政府投资资金提供重要依据。

第一节　研究制定"十四五"时期投融资规划

研究制定"十四五"时期固定资产投融资规划，明确"十四五"时期投资发展的总体思路和目标任务，明确政府投资发展意图和投资责任，明确投融资政策和投融资投资体制改革措施，对于拓展有效投资空间、促进投资合理稳定增长和优化供给结构具有重要意义。投融资规划属于经济社会发展规划纲要在投资建设领域的深化和细化，建议各地区将投融资规划作为"十四五"时期发展规划体系的重点专项规划。

一、制定"十四五"时期投融资规划的意义

近几年我国人均 GDP 刚刚跨入 1.2 万美元的门槛，常住人口城镇化水平刚刚迈过 64% 的台阶，与主要发达国家相比，人均 GDP 和城镇化水平均存在相当大的差距。特别是，我国经济发展总体上质量和效益有待进一步提高，城镇化质量也有待进一步提高，区域和城乡发展差距仍然较大，在产业发展、基础设施建设、社会民生发展、生态环境保护和污染治理、区域协调协同发展和城乡一体化

发展等方面还存在很多短板和弱项。总体上看,现阶段我国在基础设施建设、社会民生发展、生态环境建设和污染治理以及产业培育发展等领域仍然具有潜在的巨大投资需求。固定资产投资是经济社会持续发展的原动力,"十四五"时期肩负着促进新型工业化、城镇化、信息化和农业现代化发展的重任,肩负着补短板、惠民生、强弱项、增后劲的重任,肩负着优化供给结构和推动高质量发展的重担,还肩负着应对经济下行压力、促进就业稳定增长和保持经济平稳运行的巨大挑战。

"十四五"时期是我国全面建成小康社会、实现第一个百年奋斗目标之后,乘势而上开启全面建设社会主义现代化国家新征程、向第二个百年奋斗目标进军的第一个五年。研究制定"十四五"时期固定资产投融资规划,明确投资建设的目标任务,明确政府投资发展意图,有助于发挥政府投资和社会投资的合力,对于拓展投资空间、促进有效投资稳定增长和优化投资结构具有重要意义。

第一,明确政府投资边界范围。编制投融资规划,发挥规划的重要约束作用,坚持政府投资有所为、有所不为,明确政府投资职责,把有限的政府投资资金用在公共领域尤其是补短板、惠民生、强弱项的"刀刃"上,不仅有助于从源头上为政府投资"减负",更好地发挥政府投资的作用,而且有助于防范政府投资风险尤其是地方政府债务风险。

第二,引导企业投资方向。编制投融资规划,明确政府的投资发展意图,发挥规划的重要导向作用,引导企业的投资方向,不仅有助于为企业投资提供更多更好的投资机会,也有助于发挥政府投资和企业投资的合力,从而有助于扩大有效投资、增强发展后劲,发挥投资对优化供给结构的关键性作用。

第三,为重大项目决策提供重要依据。编制投融资规划,研究提出"十四五"时期投资建设发展的奋斗目标、主要任务和重点工作,研究提出重大公共领域投资项目和产业投资项目储备库,为政府投资和企业投资提供重要的决策依据,让项目跟着规划走、让要素跟着项目走,有助于提高投资决策的科学化水平,从而进一步提高政府投资乃至全社会投资效益。

第四,推动重大项目投融资落地。编制投融资规划,研究提出投融资体制改革和投融资机制创新的举措,推进投资建设领域"放管服"改革,拓宽投融资来源,研究设计重点领域投融资机制、重大项目投融资模式,有助于促进重大项目投融资落地,从而促进投资稳定增长,助推"十四五"时期经济社会发展目标任务实现。

第五,从源头上防范地方政府债务风险。地方政府的债务包括自身显性债务和主要通过融资平台公司/城投公司等国有企业产生的隐性债务，尽管体现形式不一，但源头上主要来自投资项目。其根本原因在于这些投资项目的投资总量过大，超出了地方政府的投资能力和财政承受能力，未能与经济发展水平和财政收支状况相匹配，尤其是很多投资项目资产质量较差、没有足够的经营性收入或其他收益支撑其债务融资特别是市场化融资。编制投融资规划，有助于从投资总量、投资结构和区域布局等方面统筹安排各类政府投资项目特别是没有足够经营性收入的非经营性项目，统筹使用政府综合财力包括政府债券资金，规范政府举债融资机制，使项目投资、融资需求在总量和时序上与政府财力相匹配，从而有助于防范政府债务和隐性债务风险。

研究编制固定资产投融资规划属于国民经济和社会发展规划纲要在投资建设领域的深化和细化，建议各地将固定资产投融资规划作为"十四五"时期国民经济和社会发展规划体系的重点专项规划。

二、确定"十四五"时期投融资规划的主要内容

发展规划的研究编制过程是统一思想、达成共识的过程，是形成政府部门合力的过程，也是形成政府和市场合力的过程。研究编制"十四五"时期固定资产投融资规划，要坚持目标导向、问题导向和结果导向，坚持服务经济社会发展目标任务实现，坚持促进经济社会高质量发展的主题，坚持发挥市场机制在资源配置中的决定性作用和更好地发挥政府作用，重点从促进投资总量稳定增长、调整优化投资结构、改善区域城乡布局以及防范区域性系统性风险等方面统筹投资建设和投融资体制机制改革创新工作。

按照研究编制经济社会发展规划体系的相关规定，根据"十四五"时期经济社会发展形势和目标任务要求，结合投资建设领域的特点和具体情况，"十四五"时期投融资规划要研究回答的主要内容和建议包括以下六个方面：一是"十三五"时期固定资产投资运行情况回顾，主要包括投资总量增长和投资结构变动情况、重大项目建设情况和取得的主要成效等；二是分析"十四五"时期投资发展的机遇和挑战，尤其是保持投资合理稳定增长、调整优化投资结构、防范投融资和政府债务风险以及投融资机制创新等方面的主要问题和制约因素；三是研究提出"十四五"时期投资发展的总体思路包括指导思想、原则要求和主要目标等，包括固定资产投资增速以及制造业、基础设施和房地产开发等主要领域投资增速预测；四是研究确定"十四五"时期投资方向和重点；五是研究提出"十四五"时期深化投融资体制机制改革创新的任务和工作重点；六是调整

优化投资结构和促进投资合理稳定增长的对策措施。

三、确定"十四五"时期投融资的方向和重点

科学合理确定投资方向和重点，调整优化投资结构，是发挥投资对优化供给结构的关键作用的重要保障。"十四五"时期投资方向和重点，要坚持服务于"十四五"时期经济社会发展规划目标任务实现，紧密围绕国家和区域重大战略实施的需要，紧密围绕经济社会转型发展和高质量发展的需要，紧密围绕新型工业化、新型城镇化、信息化和农业现代化等重点领域发展的需要，紧密围绕特色资源要素开发利用、传统产业转型升级、特色优势产业加快发展、新兴产业和高技术产业培育发展的需要来确定。

一般而言，各地区"十四五"时期投资的方向和重点应主要包括推动农业产业化和产业融合发展、促进乡村振兴发展、加强传统基础设施领域补短板、加快新型基础设施建设步伐、加强社会民生领域投资、支持传统产业企业技术改造投资以及信息化智能化数字化改造投资、加大战略性新兴产业投资力度、鼓励制造业企业加大服务环节的投资力度、支持创新创业企业投资以及支持有利于促进消费的投资等方面。各地区要通过研究编制"十四五"时期投融资规划，贯彻"项目跟着规划走"的原则，围绕投资方向和重点，谋划提出和研究论证一批重大战略性、引领性项目，建立涵盖产业领域和公共领域的重大项目储备库，努力做到将"十四五"时期经济社会发展的目标任务特别是重点行业领域投资建设的目标任务"项目化"；反过来，要以重大项目建设为重要抓手，助推补短板、强弱项、惠民生和增后劲，促进投资结构调整优化，促进投资合理稳定增长，助推经济社会发展目标任务实现。

四、制定"十四五"时期投融资体制改革任务

投融资体制机制改革服务于投资建设的目标任务实现，服务于促进重大项目投融资落地。"十四五"时期投融资体制机制改革的主要任务和工作重点，建议主要包括以下几个方面：一是贯彻落实《政府投资条例》，加强和改进政府投资管理。比如，健全科学投资决策机制，试行政府投资决策公众听证制度，简化优化政府投资决策程序，编制和实施统一的政府投资计划，加强政府投资项目谋划和项目储备，加强政府投资项目管理，鼓励政府投资项目采用建设运营一体化（EPC＋O）模式，试行非经营性项目集中统建制，强化政府投资项目绩效考核和后评价工作等。二是深入推进投资建设领域"放管服"改革，更好地引导企业

投资方向，服务企业投资活动。比如，加强对企业投资活动的引导，通过投资项目推介和投资政策宣介等方式，引导企业投资方向，帮助企业"不犯错误"；促进投资便利化，开展企业投资"一站式""保姆式"服务，探索实施企业投资项目"不再审批""容错审批"的投资管理模式，试行企业投资项目"承诺制""先建后验"的建设管理模式，帮助企业"少走弯路"；等等。三是创新投融资机制，促进投融资模式转型，比如：公共领域积极审慎运用政府和社会资本合作模式；贯彻剥离政府融资职能的要求推进政府投融资平台公司市场化转型，健全投融资平台公司合法合规承接非经营性项目投资建设任务的机制。又如，按照"资金跟着项目走"的原则用好地方政府投资包括一般债和专项债资金，根据项目收益情况允许政府专项债资金作为部分项目资本金。再如，鼓励产业园区、产业新城、特色小镇、河道综合治理等项目实施综合开发投资模式，对于有较好经营性收入的重大项目支持发行项目收益债券（票据）或重点产业专项债券，鼓励社保、保险和住房公积金等长期机构资金投向公共领域，鼓励开展存量资产证券化，支持产业资本和金融资本联合投资参与公共领域项目，支持多渠道筹集重大项目资本金如发行股权类、权益型金融工具等，支持天使投资、风险投资（VC）和私募股权投资（PE）发展，政府出资设立产业投资基金和基础设施投资基金等。

五、明确"十四五"时期扩大有效投资的措施

调整优化投资结构和促进投资合理稳定增长的对策措施，建议主要从以下八个方面研究提出：一是强化组织保障，明确各地区、各部门的责任分工，形成各地区和各部门的合力，形成政府和企业的合力；二是加强重大项目谋划与储备工作，建立投资主管部门牵头、有关部门协同协作的联合协同工作机制，增加项目前期研究工作经费，加强重大项目谋划和可行性研究论证，让项目等资金；三是统筹安排各类政府投资资金，强化政府投资计划的统领作用，防范政府投资重复配置和分散配置，更好地发挥政府投资在补短板、惠民生等市场失灵领域的作用，更好地发挥政府投资对社会投资和金融资本的引导带动作用；四是制定重点领域重大项目投资建设的行动计划或实施方案，贯彻"要素跟着项目走"的原则，建立健全重大项目协调协同推进实施机制，明确推进实施责任主体，完善投融资模式，促进重大项目投融资落地；五是营造公平、公正、透明的投资环境，切实保护投资者特别是民间投资者的合法权益，建立和实施全国统一的市场准入负面清单制度，推进要素市场化配置和自由流动，促进民间投资健康稳定发展；

六是建立常态化的政金企社合作对接机制，加强投资项目推介和投融资政策宣介，减少投资项目信息和政策信息不对称问题，通过市场测试和交流研讨等多种方式提高重大项目可融资性和投融资政策有效性，请金融机构和全国性行业协会推荐合格的社会投资者；七是规范政府投融资行为，防止政府投资项目违法违规融资，推进政府投融资平台公司市场化转型，防范化解政府（隐性）债务风险；八是建立投资形势动态监测和预警机制，跟踪分析重大项目推进实施情况，及时研判和解决投融资领域的难点热点问题，促进投资和经济平稳运行。

第二节　切实加强投资项目谋划和储备工作

加强投资项目储备是我国现行投融资体制下一项重要的投资管理工作，是拓展投资空间、扩大有效投资以及加强补短板、强弱项、惠民生的基础性工作。项目储备信息数据也是分析预判投资需求和投资发展形势并作出宏观经济调控相关决策的重要基础。然而，很多地方储备项目存在可行性研究论证不充分、项目前置审批手续不齐备、项目储备库维护管理不及时、项目数据信息时效性较差等突出问题。各地方要提高投资项目储备工作重要性的认识，加大项目前期工作经费支持，进一步加强项目谋划和研究论证工作，提高项目储备库信息数据质量水平。

一、项目储备工作存在的主要问题

加强投资项目储备是各级政府实施投资管理的一项重要工作，也是国家对各级地方政府的一项明确要求。然而实践中，很多地方投资项目储备库质量不高、信息数据时效性和准确性较差，使项目储备库对于拓展投资空间、扩大有效投资以及安排项目和政府投资资金的作用难以有效发挥，主要表现在以下方面：

其一，有的地方储备项目可行性研究论证不充分。很多地方的储备项目主要以招商引资特别是向国家和省级政府申报投资建设资金为主要目的，注重项目的可批性而非真正的项目可行性，如有的项目可行性研究论证的内容不全、深度不足，有的项目甚至缺失项目建设的必要性、技术可行性、经济合理性和风险分析等必要的可行性研究论证内容，有的项目的建设选址、建设规模、主要建设内容和建设标准以及投融资方案等重大事项论证比选不充分，导致项目建设方案的科学性、可行性不高。这类储备项目在引导投资方向、扩大有效投资特别是促进地方经济社会高质量发展包括扩大公共服务供给和促进产业转型升级等方面的功能和作用比较差，有的甚至成为低水平重复建设项目或"形象工程"。

其二，有的地方项目储备库存在轻管理维护问题。有的地方项目储备总量虽然不少，但是项目信息数据更新较慢，项目挂在储备库里（网上），缺乏专人维护管理，有关部门之间也缺乏有效的项目信息反馈机制，导致储备项目基本信息和数据的时效性较差。部分地方的项目储备库由于后续管理维护工作跟不上，基本陷入停顿状态，成为一个应付上级政府要求的"摆设"；有的地方项目储备库甚至成为地方主要领导人的一项"面子工程"，虽然名义上入库的项目数量和总投资需求很大，但真正具备可行性、落实资源要素配置和建设条件的项目不多，从而难以实现项目储备库建设的初衷和目标。

其三，储备项目前置审批手续不具备。很多储备项目虽然投资主管部门的审批、核准或备案手续完成了，也拿到了项目代码证，但项目的环评、土地、稳评、能评、城乡规划等其他开工建设的重要前置审核事项没有及时同步开展，有的甚至不具备审核通过条件，如由于城乡规划和土地制约，项目建设选址无法按时甚至不可能落地。这类前置审核手续不齐备的储备项目，很难获得金融机构的融资支持，即使允许发行地方政府专项债或给予国家预算内投资资金支持，也很难按时开工建设、形成实物工作量，从而影响扩大有效投资相关政策的效果。

其四，有一定收益的项目较少。从我国目前经济发展阶段和城镇化发展阶段看，正处于固定资产投资建设的高峰期，但投资需求总量的增速已经明显趋缓。特别是在基础设施和公共服务等公共领域，经过多年的投资建设，很多收益较好的"铁公机""水电气热"和"科教文卫体"等公共项目已经建成并投入使用。特别是，2015～2016年国家开发银行和中国农业发展银行投入的专项建设基金，以及2019～2020年大幅扩大发行规模后的地方政府专项债券资金，都支持了大量有一定收益的公共项目建设，未来具备较好收益特别是能够实现收益和市场化融资自平衡的公共项目很可能会越来越少。从实践看，由于有一定收益的公共项目很少甚至没有，有的地方政府甚至没有符合申报发行政府专项债条件的项目。

二、影响项目储备工作的主要原因

项目储备工作主要由市县政府及其有关部门承担，但实践中项目前期研究论证工作经费不足严重制约项目储备工作的有效开展，而有的地方政府对项目储备工作的重要性认识不足也是影响项目储备工作成效的重要原因。

其一，不重视项目可行性研究论证工作。项目可行性研究论证是项目投资决策的重要基础和依据，是实现项目目标和提高投资效益的重要保障，也是建立项目储备库的基础性工作。然而，很多地方的项目可行性研究论证工作往往成了"走过场"，研究论证依据不充分可靠，研究内容和深度达不到项目可行性研究的相关要求，有的甚至成了仅仅满足项目审批程序要求的"可批性研究"，难以作为投资决策审批的科学依据。而未经科学研究论证或研究论证不深入、不充分的项目，不仅项目本身难以发挥应有的经济、社会或环境效益，而且甚至成为低水平重复建设项目，也无疑影响项目储备库的整体质量。

其二，项目前期研究论证工作经费严重不足。特别是地方政府专项债券项目要求收益平衡，投资规模分析、收益测算、运营维护成本分析、还本付息能力分析等工作要求较高，再加上传统的项目可行性研究、初步设计等前期研究工作，往往需要投入不少前期研究工作经费。必要的项目前期研究工作经费支持是加强项目可行性研究论证、提高项目储备工作质量的重要前提。在缺少足够的项目前期研究工作经费支持的情况下，一些地方推进项目前期研究论证和项目储备工作往往心有余而力不足。

其三，部分地方政府对项目储备工作认识不到位。加强项目储备是投资建设特别是扩大有效投资、促进稳投资的一项基础性工作，对于扩大有效投资和充分发挥投资对优化供给结构的作用无疑具有重要意义。然而，有的地方政府认为没有明确的国家和省级政府投融资政策特别是建设资金支持的项目没法落地实施，故项目储备工作"做了也是白做"。实践中，很多地方确实也存在储备项目很多而专项债资金支持的项目很少的问题，这种"僧多粥少"的矛盾也在某种程度上影响了地方政府的积极性。

三、加强项目谋划和储备的建议

各地区要充分认识和高度重视项目储备库建设的必要性和重要性，加大项目前期研究工作经费支持，加强入库项目谋划和研究论证，进一步提高项目储备库建设和管理质量，从而更好地发挥项目储备库的重要作用。

一是加大项目前期研究工作经费支持力度。无论是按照项目实施本身的客观规律，还是国外的项目实施经验，项目前期工作对项目本身质量和科学决策发挥着至关重要的作用。项目前期工作没有做好，不仅影响甚至误导项目决策，制约项目顺利实施，甚至很可能造成项目经济效益、工程质量低下等问题。加大项目前期研究工作经费支持力度，对于提高项目可行性研究论证工作质量以及项目储备库建设质量是十分必要的。建议各级地方政府每年从财政预算中安排部分专项资金作为项目前期研究工作经费，并由发展改革部门统筹安排到各项目单位。与此同时，建议国家发展改革委加大对地方特别是相对落后地区的项目前期工作经费的支持力度，设立专项前期研究工作费，支持相对落后地区如"三区三州"开展项目前期研究工作。

二是健全部门分工协作机制。按照发展改革部门筛选项目、财政部门管好政府债务的分工原则，明确由各地发展改革部门牵头，会同财政、国土、住建等有关部门谋划、储备、报送政府专项债券项目。贯彻资金跟着项目走的原则，国家发展改革委筛选政府专项债券项目后，政府专项债券资金要优先分配给经过筛选的专项债券项目，没有经过报送、筛选程序的公共项目特别是不符合专项债资金投向的项目包括没有收益的非经营性项目，各地区不得安排政府专项债券资金支持。具有政府性基金收入而没有使用者付费或经营性收入的非经营性项目，建议今后原则上不得发行政府专项债券；确实有必要投资建设，又确实缺乏财政预算资金支持的非经营性项目，可通过发行地方政府一般债券的方式筹集建设资金。

三是加强政府专项债券项目库建设和管理。目前，申报地方政府专项债券项目主要依托全国投资项目在线审批监管平台进行报送和筛选。建议在全国投资项目在线审批监管平台中设立专门的地方政府专项债券项目储备库，督促各地加强政府专项债券项目储备库管理，凡是没有通过政府专项债券项目储备库报送、筛选的项目，各地一律不得安排专项债券资金，从而提高各地建设管理和运用好项目储备库的积极性。与此同时，依托该政府专项债券项目储备库报送项目招标投标、开工建设、施工进度、竣工等全过程的基本信息和数据，有助于动态监督项目实施进展情况，从而提高政府专项债券资金的投资使用效率特别是防范政府专项债券资金闲置甚至被挪用的问题。

四是着力加强项目谋划论证工作。长期以来，地方政府的公共项目主要依靠各行业主管部门根据行业领域发展需要研究提出，这也是行业主管部门的职责所在。然而，行业主管部门及其所属事业机构往往主要从本行业领域、本单位的发展目标任务和履行相关管理与服务职责的需要出发研究提出相关项目，限于其专业人员配置、项目经验特别是部门职责的限制，谋划跨行业领域、跨区域的综合开发投资项目往往勉为其难，而对植入或创新项目商业模式从而健全投资回报机制、提高投资回报水平，则更加力不从心。实践中，行业主管部门和项目单位往往更关注项目本身的目标和产出以及建设方案和技术方案（这无疑是必要的），但也容易忽视项目商业模式、投融资方案和投资回报机制等事关项目财务可行性和可融资性的重大事项。建议地方政府（投资主管部门会同专业部门）聘请专业的投资咨询机构谋划重大公共项目，或者向潜在的社会资本方征集重大公共项目建设方案包括投融资方案，同时鼓励、支持社会资本方直接向有关政府部门提出重大公共项目建设的建议书，从而从源头上提高项目谋划质量、提高项目可行性，并相应地提高项目储备库建设质量。

第三章 促进地方公共领域投融资模式转型

长期以来，地方基础设施和公共服务等公共领域高度依赖政府投资和政府信用支持，不仅增加了地方政府债务负担，不利于防范化解潜在债务风险，而且在很大程度上"挤出"了社会资本包括民间资本的投资机会。公共领域投融资模式转型是公共领域市场化、产业化改革的必然要求，是推进公共领域治理体系和治理能力现代化建设的重要举措，也是理顺地方政府、企业和金融资本三者责权利关系的必由之路。促进地方公共领域投融资模式转型要从高度依赖地方政府信用的模式走向政府信用与企业/项目信用相结合的双轮驱动模式，其不仅有利于减轻地方政府债务负担和降低潜在债务风险，也有利于为包括民间资本在内的各类社会资本提供更多更好的投资机会。地方公共领域投融资模式转型的主要任务和工作重点包括科学确定地方政府投资边界、合理划分公共领域三类项目及其投融资模式、大力促进地方政府投融资平台市场化转型发展和积极审慎引入PPP模式等。

第一节 地方公共领域投融资模式转型的总体思路和主要任务

促进地方公共领域投融资模式转型是公共领域市场化、产业化改革的必然要求，在很大程度上也是更高层次的国家治理体系和治理能力现代化建设的重要组成部分。然而，长期以来，地方公共领域投融资高度依赖政府信用甚至政府违法违规融资，不仅给地方政府造成了很大债务负担和潜在的债务风险，而且"挤出"了社会资本特别是民间资本的投资机会。促进地方公共领域投融资模式转型要从高度依赖地方政府信用的单一模式走向政府信用与企业/项目信用相结合的双轮驱动模式，其既有利于降低地方公共领域对地方政府信用的高度依赖从而减轻地方负担，又有利于为社会资本特别是民间资本提供更多的投资机会，从而进一步扩大公共领域供给能力和提高服务效率。

一、转型发展的指导思想和要求

加快改变地方基础设施和公共服务等公共领域投融资事权主要依靠政府主体"大包大揽"的现状，有效降低对地方政府信用的高度依赖，促进投融资平台公司市场化转型，鼓励支持社会资本投资参与公共领域，充分发挥社会资本与政府的合力，扩大投融资来源，提高服务能力和服务效率。

（一）指导思想

基础设施和公共服务等公共领域的重要经济属性是非排他性和非竞争性，从而导致所谓的"市场失灵"问题。提供基础设施和公共服务虽然是各级政府的重要职责，但随着基础设施和公共服务等公共领域市场化、企业化、产业化改革包括收费/价格体制改革的不断深化，部分基础设施和公共服务特别是高端公共服务的非排他性和非竞争性的特点大大降低，很多甚至呈现出部分私人产品或俱乐部产品的特点。因而，从我国市场经济体制改革的大趋势和新要求这一方面看，各级政府尤其是地方各级政府不一定要对基础设施和公共服务等公共领域的投融资事权"大包大揽"，引入专业化的社会资本包括民间资本和外资等各类主体投资参与势在必行。从另一方面看，长期以来地方政府对公共领域投资事权"大包大揽"，导致基础设施和公共服务项目的投融资模式高度依赖政府信用，甚至实践中大量公共项目的债务融资主要依靠地方政府担保甚至直接还本付息，从而蕴含着潜在的地方政府（隐性）债务风险。

促进公共领域投融资模式转型的指导思想是：充分发挥市场机制在资源配置中的决定性作用和更好发挥政府作用，坚持目标导向和问题导向相结合，坚持系统观念，大力促进公共领域投融资主体多元化，发挥政府和社会资本的合力，拓宽投融资渠道，完善投融资方式，促进公共领域投融资模式从高度依靠政府信用走向"政府信用＋项目/企业信用"的双轮驱动，大力推进政府融资平台公司市场化转型和规范发展，积极审慎运用政府和社会资本合作模式，有效防范地方政府债务风险，提升服务供给能力，提高服务供给效率，促进公共领域可持续融资和长期稳定发展。

（二）转型的目标和要求

充分发挥市场机制对配置资源的决定性作用和更好发挥政府作用，理顺政府、企业和金融资本的关系，构建新型地方公共领域投融资模式。转型的总体目标是：政府投资＋社会资本投资＋长期债券资金。

从投融资主体看，公共领域主要包括三类主体：一是政府投资主体，主要包括政府部门和所属公益性事业单位；二是政府授权投资主体，主要包括按照规定转型和剥离了政府融资职能的投融资平台公司，如城投公司、交通建设投资公司、水务投资公司、文化产业投资公司、旅游投资公司、开发区/产业园区开发建设投资公司等，以及地方市政公用事业领域的行业性国有企业或公共服务类国有企业，如公交公司、水务公司、燃气公司、供热公司等；三是社会资本，主要包括央企、省企和异地国有企业以及民营企业和外资投资企业等。

从投融资来源和融资方式看，在公共领域新型投融资模式下，地方基础设施和公共服务项目现阶段的融资仍然主要来源于银行体系且主要采取间接融资方式。鉴于直接融资相对于间接融资具有决策主体多元、规范透明运作、风险相对分散和便于金融监管等优势特点，作为公共领域投融资模式转型发展改革的目标和努力方向，直接融资模式尤其是债券融资包括基于地方政府自身信用的政府债券融资和基于项目/企业信用的企业债券融资，其融资规模和地位应稳步提高。

促进地方投融资模式转型，构建新型的地方基础设施和公共服务等公共领域投融资模式，是一个系统性的工程，不仅涉及投融资体制改革本身，也涉及财政体制和金融体制改革。为实现基础设施和公共服务等公共领域可持续融资，其基本要求应该包括三个方面：一是提高融资的可获得性。要有利于拓宽公共领域的投融资来源，提高公共项目的投资吸引力和可融资性，有效弥补现阶段潜在巨大的投融资需求和投融资供给之间的缺口，从而促进基础设施和公共服务领域尤其是短板和瓶颈领域加快发展和可持续发展。二是有效降低公共领域的融资成本。在提高融资可获得性的同时，通过地方政府信用和项目/企业信用的合理分工、组合和协作，降低公共领域项目的融资成本，减轻政府和企业的债务负担。三是防范地方政府债务风险。通过项目/企业信用的引入，降低公共领域投融资对地方政府信用的高度依赖，有效防范政府隐性债务和禁止政府违法违规举债融资，防范地方政府债务风险。

二、科学确定地方政府投资边界

政府投资要坚持"有所为、有所不为"。贯彻《政府投资条例》要求，进一步明确政府投资边界范围，政府投资只能用于市场机制不能有效配置资源的公共领域以及部分竞争性行业中经济外部性强领域（如高技术产业），主要是非经营性项目。要从源头上为各级政府的投资"减负"，现阶段，政府投资领域应集中在国家防务、公共安全、社会管理、公共服务设施、基础设施、生态环境、科学研究、技术进步、农业农村等领域和相对落后地区。即使是上述领域和地区，各级政府也不应"大包大揽"，原则上，社会资本尤其是民间资本愿意自主投资的项目，政府及其所属投融资平台公司、城投公司等国有企业也不应"挤出"其投资。要贯彻中央关于发挥投资对优化供给结构的关键性作用的要求，建立政府投资事权范围的定期评估调整机制，优化政府投资的方向和重点，确保有限的政府投资用于补短板、惠民生的"刀刃"上。

合理确定各级政府的投资事权分工。科学确定各级政府的财权和事权关系，按照基础设施和公共服务投入与产出的非对称性或非均衡性原则，合理划分中央与地方政府的投资事权分工。各省级政府与各市县政府也要按照此原则合理划分各自的投资事权分工。要适度加大中央政府对中央与地方政府共有事权的投资支出责任，有效降低地方政府的投融资负担。

编制实施政府投融资规划。进一步统筹地方政府的综合财力，集中政府有限的财力用于关键领域和薄弱环节的补短板投资。建议地方政府投资主管部门会同财政以及交通、能源、水利、住建、文化、教育、卫生、体育等行业主管部门，在《政府投资条例》明确提出的编制政府投资年度计划的基础上共同研究编制全口径统一的三年滚动政府投融资规划（计划），明确政府的投资事权和相应的政府投资或支出责任。全口径统一的政府投融资规划包括预算内投资规划、预算内专项资金投资规划、政府性基金投资规划以及专项税收（收费）投资规划等。在此规划的基础上，建议地方政府定期或不定期地发布基础设施和公共服务等公共领域鼓励支持社会资本投资的指导目录或投资指南，提高公共领域投资信息的透明度，为社会资本特别是民间资本提供更多、更公平的投资机会。

三、合理确定三类项目投融资模式

按照项目的行业属性、技术经济特点、可经营性、收益来源及其性质尤其是投资回报水平，把基础设施和公共服务等公共领域项目划分为经营性项目、准经营性项目和非经营性项目三类（参见专栏3-1）。当然，三类公共项目的划分并非一成不变，项目的可经营性和投资回报机制也并非一成不变，完善价格/收费机制调整、创新商业模式都有可能提高项目的可经营性和投资回报水平，都有可能改变项目的分类，从而相应地需要变更项目的投融资模式。顺应公共领域市场化改革、产业化运作的要求，明确三类项目的投资主体及其相应的责任，尤其是地方政府不应"大包大揽"，应坚持积极有所作为，同时坚持做到有所不为。

专栏 3-1　基础设施和公共服务等
公共领域三类项目划分

非经营性项目是指不以营利为主要目的的项目，为社会提供的服务和使用功能不收取费用或只收取少量费用，旨在实现社会效益和环境效益等公益性目标，为社会公众提供产品或服务的非营利性项目。非经营性项目的投资主体为政府，资金来源主要依靠政府的财政收入和发债融资。由于项目完全依赖政府投资、融资，其权益归政府或其所属事业单位所有。非经营性项目通常包括公共服务项目（如义务教育项目、医疗卫生项目、普惠养老项目、保障房项目）、环境保护与环境污染治理项目（如污水处理项目、垃圾处理项目）、部分基础设施项目（如防洪工程项目、普通公路项目和市政道路项目）等。

经营性项目是指市场机制比较健全，具备经营性收入且主要向服务和使用功能的受益者或使用者收取费用，有可能获得合理投资回报的项目。经营性项目的投资主体最为广泛，通常既可以是国有企业，也可以是民营企业、外资企业。经营性项目主要在农业、工业和服务业等产业领域。基础设施和公共服务等公共领域的经营性项目，应在充分发挥社会效益和环境效益等正外部性的前提下，充分发挥其经济效益或财务效益，目前主要包括货运铁路、铁路专用线、收费公路、供水、燃气供应、电力等传统基础设施项目以及旅游开发、商业养老、职业教育、国际学校、国际医疗等高端公共服务项目。

准经营性项目介于经营性项目和非经营性项目之间，主要是指基础设施和公共服务领域有一定经营性收入，但财务上难以盈利和获得合理投资回报的项目。准经营性项目的经济、社会和环境效益突出，正外部性明显，但自身财务效益不足，不足以吸引社会资本尤其是民营企业投资。准经营性项目通常需要政府长期的资金和政策支持才能实现可持续运营。比如，在项目建设期给予无偿性的投资补助或运营期财政补贴；建设期给予贷款贴息甚至政府贷款如专项债（转）贷款；在特许期内授予垄断性经营权，保障项目的唯一性；等等。准经营性项目目前主要包括城市轨道交通、高速客运铁路、供热/污水厂网一体化、体育场馆、文化场馆、流域生态环境综合治理等项目。值得注意的是，在相对发达地区公共领域的经营性项目，在相对落后地区由于需求相对较少、价格/收费水平相对较低，很可能难以获得合理投资回报甚至依靠自身经营性收入难以还本付息，从而只能算作准经营性项目。

经营性项目自身具备较好的经营性收入和财务效益，能够实现收益和市场化融资平衡，对社会资本包括民间投资者的吸引力较大，应以社会资本自主投资模式为主、政府和社会资本合作模式为辅。社会资本尤其是民间投资者愿意自主投资的经营性项目，应优先由社会资本投资参与，地方政府投融资平台公司等国有企业原则上不得依靠行政性垄断等手段"挤出"社会资本的投资机会。

准经营性项目投资回报机制不健全甚至自身的财务不具备可持续性，难以实现收益和市场化融资的平衡，对以营利为主要目的的社会资本吸引力不大，一般需要政府给予一定的投资补助或运营补贴资金支持。这类项目原则上以政府所属的投融资平台公司和公共服务类国有企业（或公益类国有企业）投资为主、以引入PPP模式为辅。

非经营性项目自身没有或只有很少财务收益，难以实现市场化投资和融资，但社会和环境等外部性效益较大，应当以政府投资为主，投融资责任由地方政府（所属有关部门）承担。贯彻《政府投资条例》要求，政府投资应积极"有所为"，尤其是要更好地做到"有所不为"，要以非经营性项目为主。少量市场机制相对健全、边界条件比较清晰、目标和产出比较明确尤其是政府专业能力不足、政府不会干和干不好的非经营性项目，可以考虑通过政府付费方式引入PPP模式，鼓励支持包括民间资本在内的社会资本方投资参与（见图3-1）。

着力提高项目的可经营性。针对基础设施和公共服务等公共领域普遍存在的"两头经济"（即供给侧劳动力、资金、原料动力等各类资源要素及其价格的市场化供给与产出端产出和价格不同程度的政府管制）问题，各地要大力推进公共领域的价格/收费机制改革，健全价格/收费的形成、调整和补偿机制，降低价格/收费风险，提高投资回报水平。各地要努力创新重大项目商业模式，集合高效利用各类资源要素，挖掘项目潜在商业价值，完善项目投资回报机制，提高项目的可经营性，促使非经营性项目向准经营性项目转化、准经营性项目向经营

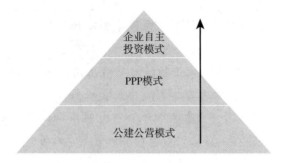

图3-1 公共领域投融资模式市场化改革方向

注：企业自主投资模式相当于国外的私人投资模式，即社会资本自主投资、自担风险、自主收益。改革的方向是不断降低对政府投资和政府信用的依赖，努力减少采用公建公营模式，更多地引入 PPP 模式和企业自主投资模式从而利用项目/企业的信用增加公共服务的供给总量和提高供给效率。

性项目转化，提高重大项目对社会资本和银行等金融机构的吸引力。项目的行业属性、技术经济特点和项目建设方案对项目的可经营性以及投资回报机制具有决定性影响。限于地方政府有关部门尤其是项目单位的人才、专业能力和经验的制约，建议地方政府聘请专业化的投资咨询机构谋划重大项目，或向潜在社会资本方公开征集重大项目建设方案以及相关商务方案，合理确定项目建设地点、建设规模、主要建设内容和建设标准等重大事项，从源头上提高重大项目的可行性，创新项目商业模式，建立健全项目投资回报机制，从而提高项目的可经营性。

健全三类项目的投融资模式。根据项目的属性和分类决定其投融资模式包括投资主体、资金来源和方式、运作模式及相关权益归属。对于经营性项目，可主要采取"社会资本（联合金融资本）出具项目资本金＋债券融资＋银行贷款"的投融资模式，积极争取从建设期开始引入项目收益债、重点产业专项债等直接融资方式，努力降低对银行贷款等间接融资方式的依赖。对于准经营性项目，可主要采取"政府投融资平台公司或公益性国企共同出具项目资本金＋债券融资＋银行贷款"的投融资模式，部分项目可审慎运用 PPP 模式，政府给予适当的投资补助或运营补贴。对于非经营性项目，由政府（及其有关部门和事业单位）作为投资主体，投资建设资金主要通过"一般公共预算资金或政府性基金＋政府债券资金"的渠道筹集。对于具有一定收益包括政府性基金收入、事业性收费收入或经营性收入的重大项目，积极争取利用地方政府专项债资金。

第二节　积极审慎推广政府和社会资本合作模式

政府和社会资本合作模式是国际上基础设施和公共服务等公共领域重要的投融资模式，也是公共领域推进市场化改革和供给侧结构性改革的重要抓手，代表了公共领域市场化改革的主要方向，体现了公共领域产业化发展的基本要求。公共领域推广运用 PPP 模式，既有利于扩大服务供给、提高服务效率，也有利于为社会资本提供更多投资机会。在国家政策导向上，要把 PPP 模式作为公共领域投融资模式的重要选项，积极推广 PPP 模式，鼓励支持各级地方政府运用 PPP 模式；当然，PPP 模式并非"万能"，在具体公共项目操作层面，地方政府要精心遴选适合引入 PPP 模式的项目，加强 PPP 项目可行性研究论证，精选适合的 PPP 运作方式，精心设计项目实施方案，科学论证项目的财政承受能力，公开公平公正遴选合格的社会资本方，建立完善的项目全过程绩效考核评价机制，高质量推进项目投资建设和运营管理。

一、在政策导向上公共领域要积极推广 PPP 模式

公共领域推广运用 PPP 模式，符合公共领域市场化、产业化改革方向，是推进公共领域投融资模式转型的重要举措，是理顺公共领域政府、企业/社会资本和金融机构责权利关系的重要突破口，有利于扩大公共服务供给、提高服务效率。公共领域推广应用 PPP 模式的重要意义主要有以下六个方面：

第一，助推政府在公共领域的职能转变。PPP 模式改变长期以来基础设施和公共服务由政府投资供给并承担相关风险的方式，通过政府和社会资本在公共项目全生命周期的合作，由专业化、投融资能力强的社会资本负责提供公共服务并承担相关风险，从而推动地方政府职能转变，建设诚信政府和法治政府，助推地方公共领域治理能力现代化建设。

第二，有助于在公共领域形成政府和市场的合力。公共领域社会资本做不了的、不愿做的、做不好的事项及其相关风险，仍然由政府承担，而政府及其所属国有企事业单位不会做、做不好的事项及其相关风险，交由专业化的社会资本承担，从而在公共领域形成政府和社会资本的合力，发挥各自的优势，既弥补"政府失灵"，又弥补"市场失灵"，提高服务效率。

第三，促进地方公共领域投融资模式转型，改变长期以来公共领域投资项目高度依赖政府信用的局面，引入项目资产/企业信用，降低政府投资、融资的压力，降低项目投资、融资对政府信用的直接依赖，实现政府债务/政府付费和运营补贴等财政性资金支出的合理代际分担，从而有助于防范地方政府债务风险。

第四，为社会资本提供更多、更好的投资机会。打破公共领域在传统公建公营模式下国有企事业单位的行政性垄断，改变公共领域政府部门及其所属投融资平台公司等国有企事业单位"大包大揽"的状况，为社会资本特别是民间资本提供更多的投资机会，有助于激发民间投资的动力活力，有助于激发市场导向的投资内生增长机制，也为社会公众提供更加多样化、多层次的公共产品和服务。

第五，坚持目标导向和问题导向相结合。PPP 模式属于公共领域"目标导向""问题导向""结果导向"相结合的创新型投融资模式，从 PPP 项目选择、项目实施方案制定、社会资本方竞争性遴选、PPP 合同签署、项目投资建设和运营到绩效考核评价等全过程工作都围绕这三个重要导向开展，在解决项目实施全过程相关问题的基础上，最终实现项目预期目标和产出，获得政府和社会公众想要的"结果"。特别是，这种结合贯穿项目实施全生命周期，并通过政企双方签署 PPP 合同的方式得到法律意义上的保障和约束。

第六，引入竞争机制树立公共领域的"标杆"。公共领域引入 PPP 模式还有重要的正外部性，PPP 项目有可能为其他同类公建公营项目提供创新驱动和提质增效的"标杆"，从而反过来又促进乃至"倒逼"地方公共领域既有国有企事业单位强化责任约束、加强管理和提高服务效率（这种标杆和倒逼作用如同产业领域利用外商直接投资对国内企业的作用一样）。

总之，在 PPP 政策导向上，要积极推广运用 PPP 模式，使之成为公共领域传统公建公营模式的重要补充，成为社会资本投资参与公共领域、拓展公共领域投资机会的重要途径。特别是，今后在具体公共项目投融资模式的选择上，无论地方政府有无项目投资建设资金，都不能"一刀切"地默认由政府或其所属投融资平台公司投资建设并采取传统公建公营模式实施。在项目可行性研究论证和投资决策阶段，要论证政府投资的必要性，进行公建公营模式与 PPP 模式和企业自主投资模式的比选，选择最适合项目需要和特点的投融资模式。

二、在具体项目层面要规范审慎运用 PPP 模式

虽然相比公共领域传统公建公营模式，PPP 模式具有诸多优势，但公共项目并非"一 P 就灵"。国内外大量不成功特别是失败的 PPP 项目案例表明，PPP 模式并非"万能"，引入 PPP 模式不一定必然意味着提高服务效率和实现物有所值。由于社会资本以追求自身财务效益或投资回报最大化为主要目的，再加上 PPP 项目实施全过程中客观上存在信息不对称的问题，如果缺乏健全的政府监管和绩效考核评价机制以及有效的社会监督机制，社会资本甚至有可能为了追逐更高的投资回报而不惜牺牲公共服务的质量和数量。比如，社会资本方/项目公司在 PPP 项目原本应当大修或更新改造时"拖而不决"，难免导致服务质量下降甚至引发安全稳定问题。

国内外大量 PPP 项目案例分析还表明，由于 PPP 项目特别是非经营性项目的社会资本方投资回报主要来自政府付费或大量的运营补贴，因此存在潜在的寻租乃至腐败问题。而由于政府付费或运营补贴资金最终并非来自政府有关部门而是来自纳税人，因此实践中这种寻租行为并非很难实现。这也是 PPP 模式的一大局限，无疑需要引起地方政府和有关部门的高度重视。

还应引起注意的是，政府付费类和高度依赖政府补贴的 PPP 项目如同"养孩子"一样，客观上具有"寅吃卯粮"性质，构成了地方政府未来的"刚性"支出责任，即使项目本身完全合规规范操作甚至高质量实施。这种"刚性"支出责任虽然在法律形式上不体现为政府显性债务，但从地方政府财政风险防范角度，与政府显性债务如政府一般债券的还本付息没有实质区别。但地方政府不能因此害怕运用 PPP 模式，不能把 PPP 模式等同于政府债务风险，更不能把引入 PPP 模式等同于违法违规融资行为。

地方政府正确的选择是，在运用 PPP 模式时要审慎、高质量地利用这种未来的政府"债务"资源，高质量地实施 PPP 项目。在具体项目操作层面，要切实加强项目可行性研究论证工作，科学制定项目建设方案，提高项目资产质量；精心选择适合的 PPP 运作方式，科学编制项目实施方案，尤其是要健全项目投资回报机制和建立合理的风险分担机制，切实做好项目财政承受能力论证；公平公正遴选合格的社会资本方，健全项目绩效考核评价机制，建立项目信息公开披露制度，积极引入社会监督机制。与此同时，鉴于 PPP 项目属于社会资本方的投资活动，社会资本方要承担项目建设和运营责任以及相应的风险，积极开展技术、商业模式和管理创新，提高服务效率，从而实现物有所值。

总之，公共领域引入 PPP 模式既要积极也要审慎，对于地方国有企事业单位包括地方投融资平台公司有能力做好的公共项目，以及边界范围不清晰、目标和产出不明确、市场机制不健全的公共项目，不一定非要引入 PPP 模式。此外，对于边界范围明确、市场机制比较健全、社会资本已经具有较高投资积极性的公共项目特别是提供高端公共服务的项目，不应由政府"大包大揽"，原则上不应采用 PPP 模式，而应鼓励支持"企业自主投资"模式（即国际上所称的私有化模式），由包括民间资本在内的各类社会资本自主投资建设、运营和永久拥有，并自担风险和自负盈亏。对于这类公共项目，各级地方政府及其有关部门要打破行政性垄断，完善价格/收费的形成和调整机制，并做好项目行业监管、外部性监管等工作。

第三节　着力提高公共领域项目可融资性

我国现阶段基础设施潜在投资需求巨大，但近几年基础设施投资增长乏力，投资增速显著趋缓，在某种程度上成为扩大有效投资和促进稳投资的"拖累"，其主要原因在于基础设施项目融资难。为激发基础设施投资内生增长动力，缓解基础设施项目融资难的突出问题，要着力提高项目可融资性，主要举措建议包括创新项目商业模式、健全投资回报机制、提高项目资产质量、精选合格的项目投资主体、提高项目投资主体信用，以及合法合规地给予必要的政府增信支持、增强金融机构的信心等。

一、融资难成为制约公共领域投资的主要因素

近几年我国固定资产投资增速不断下滑，2018 年、2019 年分别只有 5.9% 和 5.4%，均低于同期实际 GDP 增速。其中，基础设施（不含电力、热力和燃气等，下同）投资增速下滑尤其过快，2017 年投资增速高达 19.0%，但 2018 年和 2019 年都下滑到只有 3.8%，大大低于同期固定资产投资增速和 GDP 增速。2020 年受新冠肺炎疫情冲击，基础设施投资增速只有 0.9%，而固定资产投资增速达到了 2.9%；2021 年基础设施投资增速仅为 0.4%，仍大大低于固定资产投资增速。基础设施投资占固定资产投资总额的比重超过 20%，是固定资产投资的"三驾马车"之一。可以说，近几年固定资产投资增速下滑在很大程度上是由于基础设施投资增长乏力、投资增速快速下滑的拖累。

目前，我国还处于城镇化快速发展阶段，基础设施领域还存在很多短板和弱项，潜在投资需求依然很大，各级政府在基础设施领域也相对容易找到拓展投资空间、增强有效投资的"抓手"。把握新发展阶段、贯彻新发展理念的新要求，

激发基础设施投资内生增长动力，促进基础设施投资持续稳定增长，应该作为拓展投资空间、扩大有效投资需求从而助推构建新发展格局的重要着力点。

近几年为扩大有效投资和促进稳投资，加快基础设施建设步伐，在投资、财政、金融等方面出台了一系列政策措施，如加大中央预算内投资力度、大幅度扩大地方政府新增专项债券发行规模、允许地方政府专项债券资金作为部分项目资本金、适度降低或允许下浮部分行业领域最低项目资本金比例以及通过特许经营/PPP 模式引导社会资本投资基础设施项目等。这些政策措施无疑发挥了积极作用，但总体上看，基础设施投资增长乏力，特别是市场导向的投资内生增长动力依然不足。尽管现阶段基础设施质量和水平仍然与人民的美好生活需要相差较大，基础设施潜在的投资需求依然巨大，但难以转化为有效投资落地。

造成基础设施投资内生增长乏力的主要原因在于以下三个方面：一是基础设施项目资产质量差，各地普遍缺乏"好项目"；二是在防风险、降杠杆等相关政策背景下，社会投资者尤其是民间资本的投资积极性下降，投资动力不足；三是银行等金融机构的风险偏好相应下降，·不愿甚至不敢对基础设施项目提供融资支持，导致大量基础设施项目包括 PPP 项目融资难以落地。

二、提高公共领域项目可融资性的三大举措

为增强基础设施投资内生增长动力，真正调动各类投融资主体尤其是银行、投资基金等金融资本的积极性，促进基础设施投资持续稳定增长，更好地发挥基础设施投资在拓展投资空间、扩大有效投资中的"托底"作用，除了基础设施项目本身必须符合相关规划政策要求和合法合规实施外，关键是要从源头上加强项目可行性研究论证，切实提高项目的可融资性，缓解项目融资难的问题。现阶段要重点做好提高项目资产质量（项目信用），选择能力强、信用高的项目投资主体，以及给予项目合法合规的政府信用支持三个方面的工作。

（一）积极从源头上提高项目资产质量

项目资产质量或项目信用是项目可融资性的基础和前提条件。非经营性项目或纯公益性项目本身没有经营性现金流，没有债务偿还能力，也谈不上债务融资的问题，只能通过政府投资或融资如政府直接发债解决其建设资金的问题。为提高基础设施项目资产质量，增强项目自身信用，使项目成为一个社会投资者愿意投资的"好项目"，各级地方政府要着力做好以下三方面工作。

首先，地方政府要认真贯彻国家有关发展规划、产业政策和区域发展战略规划，按照"项目跟着规划走"的原则，加强项目谋划和可行性研究论证工作，

加强项目建设的必要性和技术可行性论证，科学预测项目市场需求，合理确定项目建设选址、项目建设规模、主要建设内容和建设标准等重大事项，切实防范"形象工程""拍脑袋工程"和重复建设项目。要更多地用市场和商业的眼光谋划提出项目，健全项目投资回报机制，创新商业模式和盈利模式，提高项目可经营性，提高项目财务可行性，从而增强项目资产信用，提高还本付息能力。考虑到现阶段基础设施项目主要是非经营性项目或准经营性项目，各地区要更多地引入综合开发投资模式，充分挖掘和拓展非经营性项目的商业价值，提高投资收益。

其次，要深入论证项目政府投资的必要性，选择合适的政府投资方式，特别是不应默认项目采取政府投资、国有企事业单位建设运营的公建公营模式，而应充分比选论证项目引入特许经营/PPP模式甚至企业自主投资模式的必要性和可行性。要深入分析项目全生命周期潜在的主要风险及其影响，提出防范和化解主要风险的对策措施，降低项目全生命周期的不确定性，从而保障项目投资收益的稳定性和可持续性。除委托专业化的投资咨询机构开展项目可行性研究论证等工作外，建议地方政府在项目可行性研究论证阶段和PPP项目实施方案研究论证阶段邀请银行、投资基金等金融资本参与，征求其关于项目投融资方案、项目资本金筹集、融资条件、投融资风险防控等方面的意见和建议，考虑和吸纳金融资本合理合法的利益诉求尤其是其有关投资回报和风险防控等方面要求。

最后，为进一步提高基础设施项目的可行性，吸引具有较强专业能力和投融资能力的社会资本投资参与项目，建议地方政府还可考虑在项目可行性研究阶段向潜在社会投资者或社会资本方征集项目建设方案，请社会投资者研究提出项目建设规模、主要建设内容、建设标准以及商业模式和投资回报机制等主要事项；也可考虑实施社会投资者市场测试等方式，征求其有关项目投资回报机制、价格/收费机制改革、商业模式创新、投融资模式设计、风险分担机制设计以及地方政府必要的增信措施等主要事项的意见和建议。

（二）着力提高项目投资主体的信用

"一手好牌也有可能打烂"，一个资产质量不错特别是商业模式比较成熟、经营性现金流较好的基础设施项目，交由一个不专业、没能力、缺经验的项目单位或企业投资建设和运营管理，很可能难以保障项目建设质量和安全稳定运营，从而很可能难以实现项目预期目标和产出。

实践中，很多政府投资的基础设施项目不成功甚至失败了，使项目应有的经济、社会、环境等效益没有得到实现。专业技术能力、管理能力和投融资能力等综合能力强尤其是经营效益较好、经营性现金流较充裕的企业或社会投资者，本身具有较好的主体信用，其参与基础设施项目投资建设和运营管理，项目投资回报比较有把握，投资风险相对较容易防控且防控风险的成本相对较低，无疑更加容易获得银行、投资基金等金融资本的认可。

要坚持"专业的人做专业的事"的原则，坚持权利平等、机会平等、规则平等的原则，营造公平、公正、透明的市场竞争环境，在公共领域公平对待各类投资主体尤其是民间资本，合法合规、公平公正地选择具有较强专业技术能力、管理能力和投融资能力的企业参与投资运营。鼓励国有、民营等各类企业投资主体强强联合、协同提高主体信用，支持产业资本与金融资本优势互补、形成合力，共同参与基础设施项目投资建设和运营管理。对拟通过特许经营/PPP 模式吸引社会资本方投资参与的基础设施项目，建议地方政府可请有关银行、投资基金等金融资本推荐与其长期合作的专业能力强、经营稳健、履约信誉好的优质企业客户特别是行业排头兵参与 PPP 项目竞标。

鼓励支持具有较强专业能力、具备同类项目经验且具有较强投融资能力的社会投资者包括民营企业向政府投资主管部门或行业主管部门提出基础设施项目引入 PPP 模式甚至企业自主投资模式的项目建议书，经过投资主管部门和行业主管部门联合研究同意并明确项目实施机构后，再由项目实施机构委托社会投资者正式开展项目实施方案的研究论证工作。

（三）合法合规地给予政府增信支持

公共领域总体上属于政府投资边界范围，政府负有提供的责任。一个确实有必要建设的基础设施项目如果没有社会资本愿意投资参与，最终还是需要政府投资。基础设施投资建设不应过于依赖政府信用，否则不仅政府投融资能力难以承受，也容易"挤出"社会资本的投资机会。但实践中基础设施项目投融资也不应"谈政府增信色变"，政府增信并不等于违法违规融资或形成政府隐性债务。地方政府合法合规增信的方式多种多样，但无疑有助于提高项目可融资性。实践中，地方政府合法合规增信方式也并非有关部门明令禁止的政府及其部门提供融资担保、承诺最低收益保障或固定回报，以及指定机构远期回购投资本金或股权等违法违规方式。

地方政府可建立财政性偿债基金对基础设施项目贷款损失或担保机构的担保损失给予一定比例的补偿，还可出资设立政策性融资担保机构为基础设施项目提供必要的融资担保。对需要政府投资（包括直接投资、资本金注入、投资补助和专项债贷款等方式）以及需要政府付费或运营补贴的基础设施项目（包括 PPP 项目），要切实做好政府投资能力、财政承受能力论证工作，并将相关政府资金支出纳入三年滚动中期财政规划以及政府投资年度计划或年度财政预算。

地方政府要坚持目标导向、问题导向和结果导向相结合，切实加强基础设施项目的环保、安全、公共利益等负外部性监管，建立健全项目绩效考核评价机制，督促项目投资者或项目单位诚信履约，实现项目的预期目标和产出，从而有效降低金融资本对项目建设和运营全过程中投资风险或不确定性的担忧，调动金融资本的参与积极性。

地方政府对 PPP/特许经营项目还可以考虑合法合规地分担社会资本方难以有效管控或管控成本更高的风险。比如，通过授予特许经营方式保障基础设施项目的唯一性（从而有效降低项目的市场需求风险），政府方给予项目最低需求保障（同样在一定程度上降低项目需求风险），承担社会投资者很难管控的项目征地拆迁安置补偿费用和实施进度等风险，与社会投资者/项目单位共同分担国家政策法规标准规范调整风险以及难以甚至无法通过保险方式进行转移的自然灾害、疫情等不可抗力风险。

第四章　积极推动地方投融资平台市场化转型

　　地方投融资平台公司或城投公司①的市场化转型是基础设施和公共服务等公共领域市场化改革和投融资体制改革的必然要求，是正确处理政府和市场关系的必然要求，有助于转变政府职能，有助于推动更高层次的国家治理体系和治理能力现代化建设。促进地方融资平台公司市场化转型的基本要求是夯实其投资职能、剥离其政府融资职能，使融资平台公司发展成为真正独立于地方政府的投融资主体而非地方政府的融资"二传手"甚至"提款机"，从而推动基础设施等公共领域乃至城镇化建设投融资模式从高度依赖地方政府信用的单一模式走向政府信用与企业信用相结合的双轮驱动模式。②

第一节　政府性企业或投融资平台公司并非中国特有

　　地方政府投融资平台公司（城投公司）是我国投融资体制改革创新的产物，是地方基础设施领域市场化运作的重要主体，是地方基础设施和公共服务等公共项目对接金融市场、筹集建设资金的重要载体和枢纽，在推进我国城镇化建设中发挥了重要作用。但由于长期以来缺乏必要的规制和外部监督特别是与地方政府的责权利关系不明确和高度依赖地方政府信用进行债务融资，很多政府投融资平

---

　　①　除非特别指明，本章所指的地方政府融资平台、投融资平台公司与城投公司的含义相同；俗称的"城投债"也指融资平台公司或城投公司发行的各类企业债券包括企业债、公司债、中期票据、短期融资券等，也包括公募债和私募债。

　　②　地方融资平台公司市场化转型也是地方基础设施等公共领域投融资模式转型的重点。

台公司陷入发展定位不清、目标任务不明、专业能力不强、经营管理不善、债务规模膨胀的困境。特别是，融资平台公司的大部分债务变成了地方政府实质上负有偿还责任或救助责任的政府隐性债务，从而对防控地方政府财政风险乃至区域性系统性金融风险构成了巨大挑战（参见专栏4－1）。

专栏4－1　政府融资平台公司存在的主要问题

实践中，地方政府所属融资平台公司主要存在四个方面的突出问题：一是政府和融资平台等国有企业的投资边界范围不清晰，城投公司等融资平台投资建设了大量应该由政府投资的非经营性项目，实质上承担了政府的融资职能；二是政府和融资平台公司的责权利关系不明确，二者的融资风险并未真正有效隔离，融资平台并未有效发挥政府财政风险的"隔离墙"作用；三是融资平台公司未真正建立健全企业法人治理结构特别是投资决策机制和风险有效防控机制，特别是债务融资行为缺乏必要的约束；四是融资平台公司的信息透明度不高，尤其是经营状况和财务信息不透明，政府部门特别是社会公众的外部监督机制缺失。

在2019年7月《政府投资条例》正式施行后，各级地方政府自身的投资、融资行为在法律法规上得到进一步明确和规范，政府投资项目的建设资金由政府通过政府投资年度计划和财政预算安排包括发行政府债券筹集，无须也依法不得由投融资平台公司等国有企业"帮忙"融资；反过来，包括投融资平台公司在内的各类国有企业及其投资项目融资形成的债务也依法不属于地方政府债务（无论该项目是否属于非经营性项目）。在此背景下，剥离投融资平台公司承担政府尤其是非经营性项目的融资职能，推进投融资平台公司市场化转型，就不是要不要的问题，而是势在必行且非常紧迫。

在很大程度上，地方政府投融资平台公司这类国有企业有别于竞争性领域的企业主体，其一般承担特定公共领域的投资、融资、建设和运营管理等职责任务，属于政府设立的特殊目的载体。政府投融资平台公司也非中国所特有，美国、日本、澳大利亚等发达国家也存在很多特设的基础设施或公共服务类政府性企业或国有企业，比如美国的政府性企业等法定机构，日本的水利、公路、电力等各类公团，以及澳大利亚的国库公司等。美国在政府部门之外还存在许多执行特定公共政策和提供公共服务的政府性机构或政府性企业。《美国法典》第5编将政府性企业（Government Corporation）定义为"由美国政府拥有或控制的企业"；美国《1945年政府性企业控制法案》则将政府性企业更明确地定义为"政府拥有股份或全资拥有的企业"。美国政府性企业既有金融机构性质的企业，也有实体类企业。美国联邦政府性企业总体上属于联邦政府的一部分（其员工甚至属于联邦政府雇员），这类政府性企业或机构包括田纳西流域管理局、垦务局、美国邮政署等。此外，美国还有州（State）和地方政府（Local Government）所属的政府授权机构或政府性企业如纽约新泽西港口事务管理局。

美国政府授权机构和政府性企业的设立一般出于特定的发展目标任务，负有执行特定的公共政策和提供特定服务的重要职责，实际上就是政府特殊目的载体，与我国地方政府投融资平台公司或城投公司等公益类国有企业较为类似。尽管美国政府性机构和政府性企业的管理、运作和监督中也存在一定的问题，但其相关经验和做法，对我国政府投融资平台公司等公益类国有企业的市场化转型和规范发展具有重要的借鉴意义。

第二节　地方融资平台公司市场化转型势在必行

在我国目前经济发展阶段和城镇化发展阶段，地方政府融资平台公司在地方经济建设特别是基础设施投资建设和公共服务供给中仍然具有重要而独特的作用。地方基础设施和公共服务项目特别是其中的经营性项目和准经营性项目也有必要通过政府融资平台公司等国有企业以更加市场化的方式投资、融资、建设和运营，同时也从源头上减轻地方政府投资的压力。此外，地方政府除发行政府债券包括一般债和专项债对接金融市场外，融资平台公司等国有企业也可以作为地方政府盘活存量资源、资产、资本和对接金融市场的重要枢纽。

然而，上述政府融资平台公司在实际运作中存在的主要问题表明，其市场主体地位和市场化运作机制尚未真正确立起来，与国家关于国有企业改革发展和投融资体制改革的基本要求相差很大。

近年来融资平台公司的债务规模膨胀，对防控地方政府财政风险构成了巨大挑战。尤其是，地方政府融资平台公司的债务融资行为无论是直接融资还是间接融资，主要依赖地方政府的信用包括政府及其有关部门提供融资担保甚至直接承担还本付息责任，其不仅违反担保法和预算法等相关法律规定，客观上也导致金融资本包括银行和债券投资人"闭着眼睛"通过融资平台公司为地方非经营性项目提供债务融资支持，而且也导致融资平台公司异化为地方政府融资的"二传手"甚至"提款机"，其债务实际上也成为地方政府的隐性债务。这显然有违国家有关财政体制和金融体制改革尤其是剥离融资平台公司承担政府融资职能的基本要求，也混淆了地方政府与作为国有企业的融资平台公司之间的责权利关系，有违政府—国有企业—金融资本三者之间应有的职责定位，更不利于防范化解地方政府隐性债务风险。因而，从理顺政金企关系和防范化解地方政府债务风险的内在要求看，加快推进地方融资平台公司的市场化融资和转型发展势在必行，这也是整个地方政府投融资模式转型的重要任务之一（参见专栏4-2）。

专栏4-2 促进融资平台公司市场化融资的必要性

从法律层面看，按照预算法和担保法相关规定，政府及其所属部门对融资平台公司债券发行或银行贷款等债务融资进行担保都是非法的、无效的。从政府与企业关系、政府与市场的关系看，政府及其所属部门、融资平台公司以及银行和债券投资人三者的责权利关系是完全不同的。政府及其有关部门与银行和债券投资人之间并没有发生直接的交易，当然不应存在所谓的债权/债务关系；融资平台公司投资建设和运营基础设施项目，政府及其有关部门有必要按其服务绩效提供相应的补助或补贴，二者的关系实质上是服务与被服务的关系；融资平台公司与银行和债券投资人之间则发生直接的债权/债务关系。因而，包括融资平台公司在内的国有企业承担地方公益性项目或非经营性项目的融资职能，混淆了政府和融资平台公司之间的责权利关系。总之，严禁地方政府及其有关部门为融资平台公司等国有企业的债务融资提供担保或承担偿债责任，剥离融资平台公司的政府融资职能，剥离融资平台公司的政府信用，不仅有助于理顺政府—企业—金融资本之间的责权利关系，而且倒逼融资平台公司市场化转型。

实际上，近年来国家相关政策法规也多次明确提出推进融资平台公司的市场化转型。2010 年国务院关于清理整顿地方政府融资平台公司的 19 号文下发，标志着地方政府融资平台公司拉开了市场化转型和规范发展的序幕。2014 年国发 43 号文明确提出"剥离融资平台公司政府融资职能，融资平台公司不得新增政府债务"。2016 年，中共中央国务院关于深化投融资体制改革的意见中再次明确提出"加快地方政府融资平台的市场化转型"和"加快建立规范的地方政府举债融资机制"。2018 年，中央关于防范化解地方政府隐性债务风险的文件中进一步提出"明确政府和市场职能边界，严禁地方政府新设各类融资平台公司"。因而，从政策层面看，融资平台公司高度依赖政府信用的融资模式无法继续实施，地方政府指定融资平台公司为纯公益性项目或非经营性项目融资、将融资平台公司作为融资"提款机"的行为也不得继续实施。

在法律法规层面，2015 年 1 月 1 日正式实施的《中华人民共和国预算法》明确提出"除发行政府债券外，地方政府及其所属部门不得以任何方式举借债务"；2019 年 7 月 1 日正式施行的《政府投资条例》，则进一步对政府投资、融资行为作出了基本规范，明确提出"不得违法违规筹集政府投资资金"，都标志着融资平台公司作为国有企业进入了加快推进市场化转型和规范发展的新阶段。实际上，按照《政府投资条例》的要求，政府投资项目在开工建设之前就应该落实建设资金，其中的政府投资资金应该先纳入政府投资年度计划，财政部门应该按照预算及时、足额拨付资金，政府投资项目也不存在由融资平台公司帮助政府融资的问题。至于融资平台公司等国有企业投资建设某个基础设施或公共服务项目，应该由企业自主决策并承担投资、融资风险，其债务偿还在法律上与政府无关，政府只以其对国有企业和项目的投资额为限承担有限责任。

第三节　加快建立政府授权投资制度

明确融资平台公司作为政府设立的特殊目的公司和公益性国有企业的发展定位，建立政府授权投资制度，厘清融资平台公司与政府及其有关部门的责权利关系，进一步明确其投资边界范围。

一、明确融资平台公司的发展定位

深入贯彻中央关于深化国有企业改革发展的要求和部署，根据国有企业的发展战略定位和发展目标，结合融资平台公司在经济社会发展特别是城镇化发展中的作用、现状和未来发展需要，明确融资平台公司作为政府特殊目的公司和公益性国有企业的发展定位，坚持"投资边界不越位、投资目的不营利、投资项目不挤出民间资本"的基本原则，坚持"有所为、有所不为"，稳妥推进融资平台公司市场化转型和规范、可持续发展。

根据地方经济发展情况，结合融资平台公司发展基础，特别是城镇化发展和基础设施投资建设需要，融资平台公司可主要向三类公益性国有企业或功能性国有企业转型发展，即城市综合服务商、产业园区综合运营商或专业化的基础设施投资运营商。部分融资平台公司可以转型为交通、水利、市政、文化旅游、健康养老等特定公共领域的投资运营主体，承担政府授予的特定行业领域的投资运营职责，如交通投资运营服务商、特色小镇投资运营商、养老产业投资公司、社会事业投资公司、农业产业化投资公司等。

除此之外，具备条件的融资平台公司，根据公司主营业务发展情况，可以向商业性国有企业转型，甚至可以进一步试行投资主体多元化，引入战略投资者，转变为混合所有制企业。根据地方经济建设特别是特色优势产业发展的需要，有的融资平台公司还可以向地方金融控股公司或特色产业投资控股公司转型。当然，融资平台公司转型为这类纯市场化导向的产业类企业后，将不属于一般意义上的政府所属公益性国有企业或履行特定职责的特殊目的公司，而是完全市场化运作，自主投资、自主决策、自担风险，也就没有必要建立政府授权投资体制。

二、明确融资平台公司与政府的责权利关系

贯彻《政府投资条例》的要求，剥离融资平台公司承担的政府融资职能，明确地方政府以对融资平台公司的出资额为限承担有限责任的基本要求，剥离政府信用，明确合规合法的政府信用支持方式。针对融资平台公司自身投资功能的缺失和追求投资收益动力和压力不足的突出问题，强化融资平台公司的投资职能和责任，有效防范融资平台公司在构建还贷机制和防范债务风险中的"不作为"，促进融资平台公司帮助地方政府"做事"（即承担相关基础设施和公共服务项目的投资运营职能），从长期以来的"做完再说"向"算完再做"的根本性转变。加快改变长期以来的"政府挖坑"（向融资平台公司和城投公司等国有企业指定投资项目、下达投资任务）、融资平台公司无条件"种树"（投资、融资）的状况，加快建立政府授权投资制度，明确融资平台公司在政府授权投资的边界范围或行业领域内开展投资建设活动，明确其承担的政府授权投资职能，规范其投资、融资行为，建立"政府挖坑"、融资平台公司有选择有条件"种树"甚至"不种树"的新机制。按照公益性国有企业的发展定位和要求，加强对融资平台公司的绩效考核评价，重点考核成本控制、公共服务质量、营运效率和服务保障能力，根据融资平台公司的不同特点有区别地考核经营业绩指标和国有资产保值增值情况。

三、明确融资平台公司的投资边界范围

确定融资平台公司的投资边界范围，对于融资平台公司市场化转型具有重要意义，是目前融资平台公司从理论和政策层面都亟须回答的问题。贯彻"有所为、有所不为"的原则，原则上融资平台公司的投资边界不得超出政府投资事权边界范围，也不得"挤出"社会资本包括民间资本的投资机会，更不得投资产业领域的项目，否则融资平台公司失去了设立或存在的必要性。现阶段，融资平台公司应重点投资于地方有一定经营性收入的准经营性项目，原则上不得投资建设纯公益性项目或非经营性项目。对非经营性政府投资项目，在政府落实投资建设资金来源，并及时、足额拨付建设资金的前提下，可由融资平台公司承担项目建设单位或业主职能，实行代建管理。鼓励地方融资平台公司转型为政府投资非经营性项目的集中统建机构。

四、健全政府对融资平台公司的补贴机制

考虑到基础设施和公共服务领域有很多项目并不具备较好的财务效益甚至不能实现盈亏平衡，实践中政府对投资运营这类项目的融资平台公司需要给予政策和资金支持。但政府及其有关部门即使给予融资平台公司等国有企业必要的付费或补贴资金支持，也必须依法健全向企业拨款援助机制。严禁在没有预算及合法合规协议的情况下向国有企业拨付资金。尤其是要贯彻落实"按效付费"的基本原则，坚持目标导向和结果导向，政府付费或补贴资金要"落到实处""花得明白"，必须与国有企业提供服务的数量和质量挂钩，必须达到预期的目标和产出。

第四节 推进融资平台公司管理体制机制改革

融资平台公司要建立现代企业制度，健全法人治理结构，剥离政府融资职能，

培育核心竞争力，加强投资项目的谋划和前期研究论证工作，提高投资科学决策水平，促进投融资方式多样化，严格防范通过融资平台公司产生政府隐性债务。

一、加快完善企业法人治理结构

规范党政机关公务人员在融资平台公司的任（兼）职，实行外部独立董事制度，加快引入职业经理人（参见专栏4-3）。着力提高融资平台公司的科学管理水平，健全公司投资决策委员会，建立战略咨询顾问委员会，健全投融资决策机制，完善投融资风险防控机制，建立投融资责任约束机制，完善绩效考核和薪酬体系。重点要大力加强融资平台公司的董事会建设，建立健全权责对等、运转协调、有效制衡的决策执行监督机制，建立健全董事会议事规则和总经理议事规则，规范董事长、总经理行权行为，充分发挥董事会的决策作用、监事会的监督作用、经理层的经营管理作用。

专栏4-3　建立融资平台公司的外部独立董事制度

外部独立董事是国有企业董事会制度改革的一项重要措施。独立董事是指由非本公司员工的外部人员担任的董事。独立董事与其担任董事的公司不应存在任何可能影响其公正履行董事职务的关系；独立董事不在公司担任除董事和董事会专门委员会有关职务外的其他职务，不负责执行层的事务。聘请独立董事的好处主要有三点：一是在一定程度上弥补其他执行董事在专业知识和能力等方面的不足；二是有助于实现决策权和执行权分开；三是防范公司内部人控制从而侵害公司和股东（出资人代表）的权益。公司外部独立董事主要来源于经济专家、行业专家、律师和会计师等专业人士，国资监管机构及其他部门派驻外部独立董事要依照有关规定严格审慎实施。

充分发挥公司外部董事和战略咨询顾问委员会的作用，弥补公司执行董事在相关领域的专业能力和经验不足的问题，对于公司重大投资、经营、融资以及对外提供融资担保等活动，在决策前要充分征求公司战略咨询委员会相关委员的意见和建议，并严格按照董事会议事规则听取或采纳独立董事的意见。对于没有明确落实建设资金来源、未制定融资平衡方案的拟投资项目无论独资、控股还是参股，一律实行"一票否决制"。

二、着力培育企业的核心竞争力

为加快推进市场化转型，融资平台公司要着力增强和培育四大核心竞争力，即重点行业领域的专业技术能力、投融资能力、投资项目建设管理能力以及城市/园区/产业的经营管理能力。要积极争取政府的政策支持，有效整合政府的资源、资产、资本和政策以及必要的政府注资或运营补贴资金，优化融资平台公司的资产负债结构，增加经营性现金流，提高融资平台公司的主体信用，增强投融资能力。

要着力加强专业技术和经营管理等人才的培养，积极通过集中学习培训、参加培训班和举办大讲堂等多种方式，提高专业技术能力和经营管理能力。加强工程技术、投资、金融、项目管理、企业管理和法务等高级人才的引进，通过大学招聘、社会公开招聘、委托猎头招聘等多种方式，引进公司发展急需的专业技术和管理人才。

三、着力加强项目可行性研究论证工作

项目可行性研究论证是项目投资决策的重要基础和依据。融资平台公司要科学论证拟投资项目的建设必要性，建设地点、建设规模、建设内容和建设标准的合理性，工艺技术设备的可行性，财务的可持续性以及风险的可控性；要着力健全项目投资回报机制，积极创新商业模式，充分挖掘项目潜在的商业价值，完善项目相关价格/收费机制，提高项目财务效益和债务融资偿还能力，提升项目自身资产和经营权的信用水平，为实现有限追索的"项目融资"方式奠定基础条件。融资平台公司在拟投资项目的可行性研究论证过程中，要积极征求银行、产业投资基金等相关金融资本对投资项目的意见和建议，完善项目相关交易结构，确保项目投融资方案的合法合规性和可行性，健全投资风险管控措施，落实银行、产业投资基金等金融资本的合理合法利益诉求，从源头上夯实项目资产或经营权的信用，提高项目的可融资性，保障项目投融资落地和可持续运营。

四、努力促进投融资方式多样化

直接融资方式具有规范、透明的特点，特别是相对于以银行贷款为主的间接融资方式，其具有投融资决策主体多元、风险相对分散而非将风险主要堆积在银行体系的特点。支持采用直接融资方式，提高直接融资比重，降低对银行贷款等间接融资的比重，也是国家长期以来重要的投融资政策导向。融资平台公司等地

方公益性国有企业要加快从间接融资为主向更多地采取规范、透明的直接融资方式转变，努力降低对银行贷款等间接融资方式的依赖。

积极稳妥推进融资平台公司基础设施存量资产证券化包括引入权益型公募REITs、类 REITs、资产支持证券（ABS）和资产支持票据（ABN）等。对于有一定经营性收入的存量基础设施项目，积极审慎引入政府和社会资本合作模式，盘活存量资产，扩大融资来源，提高存量资产的运营效率。对于符合条件的有一定经营性收入的新建项目，积极尝试通过发行项目收益债的方式筹集项目建设资金，积极探索发行股权型、权益类金融工具筹集部分项目资本金，如永续债、权益型 REITs 和私募股权投资基金 PE 等。

五、注重加强与其他投资主体的强强联合

投资的基本逻辑是投资收益和风险相匹配。专业能力和投融资能力是对任何投资者的基本要求，是健全项目投资回报机制以及完善项目投资风险识别和防控机制的基本前提，融资平台公司作为企业当然也不例外。在具体基础设施和公共服务项目的投资建设或运营中，融资平台公司要充分认识自身专业、人才、资金和经营管理等方面的问题和不足，也要科学评估自身的投资、融资能力，注重与其他具有比较优势的民间资本和国有企业进行强强联合，协同协作，发挥合力，在专业能力和投融资能力等方面实现优势互补。

在子企业层面上，融资平台公司要积极推进子企业的混合所有制改革，通过员工持股或引入战略投资者或财务投资者等不同方式，加快推进子公司的市场化转型和规范发展，充分调动子企业的发展积极性。

六、防范通过融资平台公司产生政府隐性债务

坚决从源头上遏制地方政府以融资平台公司等国有企业债务的形式增加隐性债务。严禁地方政府及其有关部门违法违规或通过融资平台公司等国有企业变相举债，严禁地方政府及其有关部门以会议纪要、规范性文件等方式变相要求融资平台公司等国有企业承担非经营性项目的投资建设任务，严禁融资平台公司等国有企业违法违规向地方政府提供融资或配合地方政府变相举债，严禁地方政府及其有关部门挪用融资平台公司等国有企业资金开展非经营性项目建设。

加快推动融资平台公司实体化转型，各地各类融资平台公司应尽快制定与政府脱钩的时间表和路线图，并及时发布脱钩公告，公开声明不再承担政府的融资职能，不再为政府非经营性项目承担融资功能。加快完善融资平台公司等国有企业参与国家或地方发展战略、承担基础设施和公共服务项目投资建设任务的权益保障机制，对没有明确落实建设资金来源、未制定融资平衡方案的政府投资项目，投资主管部门不得审批项目可行性研究报告，有关部门不得颁发施工许可证或批准开工报告，项目更不得开工建设。

七、强化企业资产负债约束

认真贯彻国家有关国有企业"去杠杆"和防风险的要求，切实控制融资平台公司的资产负债水平，提高公司资产质量，有效防控融资平台公司的债务风险。健全融资平台公司的融资和财务信息公开制度，提高财务和债务的透明度，促进融资平台公司走可持续融资和发展之路。

融资平台公司等国有企业资产负债约束应当以资产负债率为基础约束指标。建立融资平台公司的资产负债率的基准线，实行分类管理并动态调整，原则上，以同行业领域发行城投类企业债券/票据的企业平均资产负债率并参照同行业领域上市公司资产负债率作为基准线。基准线加 5 个百分点为本年度预警线，基准线加 10 个百分点为本年度重点监管线，原则上重点监管县不得超过 70%，年度内最高峰值不得超过 75%。对可能导致企业资产负债率监管线的重大投融资活动，要确保资产负债率保持在合理水平。在融资平台公司的年度董事会议案中，经营管理层要就资产负债状况及未来变动计划以及银行贷款和企业债券等主要债务到期和偿还计划进行专项说明，提交董事会审议。

强化对所属子企业的资产负债约束。融资平台公司要结合子企业所处行业领域等情况，合理确定其资产负债率水平，并纳入集团公司考核体系。集团公司要强化子企业资产、财务和业务独立性，减少母子企业、子企业与子企业之间的风险传导。子企业的投资建设项目或并购投资项目，集团公司要实行审批制，未经申报集团公司批准，不得对外签署具有约束性质的协议或合作备忘录；对需要增加企业负债的重大经营活动，超出一定限额的，也应当申报集团公司批准，其中时间要求紧迫的，实行预先报备制。

第五节 规范融资平台公司的债券融资行为

融资平台公司的市场化融资属于其作为企业应有的重要的自主权之一，也是其与银行和债券投资人之间的市场交易行为。融资平台公司真正实现市场化融资是其市场化转型和规范发展的重要标志和判别标准。债券融资是融资平台乃至地方基础设施等公共领域融资的重要来源，也是相对规范、透明的市场化融资方式。规范融资平台公司的债券融资行为，有助于倒逼其建立健全公司法人治理机制，促进其转型发展和规范发展，也有助于防范其债务风险。为严格防范地方债务风险，有关部门对城投公司发债融资行为和相关准入条件进行了严格规范，为城投公司发展融资提供了基本遵循。

一、高度重视债券发行的负面清单

一是严禁党政机关公务人员未经批准在企业兼职（任职）。实践中，党政机关公务人员在城投公司或融资平台公司兼职（任职）的情况并不少见，而且通常还兼职（任职）董事长/总经理等主要领导职务，这虽然有利于城投公司贯彻政府发展意图，但实践中难免造成政企不分和政资不分，从而不利于城投企业建立现代企业制度和成为真正独立的经济实体。目前还在城投公司兼职（任职）的党政机关公务人员要按组织人事相关规定补办正式的批准任命手续，尽快厘清其机关/企业身份。这实际也是推动城投公司转型发展和规范发展的重要一步。实际上这种政府机关和企业两头任职/兼职的做法，对于其本人而言，既没有太多的激励机制，也基本没有强有力的约束机制，长期看很难全力以赴，也很难做出个人长期的职业/事业谋划，从而不利于城投公司长期可持续发展。

二是严禁将公立学校、公立医院、机关事业单位办公楼、公共文化设施、公园、公共广场、市政道路、非收费桥梁、非经营性水利设施、非收费管网设施等公益性资产，以及储备土地使用权计入申报企业。这实际上是以负面清单的形式列出了不允许纳入城投公司中的公益性资产。该负面清单管理规定对城投公司发债融资的影响较大。其原因在于，实践中很多城投公司尤其是市县级城投公司包括产业园区所属投融资平台类企业的总资产中主要为公益性资产，而真正能带来较好现金流的经营性资产并不多。如果剔除上述负面清单中的公益性资产或非经营性项目，很多城投公司的总资产和净资产规模恐难以满足发债的要求。

三是严禁企业以各种名义要求或接受地方政府及其所属部门为其融资提供担保或承担偿债责任。城投公司发债融资属于其重要的自主权之一，也是其与债券投资人之间的市场交易行为，因而要求（主动）或接受（被动）政府及其所属部门为其承担偿债责任都是违规的。从法律层面看，按照预算法和担保法相关规定，政府及其所属部门对城投公司债券发行或银行贷款等债务融资进行担保都是非法的、无效的。从政府与企业关系、政府与市场的关系看，政府及其所属部门、城投公司以及债券投资人（包括银行）三者的责权利关系是完全不同的。政府及其所属部门与债券投资人之间并没有发生直接的交易，当然不应存在所谓的债权/债务关系；城投公司为政府提供基础设施和公共服务，政府及其所属部门有必要对城投公司提供相关服务承担补助或补贴责任；城投公司与债券投资人之间才发生直接的债权/债务关系。因而，严禁地方政府及其所属部门为城投公司的债务融资提供担保或承担偿债责任实际上有助于理顺政金企的责权利关系。

四是纯公益性项目不得作为募投项目申报发行企业债券。纯公益性项目的最大特点是缺乏自有现金流或自有现金流严重不足，如果缺乏政府补贴或其他商业模式的支持，项目自身难以实现财务可持续性。国家发改部门主管的企业债券与中期票据和公司债券等其他企业债券融资方式的主要区别之一是明确要求企业发债募集资金要投向具体建设项目、发债规模要与建设项目投资总额相关联。该要求对地方纯公益性项目通过城投公司发债融资的影响很大。此前国家发改部门对企业发债的募投项目主要关注项目本身的合规性和投向（如是否履行项目审批、核准或备案手续和符合国家相关产业政策与发展规划），而对项目属性或是否属于公益性或经营性项目并没有明确具体的要求。相关文件（如国家发展改革委2018年194号文）对企业发债募集资金的投向和项目属性作出了明确规定，实际上对发债企业自身信用和项目资产信用提出了"双要求"。其目的在于堵住纯公益性项目通过城投公司发债融资之路，从而反过来倒逼纯公益性项目进一步回归地方政府发债融资之路。

二、切实做好债券发行的四项工作

一是信用评级机构应当基于企业财务和项目信息等开展信用评级工作，不得将申报企业信用与地方政府信用挂钩。城投公司的信用评级对能否发债和发债融资成本具有重要影响。从理顺地方政府—城投公司—金融机构三者之间的责权利关系看，乃至站在更高的推进地方公共治理能力建设的层面看，这种信用脱钩是完全有必要的。实践中，地方很多城投公司发债资金的还本付息依赖于地方政府的付费或补贴资金。然而，地方政府是否具备相应的支付能力，无疑直接涉及政府的信用，故城投公司自身的信用可以以形式上做到与政府信用脱钩，但站在债券投资人的角度实质上很难完全脱钩，或者说政府信用对城投公司的信用会有很大的影响和制约。还需注意的是，将发债企业信用与政府信用脱钩后，很可能会进一步影响城投公司的信用评级，从而推高其发债融资成本。总之，如何平衡政府信用和城投公司信用，既脱钩又科学合理考察政府信用对城投公司信用的影响，成为城投公司发债时需要注意的要点。

二是申报发债企业应主动公开声明不承担政府融资职能，发债不涉及新增地方政府债务，切实做到"谁借谁还、风险自担"。该规定是对2014年国发43号文有关城投公司或融资平台"剥离政府融资功能"要求的深化和细化，实际上再次明确了城投公司等地方政府所属国有企业发债属于企业自身的市场化融资行为，而非政府融资行为或政府要求国有企业进行融资的行为。同时，也明确了企业以自身信用和募投项目资产信用等承担债券的还本付息责任，而与政府信用无关，不形成政府债务，政府更不负有偿还责任。以此规定为依据，如果城投公司将来难以偿还债务本息，其债务不得作为政府隐性债务，政府更无理由、无任何责任帮助城投公司偿还债务。

三是审慎评估政府付费类PPP项目和可行性缺口补助PPP项目，防范借PPP模式变相融资和违规融资。"羊毛出在羊身上"，纯公益性项目或政府付费类项目（包括很多依靠政府大量运营补贴的项目）引入PPP模式虽然可以解决地方政府的建设资金缺口问题，但地方政府仍然需要在运营期承担财政支出责任。这种财政支出责任虽然从会计报表上或形式上不直接体现为政府债务，但从政府债务风险管控看，与政府债务并没有实质区别。这就是说，政府付费类PPP项目越多，财政支出责任或潜在债务风险也就越大，因而从这方面看审慎评估和开展政府付费类PPP项目是十分必要的。尤其需要注意的是，很多纯公益性项目如市政道路和普通公路等，工程属性很强甚至工程和服务高度合一，而运营属性很弱。对这类项目，社会资本方通过技术和管理创新在全生命周期降低建设和运护成本的空间比较小，引入PPP模式往往难以真正实现"物有所值"或难以在全生命周期"替政府省钱"。如果这类项目不能真正实现"物有所值"或"替政府省钱"，则其引入PPP模式的主要目的就是为了解决建设资金缺口问题或变相融资，甚至实践中还可能变成固定回报承诺、指定回购和明股实债等违规融资方式。因而，审慎评估PPP项目的目的还是在于从严管控纯公益性项目引入PPP模式及其后续发债融资之路。这同样是为了促使纯公益性项目的建设资金更多地通过政府发债融资的方式解决。实际上，新预算法也明确规定政府发债包括一般债和专项债主要用于公益性项目支出。

四是企业债券募投项目若有取得投资补助、运营补贴、财政贴息等财政资金支持的，程序和内容必须依法合规，必须把地方财政承受能力和中长期财政可持续作为重要约束条件。一方面来看，该规定的防风险指向非常明确而且具体，实质上要求无论是 PPP 项目还是城投公司项目，涉及政府财政资金支持的，都需要进行政府投资能力或财政承受能力论证。但该要求本质上属于穿透监管思维，考虑到企业债券发行监管部门和募投项目（特别是 PPP 项目）的审核备案主管部门并不完全一致（即使在同一部门，相关职能也往往分设在不同内设机构），甚至还不属于同一级政府部门，故实践中这种穿透监管工作的难度恐怕太大。但从另一方面看，这种监管要求对发债融资的城投公司或 PPP 项目还是存在利好，即只要募投项目履行了相关审核备案手续（如使用政府投资补助的项目资金申请报告获得政府有关部门批准），尤其是通过了财政承受能力论证，则政府的投资补助、运营补贴、财政贴息等财政性资金可以名正言顺地支付给发债企业。反过来，这无疑有利于防范债券的偿付风险。

总之，按照相关文件要求，对申报发债融资的城投公司要切实做好市场化转型发展和企业法人治理工作，要有优质的经营性资产，自身要有足够的信用特别是经营性现金流支持。募投的项目要依法合规履行项目审核备案手续，不得为没有自有现金流的纯公益性项目或非经营性项目。政府对募投项目给予必要的投资补助或运营补贴资金支持要有合规手续，实施财政承受能力论证并纳入中期财政规划和年度财政预算。城投公司等国有企业发债融资形成的债务依法不属于政府债务，政府及其所属部门不得以任何形式提供担保，更不得承担本息偿还责任。

第六节　对地方融资平台公司进行专门立法

地方政府融资平台公司是地方基础设施和公共服务项目重要的投资主体，对作为政府特设机构的融资平台公司进行立法，既有助于规范融资平台公司的投融资行为以及促进其转型发展和规范发展，又有助于防范其潜在的债务风险。

一、融资平台公司立法的意义和目的

从有关发达国家设立政府所属专门机构或特殊目的载体（SPV）的做法看，很重要的一点就是进行专门立法，通过立法明确该专门机构或特殊目的载体的职能特别是其与政府的责权利关系。融资平台公司立法的意义在于使融资平台公司的投资、融资、建设和管理等行为具有法律依据，立法的同时也有助于约束融资平台公司的相关行为、促进其更好地履行特定的公共服务职能并防范潜在的债务风险，从而促进融资平台公司健康稳定发展和实现可持续融资。从国际国内有关融资平台公司的立法经验和做法看，立法的主要目的通常有三个方面：一是明确融资平台公司作为专门机构或特殊目的载体（公司）的性质和职能定位；二是建立政府授权投资制度，明确其在授权范围内的相关责权利，包括投资、建设、融资、运营、债务偿还、信息披露等方面；三是明确政府及有关部门的责权利，包括政府在重大决策、重大人事任免、重大投资项目安排、投资、运营补贴以及绩效考核监管等方面。

我国当前处于人均 GDP 约 1.2 万美元的经济发展阶段和城镇化率约 64%的城镇化发展阶段，地方政府在基础设施和公共服务等公共领域仍然存在巨大的投资需求。如何合法合规筹集建设资金、有效满足公共领域的投资需求是地方政府面临的一大挑战。剥离融资平台公司的政府融资职能虽然在法律上和形式上均可以实现，但融资平台公司承担的政府投资职能实质上很难也没有必要真正剥离。实际上，具有价格/收费机制、市场化程度较高的部分基础设施和公共服务领域，由政府融资平台公司或政府授权投资主体（公司）进行投资、融资、建设和运营，往往比政府所属部门或事业单位更有效率。部分发达国家之所以设立专门的政府机构或特殊目的公司并进行专门立法，其目的实际上也是为了更好地履行经济社会特定领域主要是基础设施和公共服务领域的政府投资职能或事权，从而促进该特定领域持续、稳定发展。

二、融资平台公司立法的主要内容

为明确融资平台公司与地方政府的责权利关系，规范融资平台公司的投资、融资行为，建议地方政府可对本地区急须加快发展，又难以完全市场化运作的特定领域，如基础设施"补短板"领域或农业农村、生态环保等重点领域的融资平台公司进行专门立法，如制定融资平台公司管理条例或管理办法。通过这种专门性质的立法，明确对承担该特定领域投资、融资、建设和运营等职能的融资平台公司的职责、宗旨、法人治理结构、投资边界范围、重大人事任免、投融资决策机制、投资项目管理制度、信息披露制度、绩效考核评价办法、重大决策责任追究机制以及政府相关职责、政府支持性政策和绩效考核评价等重大事项，从而使融资平台公司在该特定领域的投资、融资、建设和运营等行为及其与政府的责权利关系建立在法治化、规范化的基础上。同时，通过专门立法，地方政府实际上也在法规制度层面上建立了对特定领域的融资平台公司的授权投资制度。为提高这类专项法规制度的指导性、权威性，增强其约束力，保持其稳定性，建议该立法应提交同级地方人代会审议通过。

　　为加快推动和指导地方政府开展融资平台公司的立法工作，明确政府和融资平台公司的责权利关系，建立政府授权投资体制，促进融资平台公司可持续融资和发展，建议国家发展改革委会同司法、财政、住建、交通、水利、农业农村等有关部门联合制定有关地方融资平台公司立法或管理办法的指导意见。

第五章　着力提高政府投资决策水平

政府投资决策是一种重要而又非常复杂的公共决策行为，涉及经济、社会、行业、工程、技术、金融、财务等多方面的知识和信息，对投资决策审批部门和主要经办人员而言是一项巨大的挑战。改革开放以来，我国在建立健全政府投资决策机制方面实施了一系列改革措施，如引入投资项目的第三方咨询评估、专家评审、专家评议以及项目公示制度，在很大程度上弥补了投资决策审批部门尤其是主要经办人员的专业能力不足、信息不充分的问题，提高了政府投资决策水平。但实践中，政府投资决策机制总体上仍然不完善，还存在投资决策信息不对称、投资决策审批部门和主要经办人员主观认识甚至个人偏好影响决策、社会公众参与不足以及项目潜在的社会风险难以充分识别等突出问题。为扩大社会公众应有的知情权、参与权和监督权，完善政府投资决策机制，提高投资决策的民主化科学化水平，从源头上识别和防范社会风险，提高政府投资效益，有必要尽快建立政府投资决策的社会公众听证制度。与此同时，针对市县级政府投资决策审批的人才和能力相对不足的问题，建议适度上收地方政府的投资决策审批权限。

第一节　我国政府投资决策机制的现状

政府投资是落实政府公共服务和社会管理职能、发挥政府作用、弥补市场失灵、推动经济社会协调可持续发展的重要手段。现阶段我国政府投资决策主要包括两方面的工作内容：其一，政府投资计划的制定（包括三年滚动政府投资计划和政府投资年度计划），主要是根据经济社会发展水平和财政收支状况，按照量力而行、区别轻重缓急的原则，确定合理的政府投资总量、行业结构、区域和城乡布局以及政府投资安排方式，使有限的政府投资用在补短板、惠民生、强弱项的"刀刃上"。其二，政府投资项目的决策审批，主要包括研究论证项目建设的必要性，合理确定项目的建设地点、建设规模、建设内容、建设标准、投资规模，科学制定项目投融资方案、征地拆迁安置补偿方案、投资回报机制、建设组织实施方式、运营管理机制以及风险防控机制。一般而言，后者是前者的基础和重要依据，没有建设必要性和不具备可行性的项目不得决策审批，不得纳入政府投资年度计划，不得拨付政府投资资金，更不能擅自开工建设。

改革开放 40 多年尤其是 21 世纪以来，为完善政府投资决策机制，提高政府投资决策科学化、民主化水平，我国出台了一系列改革措施，如完善可行性研究论证方法、规范项目建设程序、引入第三方咨询评估、专家评审和专家评议等制度以及严格项目新开工建设条件等。2004 年《国务院关于投资体制改革的决定》提出，要进一步完善和坚持科学的决策规则和程序，对特别重大的项目还应实行专家评议制度，逐步实行政府投资项目公示制度。2016 年《中共中央国务院关于深化投融资体制改革的意见》则再次强调，开展项目咨询机构评估、专家评议、风险评估等科学论证工作，尤其是将公众参与机制引入政府投资决策工作中，并明确要求编制政府投资计划，从而对政府投资总量、行业结构和区域城乡布局进行综合平衡与决策。而 2019 年 7 月正式施行的《政府投资条例》将长期以来形成的有关政府投资决策的好经验、好做法，以立法的形式确定下来、传承下去。这些有关健全完善政府投资决策机制的改革措施，在投资决策审批工作中得到贯彻实施，实践中也取得了积极成效，有效提高了政府投资决策的科学化和民主化水平，对提高政府投资效益发挥了重要作用。

第二节 政府投资决策机制存在的突出问题

对比新时代推进国家治理体系和治理能力现代化建设的新形势，对比提高政府投资决策科学化水平和更好发挥政府投资作用的新要求，对比"以人为中心""满足人民群众美好生活需要"的新理念，迄今有关建立健全政府投资决策机制的改革措施，在提高政府投资决策的科学化水平尤其是民主化水平方面，仍然存在一些有待于突破和解决的问题。

一、人为因素对实施科学投资决策的干扰问题

项目建设必要性、建设选址、建设规模、主要建设内容和建设标准以及投资估算（概算）和投融资方案等主要事项，虽然总体上属于专业、技术层面研究论证的问题，但决定这些主要事项往往掺杂着非专业技术层面甚至人为的因素。实践中出现很多"首长工程""形象工程""拍脑袋工程"以及低水平重复建设项目，往往主要不是因为专业、技术等方面的问题和制约，而是主观人为因素导致的（参见专栏 5–1）。在项目可行性研究论证和投资决策审批阶段，人为因素很可能把一个没有建设必要性的项目变成有必要建设的项目；很可能改变一个项目的建设地点、建设规模、主要建设内容、建设标准和投融资方案等主要事项，很可能把一个原本具备技术经济可行性的项目变成了技术不可行、经济不合理的项目，反过来也可能把不具备技术经济可行性的项目变成了一个投资决策仅仅是"走过场""办手续"的可批性项目；还有可能让一个正在开展前期研究论证工作的项目提前开工建设，从而使投资决策程序流于形式，导致项目变成了边勘察、边设计、边施工的"三边"工程；也有可能导致政府投资项目在建设资金尤其是政府投资资金没有得到落实的条件下就开工建设了，从而违背《条例》规定甚至导致形成政府隐性债务；此外，也很可能把一个原本拟引入政府和社会资本合作模式的项目改成了回归传统公建公营模式，或者反过来把不适合引入PPP模式的项目作为了PPP项目。总之，人为因素的干扰尤其是政府主要领导人的个人意图和主观偏好"强加于"甚至"凌驾于"项目决策审批部门和行业主管部门，成为现阶段导致项目投资决策水平不高、导致项目可行性研究变成可批性研究的重要原因之一。

专栏 5–1 政府决策的实质是个人决策

经济学上有一个基本假设：所有决策都是人作出的，所有决策者都是活生生的个人，只有个人才有能力作出决策。通常所说的国家决策、政府决策，归根到底都是个人在作出决策。然而，个人决策者能做到无所不知、无所不能吗？能始终做到大公无私吗？特别是，能够保证所有决策事项的决策者个人

都无所不能、无所不知且始终大公无私吗？一个不争的事实是，人无完人，都有自己的认识和能力所限，都有自己的信息所限，也都有自己的情感、私利甚至无知，都有个人偏好、个人的七情六欲，都会无意甚至有意犯错误。对决策者而言同样如此，决策者也是人，所以决策水平不高甚至作出错误决策往往难以避免。

顺着这些个人作出决策时出现的各种问题的内在逻辑，比较容易寻找到提高政府决策包括投资决策水平的答案。首先，当然是尽可能减少政府决策事项，尽可能让市场主体自主作出决策，就算是给市场主体"犯错误的机会"，也要尽可能减少政府代替市场主体作出决策的机会。其次，尽可能让多人共同作出决策即引入民主决策机制和专家评审评议机制等，尽量减少决策机关的单个人作出决策的机会，从而尽可能减少个人主观因素和偏好对决策结果的影响。再次，大力提高决策过程的透明度，让决策机关及其主要经办个人的行为和决策过程"阳光化"，让更多的公众参与决策、了解决策内容尤其是决策可能产生的不利影响，帮助决策者"出主意"，也让决策者尽可能多地了解决策可能产生的不利影响乃至社会风险。最后，健全决策责任的约束和惩戒机制，督促决策者尽心尽职，促使决策者尽量少犯错误，特别是减少决策者故意犯错误的可能性。

二、政府投资决策审批的主要制度规则和透明度有待提高

《条例》虽然对政府投资决策审批的原则要求尤其是政府决策审批部门的审查工作要点作出了明确规定，但是实践中的可操作性尤其是决策审批的工作制度规则还有待于深化和细化，并进一步提高决策审批过程的规范化、标准化并提高透明度。从项目申报材料受理，到项目申报材料的完整性和合规性的初步审查，到项目是否需要委托、如何选聘咨询评估机构实施第三方咨询评估及其工作时限，再到参加项目评审或评议专家数量、专业要求及专家邀请方式，以及第三方咨询评估报告和专家评审/评议意见的采纳/不采纳情况的说明及主要依据，到最后项目决策审批文件的草拟和发出的工作程序和时限等全过程工作的制度规则和相关要求，仍然需要细化并对外公开发布，并扩大社会公众的参与权和知情权。

三、投资决策审批工作的自由裁量权仍然过大

这是与上述政府投资决策审批过程透明度不高直接相关联的一个突出问题。

投资决策审批机关甚至主管决策审批事务的主要经办人员在政府投资计划制定尤其是具体项目决策审批中的自由裁量权仍然过大，某个项目是否要实施以及如何实施第三方咨询评估制度，是否需要邀请、如何邀请、邀请哪些专家参与项目评审或评议，在很大程度上仍然取决于投资决策审批机关甚至主管决策审批事务的主要经办人员的主观认识和偏好，缺乏相对客观的评判标准和依据。实践中，政府决策审批工作主要经办人员不认识、不熟悉的专家往往难以被邀请参加项目评审或评议工作，经常持批评反对意见的专家也不容易被邀请参加；而有的专家如果想要参与项目评审或评议工作，恐怕也只需要地方政府主要领导人或决策审批工作主要经办人员的"一句话"或"一个电话"。另外，对于受聘的第三方咨询评估机构和相关评审评议专家的意见和建议，是否听取和吸纳并作为投资决策审批的依据，也在一定程度甚至很大程度上取决于投资决策审批工作主要经办人员的个人认识和偏好。尤其是，项目决策审批机关的主要经办人员对项目建设必要性、建设地点选择、建设规模、主要建设内容、建设标准、投融资方案、项目组织实施方案等主要事项的个人认识和偏好，在很大程度上也会影响甚至决定了项目投资决策的结果。

四、投资决策审批工作中存在信息不对称问题

科学合理的投资决策审批需要建立在全面系统、真实准确的信息数据基础上，但信息数据本身具有复杂性和动态性，投资项目的决策审批机关尤其是主要经办人员限于个人专业能力以及时间和精力，显然难以收集和正确处理投资决策相关的主要信息。即使引入第三方咨询评估和采取专家评审或评议方式，限于第三方人员和专家人数及其调研了解项目的时间限制，仍然难以完全克服信息不对称的问题。更进一步地说，信息数据收集还具有不确定性，投资项目决策审批部门及其主要经办人员可能收集什么样的信息数据、信息数据的全面系统性和真实准确性及其可能导致的影响和结果实际上也很难准确把握。

此外，投资决策审批工作实质上是一种专业性很强的行政工作，决策审批部门主要经办人员升迁和换岗情况又难以避免甚至经常存在，这也在很大程度上加剧信息不对称的问题。实践中，项目决策审批所需的关键信息数据如果遗漏或不充分掌握，很可能决定了项目是否获得审批、是否获得成功，同时对很可能受项目严重影响的利益群体而言，其风险或损失就变成了确定性事件而非不确定性的"万一"事件了。比如，社会公众一般都非常支持建设污水垃圾处理工程项目，但有的污水垃圾处理工程项目或类似环保项目在开工建设后遭到周边群众的强烈

反对和阻挠，甚至被迫中途"下马"。与其说是周边群众觉悟不高、对自身利益看得太重，不如说是项目信息不对称导致了投资决策审批部门没有充分识别了解和防范这类重大社会风险。

第三节　建立政府投资决策听证制度

社会公众听证制度是现代社会普遍推行的用于保证各利益主体平等参与公共决策过程、提高决策透明度和落实公众监督权，最终实现决策民主化、公开化、科学化、法治化的一种重要制度安排。社会公众通过听证方式了解和参与公共决策既是现代社会民主化发展的必然要求，又是我国推进国家治理体系和治理能力现代化建设的必由之路。政府投资决策属于政府重大的行政决策行为，将政府投资决策尤其是重大政府投资项目决策审批纳入政府或其有关部门的重大行政决策听证范畴也是加强和改善公共治理的一条重要路径。

一、建立政府投资决策听证制度的意义

建立政府投资决策听证制度具有重要的现实意义，有助于提高投资决策水平，识别和防范化解潜在社会风险，更进一步对推进国家治理体系和治理能力现代化建设具有重要作用。2008 年发布的《国务院关于加强市县政府依法行政的决定》（国发〔2008〕17 号）明确提出，市县政府及其部门要推行重大行政决策听证制度，涉及重大公共利益和群众切身利益的决策事项，都要进行听证。2019年《重大行政决策程序暂行条例》（国务院令第 713 号）更是进一步明确提出，决定在本行政区域实施的重大公共建设项目属于政府重大行政决策事项，应当采取便于社会公众参与的方式充分听取意见（依法不予公开的决策事项除外），听取意见的方式包括座谈会、听证会等。

我国目前在行政处罚、公共产品和服务价格制定调整等方面明确规定要实行公众听证制度。但在政府投资项目建设等涉及重大公共利益和群众切身利益的领域，除部分地区在相关地方性法规中提及应当以投资决策听证会形式扩大社会公众参与权、征求社会公众意见外，至今仍未在国家法律法规层面上要求对政府投资决策实施社会公众听证制度。实践中，政府投资决策听证工作更是基本没有开展。开展政府投资决策的社会公众听证制度也是依法行政和建设法治政府的具体

实践。就政府投资决策审批工作而言，政府投资决策审批机关实施社会公众听证制度的必要性和意义主要体现在以下七个方面。

第一，助推利益包容共享。我国改革开放和社会主义现代化建设已进入新的发展阶段，在经济社会持续稳定发展的同时，公民主体性意识不断强化，人民群众的民主法治意识和政治参与积极性不断提高，维护自身合法权益的要求可谓日益强烈。在我国市场经济发展的大背景下，利益主体的多元化已是不争的事实。在投资建设领域，不仅项目建设和运营涉及的公众个人具有合法的利益诉求，政府及其有关部门和项目单位实际上也有自己的利益所在，特别是不同主体之间的利益关系并不完全一致甚至有的还相互冲突，不同利益主体之间相互沟通、协商以及共享和包容已为现实所必需。而决策听证会无疑提供了不同利益主体之间沟通、协商从而实现利益包容共享的重要路径和契机。

第二，提高投资决策水平。项目建设的必要性和建设方案，包括项目选址、建设规模、主要建设内容、建设标准、投融资方案、征地拆迁安置补偿方案等主要依据市场、人口、资源和环境等相关基础性的信息数据研究确定，而这些基础性的信息数据与实际情况难免存在某种程度的偏差，通过决策听证会有助于减少这种偏差或信息不对称的问题，从而有助于提高投资决策水平。"三个臭皮匠赛过诸葛亮"，社会公众中很可能有在项目建设或运营管理等方面具有丰富实践经验的专家，也很可能存在专业技术、投资、金融、财务以及环保、土地、征地拆迁等方面的专家，其意见和建议很可能有助于完善项目建设方案、投融资方案或运营方案，从而提高项目的技术经济可行性和财务合理性。即使是持批评反对意见的专家或社会公众个人，其批评反对意见实际上也有助于进一步完善项目建设方案或其他相关重大事项。此外，"三人行必有吾师"，即使是普通社会公众的意见和建议，也有可能在某个方面甚至某一点上存在"真知灼见"，也有可能弥补项目决策审批部门尤其是主要经办人员的专业能力不足或认识上缺失等问题，从而有助于提高投资决策水平。

第三，拓宽社会公众参与渠道。一方面，我国现行的政府投资决策审批机制，是以投资决策审批部门包括行业主管部门等行政机关为主导的，长期以来社会公众较少参与，而投资决策审批部门等行政机关的行政力量强大，社会公众缺乏与行政机关平等的对话机会和能力。另一方面，社会公众过于分散的需求和利益诉求难以对投资决策审批机关包括其主要经办人员构成实质性的影响和制约，也使投资决策审批机关面对多元化的社会公众需求和利益诉求而有心无力、难以充分响应。社会公众听证是一种公众参与的重要形式。公众听证有助于拓宽公众参与渠道，提升公众了解项目相关主要信息、参与投资决策过程的程度，是实现投资决策民主化从而助推投资决策科学化的必由之路。

第四，缓解投资决策的压力。由于项目信息不对称的客观存在和项目决策系统内外信息交流的不充分，容易产生投资决策系统内外压力的不平衡，这使项目投资决策审批过程始终处于某种压力状态下。为缓解这种系统压力，打通系统内外交流沟通渠道，有必要将社会公众参与作为一项重要制度安排引入投资决策系统中。通过引入公众参与制度，一方面有助于将社会公众因项目建设实施可能积聚的能量尤其是负能量（如因项目实施侵害部分公众的切身利益而产生的不满情绪）提前释放出来；另一方面通过听证会将项目相关主要信息数据以及投资决策审批部门内部相关主要信息向社会公众开放，扩大社会公众的知情权和参与权，听取社会公众的意见和建议，获取社会公众的理解和支持，从而实现项目决策审批系统内外部的稳定与平衡。更进一步地说，项目投资决策听证会还有助于减轻目前政府投资决策审批机制下投资决策审批部门承受的社会舆论压力甚至包括给其他部门"背锅"的巨大压力。

第五，识别投资项目潜在的社会风险。实施公众听证有助于发挥公众的监督作用，及时发现项目相关信息数据的偏差甚至错误之处，尤其是发现潜在的社会风险等关键信息，从而有助于完善项目建设方案、促进项目投资建设和运营等全过程的工作顺利开展。此外，实践中，除了出于自身利益诉求考虑而提出反对或阻挠项目建设实施的情况外，由于不知情、不了解项目情况以及参与机会缺失，有的社会公众有可能仅仅只是为不知情而反对，甚至是"为反对而反对"。而通过实施项目投资决策听证会，扩大公众的知情权和参与权，显然有助于减少甚至杜绝这类潜在的社会风险，有助于在源头上"防患于未然"。

第六，社会公众参与投资决策是衡量公共治理水平的重要标志。公众听证制度的透明性、公开性有助于遏制政府有关部门的恣意和非恣意行为。而通过扩大参与公共决策活动的公众范围及其代表性，有助于广泛收集公共决策各类相关信息数据，也有助于通过引入社会公众的外部监督来提高公共决策的透明度和公平公正性。政府投资决策审批直接确定政府投资的总量和投向，直接决定未来公共服务或社会管理的供给质量和效益，直接涉及社会公众尤其是相关利益群体的切身利益，属于公共政策制定的重要内容之一，无疑应该尽可能充分地吸收社会公众尤其是受项目相关利益群体的参与，听取其意见和建议。社会公众通过听证会等方式参与政府投资决策过程，了解投资决策相关的主要信息，本身就是提高投资决策透明度、提高投资决策民主化的重要标志，当然也是衡量整个公共治理能力和水平的一个重要标志。

第七，保障社会公众作为纳税人权利的必然要求。长期以来，政府财政收支状况、政府投资方向和重点、政府投资资金使用情况缺乏必要的透明度。而作为纳税人的社会公众的权利意识比较差，对提高政府投资公开透明度也没有强烈的诉求。在社会主义市场经济条件下，社会公众对重大公共支出和公共政策制定包括政府投资决策过程中理应拥有更大的知情权、参与权和监督权，实践中社会公众对政府投资决策和政府投资资金使用情况公开透明度的要求也在不断提高。更进一步地说，政府投资资金最终来源于纳税人，而作为纳税人的社会公众有权最终决定政府投资资金的投向和重点甚至包括具体项目安排。

二、实施政府投资决策听证制度的建议

实施政府投资决策的社会公众听证是一项需要花费大量人力、物力以及时间成本的工作。建立政府投资决策听证制度并不意味着所有政府投资项目（包括PPP项目）实施全过程中的每个阶段、每个环节都需要经过听证这一程序，建议可先针对编制政府投资年度计划建立公众听证制度；同时，针对一些投资规模大、环境和社会影响范围大、有可能对公共利益及公共安全造成侵害的重大投资项目，先行进行投资决策听证试点，待总结经验、完善社会公众听证制度后再推广运用到其他政府投资项目。

其一，听证组织机构确定。政府投资决策听证会的组织机构应按照"谁决策、谁审批、谁组织听证"的原则确定。对地方各级政府投资的重大项目，一般应由地方人民政府或其委托投资主管部门组织开展听证会。按照有关规定，需要国务院投资主管部门审批或核报国务院批准的地方重大投资项目，应由国务院投资主管部门组织或委托省级人民政府组织开展听证会。必要时，按照《政府核准的投资项目目录》规定应由政府核准的重大类或限制类企业投资项目，也可能存在较大的社会影响甚至潜在的社会风险，项目核准前应进行社会公众听证，听取公众意见和建议。

其二，听证时机选择。项目可行性研究在项目投资决策环节具有主导乃至决定性地位，项目可行性研究报告获得政府决策审批意味着该项目具有了法定地位或"出生证"，因而最好选择在项目可行性研究报告申报后、投资主管部门（或其他审批部门）正式决策审批项目前举行听证会（企业投资项目最好选择在项目申请报告提交后、项目核准之前进行）。如公众听证会上有关各方对项目相关重大决策事项存在很大的分歧和异议特别是反对意见较为强烈，必要时，负责项

目决策审批的投资主管部门可责令项目单位调整项目建设地点或建设方案并修改完善项目可行性研究报告，之后再就公众强烈反对的特定事项举行一次公众听证会。

其三，听证主要内容确定。投资决策听证的内容应重点围绕项目建设的必要性、技术可行性、经济合理性、财务可持续性和风险可控性等重要问题展开。一般而言，重大项目投资决策听证会的具体内容应主要包括八个方面：①项目建设的必要性和意义；②项目选址方案、建设规模、主要建设内容和建设标准；③政府投资的必要性和政府投资方式选择包括传统公建公营模式与PPP模式的比选；④城市和工矿区房屋拆迁或农村集体土地征用的补偿安置方案；⑤环境影响和环境保护措施；⑥总投资和资金筹措方案包括项目资本金、债务资金的筹集来源和方式；⑦经济和社会影响尤其是潜在社会安全稳定风险；⑧社会公众尤其是主要利益群体要求举行听证会的有关事项。这八个方面的主要内容，可以根据项目具体情况确定一项或几项内容进行听证。举行投资决策听证会的10~15日前，投资主管部门和项目单位应当告知参会的听证代表拟作出投资决策的主要内容、依据及相关背景资料和信息。如前所述，政府投资决策除了单个的政府投资项目决策审批外，还包括政府投资（年度）计划制定。政府投资计划直接涉及政府投资总量、行业结构和区域与城乡布局，涉及具体项目是否拿到政府投资的"粮票"和"粮食"（政府投资资金），关系到政府投资是否公平、公正、有效地配置，关系到政府投资是否重点用于现阶段补短板、强弱项、惠民生的"刀刃上"，对更好地发挥政府投资的作用尤其是优化供给结构的作用具有重要意义。因而，政府投资计划在研究制定中也有必要举行公众听证会，主要征求社会公众和有关各方对政府投资总量、投资方向和重点、重大新开工项目安排等主要内容的意见和建议。

其四，听证会的组织召集。鉴于需要举行投资决策听证会的重大政府投资项目往往影响范围广、涉及层面多，从提高听证会的召集效率考虑，可采取由听证组织机构主要是政府决策审批部门或投资主管部门组织发起，采取自上而下的召集模式。政府投资计划的公众听证会可以由具体负责编制政府投资计划的有关部门组织召开，也可由投资主管部门组织召开。

其五，听证参加人遴选。听证会的参加人，除投资主管部门、行业主管部门和项目单位外，其他参加人代表建议分三大类：有关政府部门、专家学者和社会公众代表。为建立有效的制衡、协调机制，提高参会人员的代表性，建议三类代表的人数比例可按2:3:5确定。其中，政府部门代表应主要来自项目建设、运营相关的政府部门，包括土地、规划、环保和财政部门等，同时有必要邀请审计、监察等部门派代表参加旁听。参加听证会的专家学者则应当主要包括建设项目可能涉及的经济、技术、工程、生态环保、土地、金融、法律以及社会发展等领域的专家学者。听证会的社会公众代表则应重点包括以项目建设地点或项目沿线一定范围内的周边区域的居民、企事业单位及其他社会组织等，要突出各相关利益主体尤其是直接受影响群体的代表性。参会人员中，政府部门代表由相关部门直接委派，专家学者原则上从本地或上级政府投资主管部门的相关工程咨询专家库中选择，社会公众代表则主要依据报名先后次序并适度兼顾其专业领域和区域代表性综合确定。值得注意的是，任期内的地方人大代表和政协委员以及同期内的中共党员代表，建议可根据自身时间安排提前报名和自愿参加（而无须事先遴选），并自主决定作为专家学者或社会公众代表参加听证会。为提高投资决策听证会的效果，除了听证会上发言和表达意见外，原则上参加听证会的政府部门代表和应邀参加听证会的专家学者要提供正式书面材料，提出具体意见和建议，同时鼓励社会公众代表也提交正式书面材料。

其六，听证会举行。听证会应当公开举行并全程摄像，必要时可以通过当地主要媒体进行现场直播。按照《重大行政决策程序暂行条例》有关规定，建议政府投资决策听证会按照下列程序公开举行：①投资主管部门或项目单位介绍项目可行性研究报告或项目某个具体听证事项的基本情况、主要依据和主要结论；②专家学者、社会公众等听证参加人陈述各自意见或建议，进行询问、质证和辩论，必要时可以由行业主管部门或者项目单位代表及其有关专家进行解释说明；③听证参加人确认听证会记录并签字。听证会历时可以为半天或最多一天，为提高听证会的质量和效率，保障听证会有序开展，必要时可以对每位听证参加人的发言时间作出限制。

其七，听证会成果应用。政府投资决策听证会的重要目的是通过征求公众意见和建议，识别潜在社会风险，完善项目建设方案或相关重大事项，从而提高项目科学化决策水平，并防范化解潜在社会风险。因而，投资决策审批部门要高度重视听证会成果的应用，否则听证会在很大程度上变成了一种"走形式"，失去了召开听证会的意义。听证会结束后，投资决策审批部门对听证中社会公众提出的合理意见和建议要吸收采纳。但无论是采纳还是不采纳的情况及其理由，投资决策审批部门都要以书面形式告知听证代表，并以适当形式及时向社会公布，如在本地政府网站、投资主管部门网站和本地主要纸面媒体发布。必要时，投资决策审批部门还可召开部分社会公众尤其是听证会上持不赞成和反对意见的公众参加听证会成果应用说明会，进一步解释说明其意见采纳或不采纳的理由和依据，从而"安抚"其不满情绪，争取其理解和支持，进一步释放项目潜在的社会风险。

总之，社会公众参与政府投资决策是扩大公众知情权、参与权和监督权的必由之路，是进一步提高投资决策民主化和科学化水平的必然要求，而公众听证会是公众参与的重要而有效的实现形式。投资决策科学与否是投资项目获得成功的重要基础和前提。为提高政府投资决策的科学化水平，扩大社会公众的知情权、参与权和监督权，建议各级政府（投资决策审批部门）尽快贯彻落实《重大行政决策程序暂行条例》的相关要求，推行政府投资决策听证制度。

第四节 适度调整市县级政府投资审批权限

按照现行政府投资管理体制，地方政府投资项目一般由地方政府自行决策审批。这很可能导致地方政府主要是市县级政府投资项目的投资决策水平不高从而不利于优化政府投资结构、提高政府投资效益，还有可能导致地方政府投资规模超出地方政府综合财力支撑从而产生政府隐性债务。为提高政府投资决策科学化水平，优化政府投资结构，提高政府投资效益，促使地方政府投资与财力状况相匹配，从源头上防范政府隐性债务，有必要对地方政府特别是市县级政府的投资决策审批权限进行适度调整，上收其部分重大政府投资项目的决策审批权限。

一、市县级政府投资审批权限过大导致的主要问题

我国现行政府投资采取"谁投资、谁决策审批"的管理制度。地方政府以直接投资或资本金注入方式投资建设的基础设施、公用事业、生态环保等公共项目，属于政府投资项目，按照现行政府投资管理制度规定，无论项目建设规模和投资规模大小，一般由地方政府自行决策审批。在此政府投资管理制度下，尤其是在地方政府投资项目的建设资金不需要申请上级政府投资补助或贴息资金的情况下，地方政府的投资决策审批权力基本不受上级政府的限制。这在很大程度上意味着大量的市县政府投资项目以及相应的市县政府投资总规模并不受上级政府包括省级和中央政府的直接管控和制约，其潜在的问题主要有以下三个方面。

（一）市县政府自行决策审批项目容易导致市县政府财力难以支撑，并进一步滋生政府违法违规融资行为

现行地方政府投资自行决策审批制度安排，虽然有助于调动地方政府特别是市县级政府的投资积极性，但难以有效约束市县级政府特别是党委政府主要领导人的投资"冲动"，很可能直接导致地方政府投资总规模过大，与经济发展阶段不相匹配特别是超出地方综合财力支撑，从而进一步导致地方政府违法违规融资，包括拖欠工程款、要求施工企业垫资承包，以及借政府购买服务、PPP模式和政府投资基金等名义违法违规融资等。

尤其值得关注的是，实行任期制的地方党政主要领导人出于政绩考核甚至个人升迁的需要，难免存在片面追求任期内政绩包括促进GDP增长、扩大投资规模的倾向。显然，市县政府投资决策权限过大为地方党政主要领导人的这种倾向提供了便利。在中央政府直接严控地方政府显性债务规模的压力下，地方政府很有可能进一步将相关公共项目投资、融资责任转交政府融资平台/城投公司承担，甚至还会设法搭建新的政府融资平台公司，从而假借企业融资的名义进一步滋生新的政府隐性债务问题。实际上，近几年地方政府隐性债务主要来源于政府融资平台公司，深层次的原因则是地方政府特别是市县级政府投资决策审批权限过大，自行决策上马大量政府投资项目主要是没有或很少收益的非经营性项目，又缺乏足够的政府财力支撑。

值得注意的是，虽然有关部门反复申明对地方政府债务"不兜底"，但地方政府债务包括隐性债务一旦出现普遍性的不能如期偿还的极端情况，实质上需要中央政府出台相应的救助措施甚至直接为地方政府债务"埋单"，从而给中央财政健康安全运行带来潜在的巨大压力。

（二）市县政府自行决策审批往往导致政府投资项目决策水平不高，进一步影响和制约政府投资效益

政府投资决策是一个复杂的系统性工作，涉及经济、社会和环境等多领域，需要决策审批机关配备多领域的专业人员、拥有较为充分的投资决策信息以及相对充裕的前期研究论证经费支持。总体上看，很多市县政府在这几方面都难以充分保障，从而导致其投资决策科学化水平往往不高。很多地方政府投资项目的决策审批甚至变成了投资审批机关履行程序性的"盖章"通行，而非对项目建设选址、征拆安置补偿、建设规模、主要建设内容、建设标准和投资规模等重大事项作出决策性质的审批或决定。

由于市县级地方政府投资科学决策能力和水平的制约，再加上市县政府行政

管辖范围和管辖权限的限制，市县级政府投资自行决策审批制度安排，容易导致市县级政府投资项目低水平重复建设、分散建设管理以及规模不经济等问题。比如，一些原本需要省级政府甚至国家有关部门统筹投资建设的重大基础设施项目如流域或区域水环境综合治理项目和跨省境、跨市县公路水运交通建设项目等，由于各市县政府都具有相关项目审批权限、各自决策审批项目上马，容易导致各地政府投资不能形成合力且建设进度难以协调统一，从而制约投资效益。又如，城市生活垃圾焚烧发电等项目具有显著的规模经济性，跨市县统筹布局建设垃圾焚烧发电项目往往有助于提高规模经济性和投资效益，但由于项目投资决策审批权限在市县政府层面，实践中往往导致各市县甚至各县市分别投资建设这类项目，从而难以实现规模经济性。

还需引起注意的是，从我国目前所处的工业化、城镇化发展阶段看，公共领域尽管总体上仍然处于投资建设高峰期，潜在的投资需求规模仍然很大，但投资项目谋划和可行性研究论证的难度更大，特别是市场需求、建设地址和工艺技术等则更加难以确定，对各级政府投资决策能力的要求也更高。比如，现阶段供水、污水处理、垃圾处理项目大多数处于乡镇和产业园区，处于主城区特别是中心城区的项目很少，大中型城市则更少，相对而言乡镇和产业园区的项目需求更加不确定，投资决策难度更大。而显然，相比改革开放初期乃至10年前，地方政府尤其是市县级政府投资决策审批能力更难以适应新发展阶段的新形势、新要求，公共领域投资决策失误甚至失败的可能性要比此前大得多，从而不利于从源头上提高政府投资效益。

（三）进一步导致市县级地方政府投资结构不受到上级政府的调控

虽然国家对公共领域投资方向和重点具有明确的政策导向，《政府投资条例》也明确要求政府投资应当主要用于公共基础设施、公用事业、农业农村等公共领域，但由于政府投资审批权限主要掌握在各级地方政府手中，再加上不同地区经济发展水平不同、公共领域短板和弱项也不尽相同，有关部门实际上很难掌控不同地区公共领域的投资方向和重点。

实践中，有的公共领域政府投资项目从市县特别是县区等基层政府的角度看是比较合理可行的，但从更大的区域范围看，很可能又是不合理甚至是不可行的。比如，各县都独自投资建设污水处理和垃圾处理等基础设施项目，受地方专业人才和同类项目经验的制约，项目建设和运营管理工作往往难以实现标准化、规范化，再加上县城的污水和垃圾量相对较小，项目往往难以实现规模经济性，从而影响相关行业领域市场化和产业化发展。又如，很多地方政府投资建设的特色小镇、旅游景区、文化设施、体育场馆和产业园区等项目，站在县级政府层面看可能是有必要建设的，但是站在市级、省级政府层面看很多项目就没有建设的必要甚至属于严重重复的建设。再如，一些在市县级政府看来属于特色优势的资源要素和产业，从省级、国家层面看并不一定具备特色或优势。然而，在现行政府投资管理体制下，这种政府自身投资结构不合理甚至严重重复建设的情况往往难以避免，其导致的结果无疑是降低政府投资效益甚至浪费宝贵而有限的政府投资资金。

二、调整市县级政府投资审批权限的建议

地方政府投资项目虽然属于地方政府的事权范围，应当主要依靠地方政府投资建设，但不意味着地方政府投资项目都必须由地方政府自行决策审批。鉴于地方政府投资审批权限过大导致的问题及其潜在风险，有必要对目前中央和各级地方政府对政府投资项目的审批权限划分进行适度调整和完善，适度上收市县政府部分重大项目的审批权限。

（一）健全地方政府投资项目分级决策审批制度

在维持中央和省级政府在对政府投资项目审批管理权限总体不变的情况下，对市县级政府投资项目的决策审批权限进行适度调整上收。其基本思路是：市县级政府投资项目包括政府和社会资本合作项目，超出一定建设规模和投资规模的，无论是否申请省级和中央政府投资资金，都应当申报省级政府（投资主管部门）审批。具体建设规模或投资规模标准可由各省级政府研究确定，除了适合按照建设规模划分的项目外，建议东部、中部、西部地区可分别按照项目总投资 1 亿元、8000 万元和 5000 万元（不含征地拆迁补偿安置费）的标准划分。其中，跨省级行政区、跨大江大河大湖以及需要跨省级行政区配置资源要素的重大地方政府投资项目，以及属于国家区域发展政策、产业政策和生态环保政策等限制的地方政府投资项目（如地方党政机关楼堂馆所项目），应当由省级政府初审后报中央政府（投资主管部门）审批。进一步强化省级政府的审批职责，对于没有落实建设资金和主要建设条件特别是政府投资资金来源的市县政府投资项目，省级政府不得审批或转报中央政府审批。

依托全国投资项目在线审批监管平台，加大对市县政府投资项目审批行为的监管，有效防范市县级政府超越审批权限审批项目和肢解、拆分审批完整项目从而规避上报上级政府审批。强化责任约束，对于超越审批权限审批或肢解、拆分审批政府投资项目的市县，除了责令改正外，按照《政府投资条例》相关要求，进一步追究市县政府和党委主要领导人以及项目审批机关主要领导人和经办个人的相关责任，如依法予以处分。

（二）加快制定和实施全国统一的政府投资计划

将所有地方政府投资项目，无论是否使用中央政府投资建设资金及其投资使用方式，都纳入全国统一的政府投资计划管理范畴。即使按照上述分级审批制度不需要申报省级政府和中央政府决策审批的市县级政府投资项目，市县地方政府也要通过全国投资项目在线审批监管平台将项目纳入全国统一的政府投资计划中。依据统一的政府投资计划，中央政府投资主管部门要会同有关部门和各省级政府，加强对政府投资总量和结构的分析，从政府投资总量、城乡区域和行业领域分布、建设资金来源和落实情况等方面加强对政府投资项目特别是市县级政府投资项目的监管，从源头上防范地方政府投资项目低水平重复建设、过度超前投资和城乡区域分布不平衡问题，防止地方政府投资项目建设资金不落实特别是超出地方政府财政承受能力等问题。对于超出地方政府财力的政府投资项目、建设资金不落实以及属于低水平重复建设的项目，中央政府投资主管部门要责令省级政府投资主管部门研究制定有针对性的处理办法，包括项目推迟开工建设、重新研究论证、调整建设方案乃至停止建设等。

第六章　全面准确落实《政府投资条例》要求

2017 年 7 月正式施行的《政府投资条例》（以下简称《条例》）是投融资领域特别是政府投资管理法治建设的重大成果。《条例》科学总结了政府投资管理的实践经验，体现了长期以来投融资体制改革的主要成果，是规范政府投资、融资行为的基本依据，是实施政府投资资金管理和政府投资项目管理的基本共识，也为下一步深化政府投资管理体制改革提供了法治保障。《条例》坚持目标导向和问题导向相结合，围绕正确处理政府和市场的关系、加强和改进政府投资管理以及加强公共领域补短板和防范风险四大主题，对政府投资的决策、实施和监督等全过程的关键环节和主要问题进行了有针对性的制度设计，作出了基本规范。

第一节　《政府投资条例》的重大意义和亮点

政府投资是政府履行服务职能和实施宏观调控的重要手段。《条例》明确提出了政府投资的决策、实施和监管等关键环节的重点工作及其要求，既兼顾了政府投资活动的全过程，又着力解决了现阶段政府投资领域的突出问题。《条例》的出台，是继《企业投资项目核准和备案条例》出台后投资领域加强法治建设的又一项重大成果，标志着政府投资及全社会固定资产投资活动进入了依法管理的新时代。

一、《条例》出台的四大意义

政府投资作为一项重要政府职能，既是实施宏观调控、落实国家发展战略的重要手段，也是引导和带动社会资本、扩大有效投资的有力抓手。长期以来，我国政府投资主要依据规范性文件、部门规章以及地方政府相关规定进行管理和监督，不仅难以适应加强政府投资管理、提高政府投资效益尤其是更好发挥政府投资作用的新形势，更不符合政府投资领域加强法治建设、依法行政的新要求，比如法未允许不可为、权力法定、有权必有责等。《条例》贯彻了党中央、国务院关于深化投融资体制改革的决策部署，体现了推进国家治理体系和治理能力现代化的新要求，体现了"放管服"要求，体现了长期以来投融资体制改革的重要成果，是政府投资管理（决策、实施和监督）的基本法，是规范政府投资、融资行为的基本依据。《条例》的出台具有以下四个方面的重大意义。

第一，长期以来我国政府投资管理包括监督和服务工作，主要依据部门规章、规范性文件和地方政府投资管理规定开展，其不仅规范性、约束性较差，而且实践中难免各自为政甚至相互矛盾，缺乏更高层级的法律规范和约束成为其主要制度短板。《条例》的正式施行，结束了我国政府投资管理长期以来权威性不足、指导性不够、约束力不强的局面，从而结束了政府投资管理各自为政、制度规则不统一、不衔接的局面，确立了加强政府投资管理、规范政府投资行为的基本法，提供了基本依据，标志着政府投资进入了依法统一管理的新时代。

第二，《条例》围绕正确处理政府和市场关系、加强基础设施和公共服务等公共领域补短板、加强政府投资管理以及防范政府投资风险特别是地方政府债务风险四大主题进行了有针对性的制度设计，对政府投资决策、政府投资年度计划编制、项目建设实施、监督管理和投资责任约束等关键环节确立了基本规范，从而为更好地发挥政府投资作用，更好地形成政府和市场的合力，提高政府投资效益，助推经济高质量发展提供了法治保障。

第三，《条例》并非"空中楼阁"，更非"另起炉灶"，而是科学总结了长期以来我国政府投资管理的实践经验和行之有效的做法，把经过实践检验、行之有效的投融资体制改革措施和做法以立法的形式固定下来、传承下去，将政府投资管理制度化、规范化、法定化，从而有助于提高政府投资管理水平，更好地发挥政府投资的作用和提高政府投资效益。

第四，《条例》和2016年施行的《企业投资项目核准和备案条例》成为政府对全社会固定资产投资活动进行管理、监督和服务的两大基本法律依据，再加上既有其他相关法律法规，从而健全了全社会固定资产投资领域的"1+1+N"法律法规体系，补齐了政府对全社会投资管理、监督和服务的"制度短板"。

二、《条例》的六大亮点

《条例》明确了政府投资、政府投资边界范围、政府投资方式、政府投资项目等基本概念，提出了政府投资决策审批的主要内容，提出了编制和实施政府投资年度计划的要求，明确了政府投资项目建设实施的条件和要求，提出了依托投资项目在线审批监管平台（在线平台）实施监管的要求，明确了违反《条例》相关规定的法律责任。《条例》主要有以下六大亮点。

（一）坚持问题导向和目标导向相结合

《条例》作为政府投资领域的专门立法，坚持了问题导向和目标导向相结合，在着力解决政府投资领域突出问题、共性问题的基础上，实现规范政府投资行为、加强政府投资管理、提高政府投资效益和更好地发挥政府投资作用等长期目标。

《条例》主要针对长期以来政府投资领域的七大共性问题、突出问题进行了针对性的制度设计：①政府投资与经济发展水平和财政收支状况不匹配，导致地方政府债务负担重的问题；②政府投资边界范围不明确包括"缺位"和"越位"并存，导致有限的政府投资没有重点用在补短板、惠民生的"刀刃上"的问题；③政府部门投资管理职责分工不明确的问题，导致不同部门往往难以形成科学的分工、协同和制衡机制的问题；④政府投资决策机制不健全、不完善，导致政府投资难以充分发挥作用和效益的问题；⑤违法违规举债筹集政府投资资金的问题，导致形成了大量政府隐性债务的问题；⑥政府投资项目管理不规范，导致政府投资项目的"超投资"的问题；⑦政府投资责任约束机制不健全，导致权责不对等甚至无人负责的问题。

（二）正确处理政府和市场的关系

经济体制改革的核心问题是处理好政府和市场的关系。《条例》贯彻了新时期投资建设领域正确处理政府和市场关系的新要求。《条例》明确提出，政府投资不能"越位"，要牢牢把握"有所不为"的边界，更不能与市场主体争利。按照《条例》要求，政府投资要"有所为"，更要做到"有所不为"，要与经济发展水平和财力相匹配，要收缩政府投资边界范围，要把政府投资关进"笼子里"——政府投资主要用于市场机制不能充分有效发挥作用的基础设施和公共服务等公共领域，且以非经营性项目为主，从而为各类市场主体包括民营企业让渡乃至创造了更多、更好的投资机会。

更重要的是，《条例》把政府投资"关进公共领域的笼子里"，从源头上减轻了政府投资的"负担"，防范政府投资"大包大揽"，从而有助于从源头上防范地方政府财政风险特别是债务风险。

（三）贯彻补短板、防风险等高质量发展要求

新时期我国社会主要矛盾已经转化为人民日益增长的美好生活需要和不平衡不充分的发展之间的矛盾。着力解决好发展不平衡不充分问题，必须把提高供给体系质量作为主攻方向。对标新时代基本矛盾和新发展理念，我国现阶段投资需求潜力仍然巨大，尤其是对调整投资方向和优化供给结构提出了更高要求。加强补短板无疑是调整投资方向和优化供给结构的重要抓手，也是现阶段深化供给侧结构性改革的重点任务之一。为此，《条例》明确提出政府投资应当主要投向社会公益服务、公共基础设施、农业农村、生态环境保护、重大科技进步、社会管理、国家安全等公共领域。《条例》还提出建立政府投资范围定期评估调整机制，调整优化政府投资方向和结构，从而更好地发挥政府投资对加强补短板和优化供给结构的作用。

防风险是中央明确提出的三大攻坚任务之一，也是全面建设社会主义现代化和促进高质量发展的必然要求。《条例》强调对防范风险特别是政府财政风险的刚性约束。《条例》为此围绕项目决策和实施的全过程建立了三道"防火墙"：一是在项目可行性研究论证阶段要落实建设资金，并将其作为项目重要的建设条件和要素；二是使用政府资金的项目，无论政府投资项目还是企业投资项目，均要纳入政府投资年度计划并与财政预算相衔接，财政部门要按照预算及时、足额拨付资金；三是政府投资项目在建设实施阶段不得违法违规举借债务筹措政府投资资金，不得由施工企业垫资承包。

（四）理顺政府相关部门的职责分工

《条例》虽然由国务院投资主管部门和司法部门联合组织起草，但履行政府投资资金和项目管理职责的部门并非只有投资主管部门一家。《条例》明确提出国务院投资主管部门履行政府投资综合管理职责，其他有关部门包括财政、审计和行业主管部门等依照《条例》及其他相关法律法规规定履行相应的政府投资管理职责。《条例》对投资主管部门及其他有关部门的项目决策审批、概算审查、编制政府投资年度计划、项目信息共享以及协同监管等主要职责提出了明确要求。按照《条例》及其他有关规定，现阶段投资主管部门的投资综合管理职责主要包括三方面：一是重大改革和制度建设，如研究制定投资项目可行性研究方法、投资决策审批办法和相关工作规则、政府核准的投资项目目录、全国统一的市场准入负面清单、产业结构调整指导目录、利用外资产业指导目录等；二是

编制发展建设规划和政府投资计划，调整优化政府投资总量和结构；三是重大/限额以上投资项目的决策审批或核准。

值得注意的是，《条例》尊重了不同地区对政府投资管理职责分工的做法，没有搞"一刀切"。比如，不同地区甚至不同层级政府投资项目的初步设计和概算审查的部门职责分工并不相同。

（五）规范政府投资和预算的关系

现阶段我国总体上处于公共领域投资高强度的发展阶段，但不同地区经济社会发展水平不同，公共领域潜在的政府投资需求并不相同，地方政府的综合财力也不一样。《条例》明确提出，政府投资应当与经济社会发展水平和财政收支状况相适应，既体现了量力而行又可以积极"有所为"的原则。

《条例》提出，政府投资资金来源于财政预算（包括上级政府投资补助资金和本级政府发债筹集的资金），政府投资年度计划应当和本级财政预算相衔接，从而有效平衡了年度建设预算与经常性预算的冲突，解决了长期以来政府投资需求、投资能力与财力"两张皮"的突出问题和矛盾，有效克服了各地经常出现的政府投资规模过大而投资能力不足、财力无法承受的问题。

（六）坚持统筹兼顾、突出重点

政府投资活动包括政府投资项目管理和政府投资资金管理需要遵从的法律法规很多，如预算法、招标投标法、建筑法、审计法等，也要遵从城乡规划、土地、环保、节能、节水等相关法律法规。《条例》的主要内容和基本要求注重了与其他相关法律法规的有机衔接，做到不重复更不冲突。

《条例》着重对政府投资领域全过程关键环节的共性问题、突出问题建立基本规范，健全责任约束机制，减少自由裁量权，降低人为因素的影响；对一些符合改革方向又难以"一刀切"的问题仅作出原则性规定，体现了"可以做"的立法精神。《条例》是政府投资领域体制机制改革和法治建设的重大阶段性成果，但不同历史时期政府投资的边界范围、政府投资的作用以及政府投资重点也会有所调整，政府投资管理体制改革永远在路上。《条例》既立足当前实际，又为今后政府投资管理制度设计特别是改革创新留下了空间。

第二节 明确政府投资资金的来源

《条例》明确了政府投资的定义和内涵。政府投资是指利用财政预算资金开展的固定资产投资建设活动。政府投资管理的基本要求是按项目管理和按项目安排政府投资资金，政府投资项目要按照《条例》规定履行决策审批、建设实施和监督评价等基本程序和要求。

实践中，不形成或较少形成固定资产的项目以及即使形成固定资产也基本没有诸如建设地点比选、建设方案设计等相对复杂的可行性研究论证工作的项目，可以不算作固定资产投资项目，比如通用办公设备（如商用电脑）或公务车辆购置、小型政府办公楼装修项目等。这类项目即使需要使用财政预算资金，也可以不纳入《条例》管辖，不按项目管理，比如可以不走《条例》规定的政府投资项目决策审批程序，不纳入政府投资年度计划，而直接通过项目主管部门申报列入三年中期财政规划和年度财政预算，并实施政府采购程序而非履行工程招标投标程序。这类项目的具体范围建议各地方可依据《条例》关于加强政府投资管理的立法精神作出具体规定。

从实践看，各级政府财政预算内的投资建设资金，其主要来源包括财政预算内投资、预算内专项税费（如车购税、城市建设维护税、教育费附加等）、预算内专项资金（如文化产业发展专项资金、旅游发展专项资金、城市管网及污水处理补助资金等）、预算内专项建设基金（如铁路建设基金、民航发展基金、国家水利建设基金等）以及国有土地使用权出让收入等，分别纳入政府年度一般公共预算或政府性基金预算中。这就是说，只要是政府财政预算中用于固定资产投资建设的资金以及使用该资金的固定资产投资项目，不管列在一般公共预算还是政府性基金预算中，也无论该投资资金来自上级政府还是本级政府财政预算，都适用于《条例》相关规定。

需要注意的是，由于国有资本经营预算具有特定的目的和用途，相关预算资金一般也不直接用于固定资产投资建设活动（调入一般公共预算的资金除外）并按项目安排资金；社保基金预算资金全部用于社保支出，也与政府投资建设活动无关。此外，国防科技工业领域和"军口"的政府投资资金和项目管理，不直接受《条例》管辖。

还应注意的是，《条例》所称的政府投资资金同样涵盖地方政府通过发债包括发行政府一般债和专项债筹集的资金，因而一般债和专项债资金管理以及使用一般债和专项债资金的项目管理，都应当适用《条例》的相关规定。比如，政府专项债资金作为部分项目资本金的项目，属于政府投资项目，应当履行项目决策审批手续；又如，使用政府专项债资金的项目应当纳入政府投资年度计划并与其他使用政府投资资金的项目进行综合平衡。

实践中，各级政府（包括中央政府）的投资资金处于不同部门分散管理和分散使用的状况，并非全部由投资主管部门集中统一管理和安排项目，其他各部门也管理了大量的政府投资资金并安排使用这些资金的项目。客观上，不同部门对政府投资资金管理和安排项目的做法与投资主管部门并不完全相同，有的甚至相差很大。有的部门管理的政府投资资金，在投向选择和项目安排上缺乏必要的可行性研究论证和科学决策程序，甚至项目单位凭借简单的项目资金申请表就可以"领走"几百万元、几千万元甚至更多的资金。《条例》针对上述突出问题进行了专门规范，把不同财政预算来源渠道的政府投资资金全部依法纳入管辖范围，并适用于相对统一的管理制度规则，从而在很大程度上结束了长期以来政府投资管理的部门分割、各自为政尤其是管理制度规则不统一的局面，弥补了政府投资管理的"制度短板"。

第三节　明确政府投资的边界范围

《条例》坚持问题导向，围绕投资领域正确处理政府与市场关系的主题，针对长期以来政府投资经常出现的"缺位"特别是"越位"和"挤出"社会资本投资的突出问题，强调政府投资要坚持"有所为"，尤其是要做到"有所不为"，不能"大包大揽"。《条例》明确界定了政府投资的边界范围，并以正面清单的方式明确提出政府投资主要用于市场不能有效配置资源的基础设施和公共服务等公共领域，主要包括社会公益服务、公共基础设施、农业农村、生态环境保护、重大科技进步、社会管理、国家安全等，且应当以非经营性项目为主。这就是说，正面清单以外的非公共领域的项目（主要是产业项目），原则上政府投资不得进入；而公共领域除非经营性项目以外的经营性项目和准经营性项目，原则上各级政府也要少投资甚至不投资，从而在很大程度上把政府投资关进了弥补市场失灵的"笼子里"。这同时意味着，按照《条例》的要求，公共领域的经营性项目和准经营性项目，将以吸引社会资本投资包括民间投资为主。这无疑从源头上为社会资本提供或让渡了更多更好的公共领域的投资机会，反过来也有助于从源头上降低各级政府的投资"负担"。

现阶段，我国社会资本参与公共领域的投融资模式主要包括政府和社会资本合作模式和企业自主投资（私有化）模式。这两种模式也代表了未来公共领域投融资模式市场化改革的重点方向。2021 年我国人均 GDP 刚刚跨入 1.2 万美元的门槛，常住人口城镇化率刚刚跨过 64% 的门槛，与发达经济体仍然存在很大差距。"十四五"时期，我国公共领域总体上仍处于高投资强度的发展阶段，潜在投资需求特别是相对落后地区的投资需求仍然很大。把政府投资关进公共领域正面清单的"笼子里"后，在很大程度上也倒逼地方政府进行公共领域投融资机制创新。

基础设施等公共领域如何通过商业模式创新、实施价格/收费机制改革以及必要的综合开发投资模式（如产业园区综合开发模式、特色小镇投资开发模式、生态环境导向 EOD 模式、交通导向 TOD 模式等），健全项目投资回报机制，使长期以来主要依靠政府投资的非经营性项目变成对社会资本包括民间资本具有吸引力的经营性项目，从而既降低对政府投资的过度依赖，又有效调动各类社会资本包括民间资本和金融资本的投资积极性，是《条例》正式施行后各级地方政府都需要认真研究回答的一个重要课题。

第四节　明确政府投资项目概念和内涵

《条例》的管辖对象包括政府投资资金和政府投资项目。《条例》提出，政府采取直接投资和资本金注入方式投资建设的项目属于政府投资项目，其中政府直接投资方式主要用于没有或很少经营性收入的非经营性项目，政府资本金注入方式适用于确实有必要政府投资的经营性项目。所谓的经营性收入是指项目建设和运营过程中向项目受益者或使用者直接收取的收入，不包括项目建设和运营过程中产生的政府性基金收入（如国有土地使用权出让或出租收入），也不包括项目运营中产生的专款专用性质的事业性收费收入（如公立医院的门诊和医疗收费收入、公办学校的学费收入等），当然更不包括项目单位获得的各级政府补助、补贴或奖补收入。

实践中，有无经营性收入及其收入水平是划分公共领域经营性项目和非经营性项目的基本依据。当然经营性项目和非经营性项目的划分并非绝对不变，如果实施商业模式创新，传统上的非经营性项目有可能变成有一定甚至较好经营性收入的经营性项目，比如公共厕所项目通过做广告有可能变成对社会资本具有吸引力的经营性项目；反过来，如果取消价格或收费机制，经营性项目也有可能变成非经营性项目，如曾经收费的公路项目取消收费权后就变成了非经营性项目。

政府投资资金必须依法按照项目安排，资金跟着项目走，使用政府投资资金的项目无论政府投资项目还是企业投资项目均应当先申报纳入政府投资年度计划。如果政府先注资设立一个投融资平台公司或城投公司等国有企业，国有企业再依托这部分政府注资投资建设某个项目，则该项目应当依法属于企业投资项目而非政府投资项目；如果某个国有企业作为项目法人投资建设一个项目，且政府再通过直接投资或资本金注入方式向该项目安排政府投资资金，则该项目的实际投资主体或出资人是政府而非作为项目法人的国有企业，该项目依法属于政府投资项目，履行政府投资资金和项目管理制度相关要求。

按照《条例》对政府投资项目的定义，政府投资占股的 PPP 项目实际上是政府投资资本金注入项目，故应当按照政府投资项目管理，适用于《条例》相关规定要求，包括投资主管部门或其他部门要审批项目建议书及可行性研究报告、初步设计和核定概算投资，项目所需的政府投资资金要事先申报纳入政府投资年度计划，按政府投资项目规定调整投资概算，以及依托"全国投资项目在线审批监管平台"（以下简称"在线平台"）上报项目基本信息，等等。值得注意的是，政府没有投资占股但通过投资补助或贷款贴息方式使用政府投资资金的 PPP 项目，尽管不属于政府投资项目，但使用了政府投资资金，也适用于《条例》的相关规定，比如，需要申报项目资金申请报告，所需的政府投资补助或贷款贴息资金也需要申报纳入政府投资年度计划，同时财政部门要及时、足额地向 PPP 项目公司拨付投资补助或贷款贴息资金。

实践中，政府不投资占股的 PPP 项目，按照《条例》规定，虽然不属于政府投资项目，但这类项目的建设地点、建设规模、主要建设内容和建设标准以及投资规模等重大事项均需要由政府确定或认可，社会资本方无权自主决定。按照"实质大于形式"的原则，特别是考虑到 PPP 项目如果不能得到社会资本方的认可或没有社会资本方愿意投资，还得回过来由政府投资建设（政府直接投资或资本金注入），建议这类项目可先视同政府投资项目，由投资主管部门审批项目可行性研究报告甚至项目初步设计和投资概算，再由 PPP 项目实施机构开展项目实施方案编制、社会资本方招标采购和 PPP 合同签署等后续工作。

还需注意的是，针对长期以来公共领域政企投资责任和风险不分、责权利关系不清的问题，《条例》对政府投资项目的决策审批行为进行了专门约束。地方政府所属融资平台公司/城投公司等国有企业投资建设的基础设施或公共服务项目，如果在建设阶段没有使用政府投资资金或只是通过投资补助或贷款贴息方式使用了政府投资资金，按《条例》规定则不属于政府投资项目，应按照《企业投资项目核准和备案条例》规定实行核准制或备案制，而非决策审批。按照权力法定的原则，对于这样的国有企业投资项目，即使该项目属于非经营性项目，即使企业出于科学决策需要也有必要编制可行性研究报告和初步设计与投资概算，投资主管部门或其他审批机关也无权审批其项目建议书、可行性研究报告以及初步设计和投资概算，否则属于审批机关自己"违法"审批项目。总之，政府审批机关是否有权审批某个项目，不是看项目是否属于经营性项目或非经营性项目，而是取决于由谁作为投资主体、是否属于政府投资项目。

第五节　完善政府投资决策审批机制

一、健全政府投资项目的决策机制

《条例》并非建立在"空中楼阁"上，也没有"另起炉灶"，而是总结了长期以来实施政府投资科学决策的好经验、好办法，并以立法的方式使之传承下去。《条例》强调要对政府投资项目进行深入的可行性研究论证，明确提出了项目建议书、可行性研究报告、初步设计和概算审查等政府投资项目投资决策阶段的工作程序，以及相应的编（研究编制项目建议书、可行性研究报告和初步设计）、报（项目立项、可研和初步设计与投资概算申报）、评（咨询评估）、批（项目审批部门审查和决策审批）等工作的主要内容和要求。《条例》还提出，重大政府投资项目要引入第三方咨询评估和专家评审、专家评议等科学决策机制。

针对长期以来政府投资项目建设资金不落实的问题，《条例》提出审批部门在审批项目可行性研究报告时要重点审查项目建设资金的落实情况。这有利于抑制地方政府的投资冲动和防范"拍脑袋工程"，有助于贯彻《条例》提出的政府投资与财政收支状况相匹配的原则要求，特别是有助于从政府投资项目的源头上即投资决策审批环节防范政府财政风险。

针对政府投资项目在初步设计阶段经常出现的超建设规模、增加主要建设内容、超建设标准等项目单位不规范甚至随意行为所导致的超投资等突出问题，《条例》还提出，初步设计提出的投资概算超过项目可行性研究批复的投资估算10%的，项目单位应当向投资主管部门或其他审批部门报告。这在很大程度上有助于约束项目单位不规范甚至随意的行为，从而有助于提高投资决策的科学化水平。

《条例》体现了投融资体制改革包括政府投资决策机制改革创新的重要成果。但政府投资管理包括投资决策机制的改革和创新永远在路上，《条例》也为进一步健全政府投资决策机制、提高科学决策水平预留了改革创新的空间。实践中，政府投资决策机制确实还有一些问题需要进一步研究和探索。

比如，在国家、省、市、县等不同层级政府之间如何科学合理划分政府投资项目的审批权限，实践中，县级政府自主决策审批本级投资总额数亿元甚至十多亿元以上的重大政府投资项目，从投资决策能力和经验等方面恐难以胜任，因而有必要作出适当限制其审批期限或明确规定一定限额以上的项目应当申报上级政府审批。

又如，政府投资项目在可研报告中如何证明落实了建设资金尤其是政府投资资金（不是要求政府投资资金在可研阶段到位），从而从源头上建立约束机制，切实保障政府投资项目落实建设资金而非形式上"走过场"。

再如，公共领域投资项目是否有必要在项目可研报告中研究论证政府投资的必要性，以及比选适合的政府投资方式包括引入 PPP 模式的必要性和可行性等内容，而非"默认"项目由政府投资并采取公建公营模式。

最后，为提高政府投资决策水平，优化项目建设方案，识别和防范潜在社会风险，是否有必要开展重大项目的投资决策听证会等。此外，项目投资决策中如何减少地方主要党政领导人的干扰（实践中主要领导人的一句话就很可能改变项目建设方案甚至把项目从可行性研究变成可批性研究），如何建立健全审批工作制度规则、规范政府审批部门自身的审批行为，以及如何提高政府投资决策审批工作透明度并减少自由裁量权，均有待于研究探索。

二、简化政府投资项目决策审批程序

一级政府就算是县级政府每年都要建设实施很多政府投资项目。不同政府投资项目的投资总额相差很大，小到几百万元、大到几百亿元都有可能，而且在建设地点、建设规模、主要建设内容以及技术条件等方面也相差很大。如果全部政府投资项目不分投资规模大小、部分技术条件等情况，都"一刀切"地实施同样的申报和审批程序和要求，难免会"浪费"人力、财力、物力，而且也不一定合理。比如，总投资只有几十万元、几百万元的小项目，前期工作如果完全履行项目建议书、可研报告和初步设计的编制、申报、评估、审批等程序的话，全部投资资金用于这些前期工作的费用可能都不够。

《条例》贯彻落实了中央关于政府投资领域深化"放管服"改革的要求，根据项目建设性质、建设规模、技术条件和投资总额等因素，提出可适度简化政府投资项目的申报和审批等前期工作程序。比如，相关规划中已经明确的项目（主要是指经济社会发展规划、重点专项规划和区域规划），建设内容单一、投资规模较小、技术方案简单的项目，以及应急救灾抢险等项目，可以在项目建议书批复后直接做初步设计，或者项目可研报告代项目建议书，甚至还可以是项目建议书、可研报告和初步设计"三合一"。

值得注意的是，简化一些投资额较小、技术条件较简单的政府投资项目前期报批和审批工作程序，并不意味着减少项目可行性研究论证主要内容和降低相关研究论证要求，项目建议书、可研报告或初步设计的研究深度仍然应当实质性满足项目科学决策的基本要求。比如，项目建设的必要性依然要深入论证，建设地点也要进行比选，建设规模也要合理论证，项目建设资金等建设条件依然要落实。

考虑到不同层级政府、不同区域政府、不同经济发展水平地区的政府投资总额和项目数量相差很大，政府投资方向和重点也不一样，政府投资管理人员和管理能力也可能相差很大，《条例》对简化项目申报和审批程序只是提出原则要求，并没有实行"一刀切"，而是体现了"可以做"的立法原则。实践中，各级地方政府及其有关部门可以按照《条例》的原则要求，探索本地区政府投资项目简化报批和审批程序的方式方法，包括区分不同行业领域、建设规模、技术条件、投资限额的项目。

第六节　强化项目概算对投资控制的约束作用

政府投资资金来源政府财政预算，而非项目单位。理论上，政府投资行为对项目单位而言主要有两种：一是属于"花别人的钱给自己办事"，如政府办公楼项目建设；二是"花别人的钱给别人办事"，如市政道路项目建设。但无论哪种，其内在的投资控制与约束机制都是比较差的，这也是政府投资项目与企业投资项目的重大差别之一。"超投资""超概算"是我国政府投资项目长期存在的一个共性问题和突出问题，也是一个世界性的难题。然而，政府投资项目"超投资"问题本身只是一个表象，背后实际上与有关部门特别是项目单位不规范的投资行为直接相关，如项目单位擅自扩大建设规模、增加主要建设内容、提高建设标准等。如果这些不规范的投资行为不制止，政府投资项目"超投资"的问题很难从根本上解决。《条例》为此进行了针对性的制度设计。

《条例》提出，把政府投资项目的概算投资作为控制项目总投资的"牛鼻子"以及纳入政府投资年度计划和安排政府投资资金的重要依据。其一，如前所述，在项目投资决策阶段，项目概算投资如果超过可研报告审批时批准的投资估算10%以上，项目单位要报告项目审批部门。项目审批部门再根据超投资的具体情况和原因确定该项目是否需要重新申报和审批项目可研报告。其二，未经审查或未按照规定程序调整的项目投资概算不得纳入政府投资年度计划，更不得安排政府投资资金和按照预算及时、足额拨付资金。其三，明确了项目投资概算调整的基本要求，在项目建设实施过程中，除非出现重大地质条件变化、价格上涨和国家政策法规调整等情况，投资概算不得调整。这意味着，项目建设规模、主要建设内容和建设标准等调整或变化，不属于项目建设实施阶段项目设计变更和投资概算调整的理由。这三方面针对性的制度设计，实际上是以立法形式确立了经审查或调整的政府投资项目概算投资的"法定"地位，有助于规范政府投资项目的过程管理，特别是有助于防范政府投资项目建设实施过程中经常出现的超规模、超标准和超投资等突出问题。

第七节　编制和实施政府投资年度计划

政府投资年度计划实际上是政府本年度用于开展固定资产投资活动的"建设预算"或资本预算。编制和实施政府投资计划是2016年《中共中央国务院关于深化投融资体制改革的意见》（中发18号文）中明确提出的要求，也是新时代加强政府投资管理和更好发挥政府投资作用的必然要求。政府投资年度计划是将投资建设资金尤其是政府投资资金按年度落实到项目的基本方式，是投资建设资金和投资项目全流程管理的关键抓手。政府投资资金来源于财政预算安排，政府投资年度计划也是统筹安排年度政府投资资金与项目以及衔接本级年度财政预算的"枢纽"，纳入政府投资年度计划意味着项目建设所需的政府投资资金既有"粮票"也有"粮食"。

编制和实施政府投资年度计划的主要目的是在时序、空间上统筹安排政府投资资金和政府投资项目以及使用政府投资资金的企业投资项目，从而进一步落实《条例》提出的"政府投资要与经济社会发展水平和财政收支状况相适应"的原则要求，实现政府投资资金和财政预算之间的年度衔接与平衡，同时便于财政部门及时、足额拨付项目本年度所需的政府投资资金。编制和实施政府投资年度计划无疑具有重要意义，有助于从总量上以及行业领域和区域布局等结构上调整优化政府投资的投向，使有限的政府投资资金真正用于补短板、强弱项、惠民生等关键领域和薄弱环节，用于更需要政府投资支持的相对落后地区和农村地区，从而更好地发挥政府投资对优化供给结构的重要作用。

按照《条例》规定，政府投资年度计划应当明确所有使用政府投资资金的项目名称、建设内容及规模、建设工期、项目总投资、年度投资额及资金来源等事项，包括政府投资项目和企业投资项目，包括在建项目和本年度新开工项目。原则上，项目可研报告或初步设计和概算获得了审批部门批准并预期本年度开工建设的政府投资项目，以及项目资金申请报告获得批准并获得核准或备案证明的企业投资项目，都应当先申报纳入政府投资年度计划。编制和实施政府投资年度计划的大致流程是：使用政府投资的项目单位或通过项目主管部门向投资主管部门（或其他掌握政府投资的部门）申报纳入政府投资年度计划，投资主管部门按照区别轻重缓急和"先保在建项目后考虑新开工项目、先安排重大项目在考虑一般项目"的原则对各项目进行汇总和综合平衡；政府投资年度计划（草案）编制后，送至财政部门与本级财政预算进行衔接，根据财政收支状况适度增减部分项目，财政部门将各项目建设资金纳入年度预算（草案）包括一般公共预算（草案）或政府性基金预算（草案）；提交同级人民代表大会审议并同时征求政协委员意见和建议；人民代表大会审议批准年度财政预算和年度政府投资计划后，投资主管部门向项目单位或项目主管部门下达年度投资计划，财政部门同时下达年度财政预算并及时、足额拨付政府投资资金。每年人民代表大会政协"两会"结束后，对于确有必要新增安排政府投资资金的政府投资项目或企业投资项目，先申报纳入政府投资年度计划，再纳入年度财政预算调整方案并报人大常委会审查批准，经批准后再分别下达年度政府投资计划和调整后的年度财政预算。

值得注意的是，目前政府投资资金仍然处于不同部门分散管理和分散安排使用的状况，比如中央政府层面除作为国务院投资主管部门的国家发展改革委管理中央预算内投资（2021 年、2022 年规模分别为 6100 亿元、6400 亿元）外，其他部门也或多或少地管理政府投资资金（名称诸如××专项发展资金、××专项建设基金等）。实践中，是一级政府（包括中央政府和省、市县各级政府）编制一份集中统一的政府投资年度计划，还是各个管理政府投资资金的部门都编制各自的政府投资年度计划，这是下一步深化政府投资管理体制改革需要重点回答的一个问题。毫无疑问，一级政府（投资主管部门）编制一份集中统一的政府投资年度计划，具有重要意义：其一，无疑有助于最大限度地在总量上、行业结构上和区域布局上调整优化配置政府投资，把有限的政府投资真正用于补短板、强弱项和惠民生的"刀刃上"；其二，有助于防止不同部门管理的政府投资资金出现重复配置和在不同行业领域"苦乐不均"的配置问题，从而提高政府投资效益；其三，当然也有助于打破既有部门利益，防止有的政府部门为了花完本部门管理的政府投资资金而"拼命"安排项目甚至不惜重复建设乃至损失浪费政府投资资金。实践中，编制一份集中统一的政府投资计划，意味着要打破既有政府投资资金管理的部门利益格局，有一定的难度，也确实难免其他部门不赞同甚至反对。建议一个折中的办法是，各部门根据各自管理的政府投资资金总量，编制各自的政府投资年度计划，再报送投资主管部门汇总和综合平衡；投资主管部门综合平衡的工作重点是剔除重复配置政府投资资金的项目和统筹部分政府投资资金用于急需建设实施的补短板、强弱项、惠民生等项目；按照"资金跟着项目走"的原则，经过综合平衡后的政府投资计划再交由各部门组织实施各自的政府投资年度计划。

第八节　强化全过程的政府债务风险防控

防风险是中央提出现阶段的主要攻坚任务之一，事关全面建设社会主义现代化目标任务实现，事关经济社会高质量发展。防范化解地方政府债务风险特别是隐性债务风险又是防风险工作的重点之一。《条例》把政府投资领域防风险特别是防范政府债务风险作为一个重要的立法主题。

《条例》对规范政府投资项目的投资行为进行了专门的制度设计，设置了涵盖政府投资项目实施全过程的防范政府债务风险、禁止违法违规融资的针对性措施或"防火墙"，主要包括四个方面：第一，政府投资要坚持"有所不为"，主要用于公共领域尤其是以非经营性项目为主，从而从源头上收缩政府投资边界范围，降低政府投资压力；第二，明确要求在政府投资项目的投资决策阶段落实建设资金，把建设资金的落实情况作为项目可行性研究论证和审查的重要建设条件之一；第三，制定和实施政府投资年度计划并与财政预算相衔接，财政部门要按照预算及时、足额拨付政府投资资金；第四，政府及其有关部门不得违法违规举借债务筹措政府投资资金，没有落实建设资金的政府投资项目不得开工建设，政府投资项目不得由施工单位垫资建设，等等。

　　这四道"防火墙"无疑有助于从源头上为地方政府投资"减负"并防控地方政府财政风险特别是政府隐性债务风险。如果贯彻落实《条例》以及其他相关法律法规的要求，政府投资项目根本"不差钱"，不存在需要违规融资的问题，也没必要再由政府投融资平台公司承担政府的融资职能。由此也可判断，政府投资项目由投融资平台公司融资代建模式和由建筑施工企业垫资承包（F＋EPC）模式均属于违法违规融资行为，政府投资项目的"总承包＋运营"（EPC＋O）模式或建设运营一体化模式也不应该由 EPC 企业承担建设期的融资责任。此外，政府投资项目也没有必要拖欠工程款或在项目竣工后再分期支付工程款，否则不仅直接违背《条例》提出的"不得由施工企业垫资"的规定，拖欠的款项也直接形成了政府隐性债务。

　　《条例》正式施行后，政府及其有关部门与投融资平台公司、城投公司等国有企业的责权利关系在法律上无疑更加明确——政府与国有企业属于投资与被投资的关系，政府以其对国有企业的出资额为限承担有限责任。因而，投融资平台公司等长期承担政府非经营性项目融资职能的国有企业要加快推进市场化转型，剥离政府非经营性项目的融资职能，国有企业投资项目筹借的债务资金依法不属于政府债务。

　　《条例》出台，标志着地方政府所属的投融资平台公司、城投公司等国有企业投资项目的投融资责任和相应的融资风险在法律上应当由企业自行承担，与政府及其有关部门无关，政府及其有关部门只以对国有企业（投资项目）的出资额为限承担有限责任。值得注意的是，政府投资资本金注入项目除政府投资或其他投资人注入的项目资本金外，项目法人无论其属于政府独资、参股或控股的企业，也无论政府（出资人代表）是否拥有项目管理权和控制权，均可以依法筹集银行贷款或企业债券等债务性资金。但是，这部分债务性资金属于项目法人自身的债务，依法不直接构成政府债务（政府专项债券资金转贷项目法人的情形除外），也不得形成政府隐性债务，应当由项目法人自行承担偿还责任。当然，政府有关部门可以通过提供运营补贴、完善价格/收费机制等方式提高项目的偿债能力。

第九节　强化政府投资的协同监管和责任约束

政府投资监管是长期以来政府投资管理中的短板。加强政府投资的监管，规范政府投资行为，建立投资责任约束机制，是深化放管服改革的重点内容，是政府投资领域加强法治建设的必然要求，也是提高政府投资效益的必由之路。

一、依托在线平台实施动态协同监管

投资项目代码制度是各级政府对全社会固定资产投资活动进行管理、监督和服务的一项基本制度。非涉密固定资产投资项目用好项目代码、依据项目代码办理相关前期工作手续并及时报送项目开工建设、建设进度、竣工的基本信息，是《条例》提出的项目单位的法定义务。《条例》还提出了各有关部门信息互联互通的要求，发挥在线平台的作用，实现各有关部门之间的信息共享。这无疑有助于投资主管部门及其他有关部门对政府投资项目实施动态监管和协同监管，从而有助于规范政府投资行为、协同协调配置相关资源要素和提高政府投资效益。

考虑到 2016 年出台的《企业投资项目核准和备案条例》中已经明确提出，实行核准制和备案制管理的企业投资项目也要纳入在线平台管理并上报相关基本信息。《条例》正式施行，意味着投资主管部门通过在线平台可实现对全社会固定资产投资项目的动态监管，了解全社会固定资产投资的总量运行、行业结构、所有制构成以及区域布局和城乡分布等情况，了解拟建、在建项目和竣工项目投资总量和结构情况，从而有助于提高投资宏观调控的针对性和时效性，有利于调整优化投资结构，发挥投资对优化供给结构的关键作用。

二、建立政府投资的责任约束机制

《条例》不仅践行了"权力法定"的法治精神，而且贯彻了"有权必有责"

的立法原则。《条例》从政府投资决策、建设实施和监督等全过程的主要环节规范了政府有关部门和项目单位的投资、融资行为，并相应地建立了对违法违规的政府投资、融资行为的处罚机制。《条例》贯彻了"有权必有责"和"违法必究"的原则要求，坚持问题导向，针对实践中政府投资决策、政府投资资金和项目管理中存在的主要问题，建立健全了相应的责任约束机制，其不仅针对项目单位，也针对行使政府投资资金和项目管理相关权力的投资主管部门及其他有关部门，特别是还针对负责任的领导人员和主要责任人进行处分甚至追究法律责任。

特别是，《条例》以正面清单的方式，列出了有关政府部门和项目单位在政府投资资金和项目管理中的主要违法违规行为或情形，具有较强的可操作性。比如，对不符合规定的政府投资项目予以批准，未按照规定核定或者调整政府投资项目的投资概算，政府及其有关部门违法违规举借债务筹措政府投资资金，未按照规定及时、足额办理政府投资资金拨付，转移、侵占、挪用政府投资资金，未经批准变更政府投资项目的建设地点或者对建设规模、建设内容等做出较大变更，擅自增加投资概算，要求施工单位对政府投资项目垫资建设，等等。

如果说此前不规范的政府投资、融资行为只是违背了有关部门规章、规范性文件或者地方性管理规定的话，《条例》出台后这些行为就属于违法了，要依法接受相关处分甚至承担相应的法律责任。所以，《条例》的出台有助于约束有关部门和项目单位及其有关个人的行为，从而进一步规范政府投资决策，加强政府投资资金和项目管理。

第七章　进一步完善投资项目资本金制度

投资项目资本金制度是我国固定资产投资管理中的一项基本制度。基础设施和公共服务等公共领域大多属于资本密集型行业，需要具有较强投融资能力的金融资本参与，但金融资本缺乏专业技术能力、运营管理能力，特别是识别和管控项目各类风险的能力，难以开展真正意义上的股权投资，投资项目资本金制度可据此做出适当调整，从而调动金融资本参与公共领域投资的积极性。政府和社会资本合作（PPP）项目并不是永续公司，只是负有阶段性使命和有限权利的特殊目的载体（SPV），其治理机制与一般公司制企业有所区别，在确保项目安全稳定运营特别是防范金融风险的前提下，PPP项目资本金在项目建成运营一定时期后建议可适度允许有序退出。准确把握项目资本金作为项目投资的"本钱"和银行贷款等普通债务的"安全垫"的实质要求，审慎开展项目资本金的穿透监管。

第一节　遵循投融资活动中收益与风险相匹配的基本逻辑

投资项目资本金制度是我国固定资产投资管理的一项基本制度。产业资本和金融资本的专业能力和投融资能力不同，对投资收益的偏好不同，对投资风险的管控和承受能力也不同。项目资本金制度改革要遵循投资收益与风险匹配的基本逻辑，允许和支持产业资本和金融资本对项目收益、风险和相关权益进行结构化设计，从而调动产业资本特别是金融资本的积极性，发挥二者的合力，更好地助推项目投融资落地。

一、固定资产投资活动需要提高金融资本的参与积极性

投融资活动本质上是一种资产配置的活动，即投资者投资持有标的资产并获得相应的回报。投资回报要与投资风险相匹配是投融资活动的一条基本逻辑，无论是固定资产投资活动还是金融投资活动，也无论是股权投资、债权投资还是处于二者之间的夹层投资。在投融资活动中，投资者承担的投资风险越高，要求或期望的投资回报也就越高；反之，投资风险越低，投资者要求或可接受的投资回报应当相应地降低。就固定资产投融资活动而言，由于不同投资者对投资回报和投资风险的偏好不同，获取投资回报的能力和获取方式不同，识别、管控和承担投资风险的能力也不同，投资项目资本金制度设计要遵循这一基本认识。还有一个需要遵循的基本认识是，很多投资者，尤其是社保、保险、主权财富基金等机构投资者基本属于低风险偏好或稳健型的投资者，商业模式和监管政策都不允许其承担太多的投资风险，又希望获得比银行贷款和企业债券更高一点的投资收益。因而在实践中，研究确定具体投资项目的资本金比例、筹集来源和方式，要充分考虑不同投资者的风险偏好以及风险防控能力和风险承担能力的差异，充分考虑不同投资者对投资收益的合理诉求。

基础设施和公共服务等公共领域投资项目建设资金筹集无疑是现阶段乃至长期以来的一大难题，尤其是公共领域投资项目，包括很多 PPP 项目，普遍面临项目资本金筹集难的困境。实际上，建设资金筹集难也成为 2018 年以来我国基础设施领域投资增速大幅度下滑的主要原因（2018 年和 2019 年基础设施投资增速均只有 3.8%，大大低于 2017 年）。如果项目资本金都难以及时、足额筹集到位，项目的债务融资落地和顺利建设实施显然是无从谈起的。实践中，大量 PPP 项目即使是政府和社会资本方签约了甚至项目公司都成立了，债务融资也难以落地，实际上与项目资本金难以筹集到位有很大关系。作为项目投资人的专业化的社会资本方即产业资本，理所当然要承担项目资本金筹集的主要责任以及相应的风险，但产业资本的投资和融资能力相对有限（即使是央企也一样）。因而，在项目资本金制度设计层面，如何促进项目投资主体多元化，特别是如何调动低风险偏好或稳健型金融资本的投资积极性，吸引更多的金融资本特别是长期机构资金参与公共领域项目投资，"帮助"专业化的产业资本筹集部分甚至大部分项目资本金，显然是非常重要的。

二、专业能力差异决定了产业资本与金融资本没必要"同股同权"

各类基础设施投资基金、资产管理计划、信托投资以及权益型公募 REITs 等金融资本无疑是公共领域重要的投资参与者，其相对较强的投融资能力无疑有助于产业资本筹集项目资本金。然而，金融资本作为缺乏项目专业能力（包括专业技术能力、建设和运营管理能力等）的投资者，不熟悉项目的商业模式和投资回报机制，识别项目主要风险因素、评判风险因素影响和管控风险的能力经验不足，是其天然劣势和短板。毕竟，国内目前具备较强主动管理能力的金融资本，如产业投资基金管理机构实在是少之又少，即使通过努力在某个基础设施或公共服务行业领域具备了一定的专业能力或主动管理能力的金融资本，换到其他行业领域又很可能变成了"外行"。即使放眼全世界，如麦格理和黑石这类具备较强专业能力的金融资本也太少。实际上，就算是某个基础设施行业领域具备较强专业能力和项目经验的产业资本，也同样存在"隔行如隔山"的专业化问题，更何况不可能雇佣大量基础设施工程、技术、管理等专业人才的金融资本。实际上，金融资本也不可能依靠雇佣几个专业人才在短期内就变成了专业能力较强的产业资本，这需要长期的积累特别是项目经验的总结。

实践中，金融资本对公共领域项目投资的最好定位还是"财务投资人"而非战略投资者，开展严格意义上的股权投资（持有普通股权）并不容易，与具备较强专业能力和项目经验的产业资本一样"风险共担"和"同股同权"，实际上很难做到，尤其是在项目建设期和运营初期（这个时期属于项目工程、技术、市场、运营等风险最大的时期，堪称项目全生命周期的"死亡谷"，大量不成功甚至失败的项目包括 PPP 项目也主要"倒在"这个时期）。因而，同样作为项目投资人（股东）并出具项目资本金，金融资本与产业资本客观上要对项目投资收益进行一定程度的结构化设计，对项目各类投资风险进行合理分担，甚至很可能需要作为项目实际控制人的产业资本实施明股实债、差额收益补足、流动性支持乃至远期股权或投资本金回购等安排。

更进一步地说，金融资本定位为公共领域投资项目的财务投资人而非战略投资者，不像产业资本一样谋求拥有项目的管理和控制权，对产业资本和金融资本双方而言，都是较为合理和可接受的选择，在很大程度上实现了二者的优势互补以及风险共担和利益共享。完全意义上按照项目资本金出资比例谋求"同股同权"，实践中不仅很难实现，而且完全没有必要，否则只会降低产业投资基金、资产管理计划等金融资本的投资积极性，从而增加公共领域项目资本金乃至整个投资建设资金的筹集难度。反之，对产业资本也未必是最可接受的，"财大气粗"又缺乏专业能力和项目经验的金融资本与产业资本"同股同权"，即使实质上拥有了项目的管理和控制权，也很可能没有实质意义，甚至很可能导致项目建设和运营过程中出现"外行指挥内行"的结果，反而不利于项目投资建设、管理、运营以及长期可持续发展。还需注意的是，完全意义上的"同股同权"无疑相应地增加了金融资本的投资风险，按照投资回报与风险相匹配的基本逻辑，金融资本无疑需要适度地提高投资回报水平（即所谓的风险溢价），从而对冲其承担的投资风险。这反过来其实也会增加公共领域项目的综合成本，并最终增加地方政府或使用者的负担。

三、金融资本与产业资本绝对意义上的"同股同权"其实并不公平

绝对意义上的"同股同权"对金融资本而言，看起来是合情合理的，实质在某种程度上是欠公平的。产业资本在获得应有的项目投资收益的同时，一般会有产业链和供应链的相关收益。如建筑施工企业作为项目投资人还可获得项目施工承包权并获取施工利润，设备供应商还可以获得设备供应的收益和相应的利润，运营商通过运营管理项目有可能实现其所有同类项目的集约化管理和规模化采购，从而降低其总体管理成本和采购成本。更进一步地说，有的产业资本如建筑施工企业投资公共领域项目的最终目的很可能不是为了获得项目本身的投资收益，而是为了主业——建筑施工业务的发展并获取工程施工利润，故实践中建筑施工企业很可能不注重项目的投资收益，有可能把投资收益压得很低甚至不赚钱。而与此相对应的是，金融资本除了保险类机构有可能获得项目相关的保险业务外，一般不存在这类产业链、供应链的相关收益，这对金融资本而言显然貌似合理，实则不公平。

总之，项目资本金制度设计要贯彻建立投资风险约束机制和有效防范金融风险的基本要求，这也是项目资本金制度设计应有的"初心"和落脚点；同时，要顺应公共领域投融资模式市场化改革的大趋势，顺应不同专业能力和风险承担能力的投资者参与项目投资的不同利益诉求，遵循投资回报与投资风险相匹配这一基本的投资逻辑。项目投资收益的结构化设计和投资风险的结构化分担，不谋求项目完全意义上的"同股同权"，甚至实施不同投资人（股东）之间的明股实债或远期股权或投资本金回购等安排，即使不是最理想、最优化的，也恐怕是实践中有潜在需求且可行的，甚至是"有钱"的金融资本和专业化的产业资本都可以接受的"最大公约数"。如果遵循投资收益与投资风险相匹配的基本逻辑，

允许项目不同投资者之间作出明股实债等安排（当然政府及其所属部门以及授权出资人代表不得对其他投资者作出这类安排，否则属于违规融资行为），实际上有利于促进投资主体多元化，从而有利于拓宽公共领域投融资来源。这是深化项目资本金制度改革需要进一步明确回答的。

第二节　支持发行权益型股权类
金融工具筹集项目资本金

权益型、股权类金融工具在产业领域尤其是新兴产业和高技术产业领域实际上已经得到较为广泛的运用，尤其是风险投资基金 VC 和私募股权投资基金 PE 等金融资本每年投资于创新创业企业/项目的案例项目非常多，成为创新创业企业的重要投资资金来源。然而，在基础设施和公共服务等公共领域，由于项目技术经济特点特别是投资收益—风险特点完全有别于创新创业企业/项目，以及对各级政府违法违规融资行为和隐性债务风险防控的要求（无疑是非常必要的），权益型、股权类金融工具的运用尤其是作为项目资本金的筹集来源尚存在较大的问题和制约。实践中有待于进一步明确的问题和制约因素主要有以下四个方面。

第一，项目资本金投入属于股权投资。各类股权型、权益类金融工具/产品如公募不动产投资信托基金和私募产业投资基金虽然坚持权益导向，但本质上还是属于金融资本范畴，其专业能力和项目经验尤其是具体项目风险识别和防控的能力可能还不如长期开展基础设施项目贷款业务的银行机构。因而，其更多的还是属于财务投资人而非战略投资人的定位，作为财务投资人参与公共项目投资当然没有问题，但对比项目资本金制度的相关要求，无疑存在前述的投入项目资本金后与既有股东尤其是产业资本这类股东很难真正做到"同股同权"尤其是"有难同当"的问题。而客观地说，如权益型基础设施 REITs 试点政策所要求的全部持有基础设施项目产权或经营权，对大多数公募 REITs 基金管理人以及基金投资者而言，恐怕是"勉为其难"的，而转让后的项目运营管理工作更是"难以胜任"的，对于地方政府及其所属的作为原始权益人的国有企事业单位而言，恐怕也是"很不放心"的。同时，对于新建项目而言，建设期和运营初期的风险无疑很大，建设期又没有收益、更不存在所谓的投资分红，各类股权型、权益类金融工具的投资者也很难忍受建设期乃至运营初期都"没有收益"，更何况这段时期投资风险相对最大——堪称投资项目的"死亡谷"。

第二，项目法人（公司）发行的永续债、可转债等权益型、股权类金融工具也不是绝对可以作为项目资本金。除了要实质上满足项目资本金制度的相关要求外（如在当期贷款本息偿还前不得分红或获取收益，不得对投资者承诺明股实债、远期股权回购以及承诺保本保息或最低收益保障，等等），获得为该项目提供债务融资的银行等金融机构的认可是至关重要的。如果银行等金融机构不认可这类权益型、股权类金融工具有助于防范信贷风险，不相信其能够真正构成项目信贷资金的"安全垫"和"防火墙"，仍然会要求项目投资人（股东）或项目法人增加其他真正意义上的项目资本金，直至其"真正的"项目资本金比例达到银行信贷风险管控的要求为止。

第三，项目投资人（股东）作为发行人和责任主体，发行权益型、股权类金融工具甚至申请银行贷款或发行企业债券筹集项目资本金的等额资金，其相关责任、义务以及偿还风险由项目投资人自行承担，不构成项目法人的债务，债务本息能否及时、足额偿还实质上与项目法人无关。项目投资人出于筹集项目资本金的需要而增加的杠杆及其相应的风险，如果实现了与项目法人（公司）本身风险的有效隔离，在制度政策层面可以不必更多地限制和制约。有鉴于此，建议可以不对项目投资人发行权益型、股权类金融工具甚至包括债务融资工具募集资金作为项目资本金的比例作出限制，即突破2019年国务院26号文提出的不超过项目资本金总额50%的"天花板"，或完全交由项目投资人、项目法人及相关金融资本等市场主体自主协商决定，甚至可以达到90%以上。本质上，这种高度市场化的金融工具作为项目资本金的比例属于市场行为，政府无须过多操心，相信相关利益相关方都是理性经济人，都不是"傻子"。

第四，股权型、权益类金融工具的购买人或投资者即使认可项目本身资产质量和产业资本的专业能力和同类项目经验，愿意与产业资本一样"平等地"承担相应的投资风险，愿意开展真正意义上的股权投资并与产业资本"同股同权"尤其是"有难同当"，通常还面临双重缴税——项目公司利润缴纳所得税和投资者获得投资分红收入纳税的现实压力。这势必反过来导致这类金融工具的投资者还要对公共领域项目投资回报水平提出更高的要求，而公共领域项目如果难以满足该投资回报水平的话，无疑又在很大程度上制约其投资参与的积极性。毕竟公共领域项目的投资回报水平一般都比较低，甚至很多项目还要依靠政府运营补贴，更不具备产业类项目尤其是高技术产业类项目的高成长性。以基础设施权益型REITs为例，美国等国家均对REITs项目公司缴纳企业所得税有明确的优惠政策，即项目公司对 REITs 投资者的分红派息可以在企业所得税前扣除，就像银行贷款和企业债券利息可以计入财务费用并在所得税前扣除一样。这种税收优惠政策对调动 REITs 投资者和项目发起人的积极性具有重要作用。

总之，发行股权型、权益类金融工具筹集基础设施项目资本金的主要问题和困难，不是在制度政策层面是否允许其作为部分（甚至全部）项目资本金的问题，而是其作为项目资本金后能否真正发挥"安全垫"作用的问题，是银行等金融机构从信贷风险防控的需要考虑是否能够接受和认可其作为项目资本金及其比例的问题，以及这类金融工具的投资者是否愿意接受与产业资本"同股同权"并接受相对较低投资回报水平的问题。

第三节　政府资本金注入项目的债务依法不属于政府债务

政府投资的资本金注入是一种重要的政府投资方式，主要用于政府确有必要投资支持的（准）经营性项目和 PPP 项目。按照《政府投资条例》规定，政府投资的资本金注入项目属于政府投资项目。除了政府投资注入的资本金以及其他投资主体（如 PPP 项目的社会资本方）投资注入的资本金外，这类政府投资项目通常需要通过市场化方式筹集一部分债务性资金，如银行贷款或企业债券等。对于这部分债务性资金，如果该项目属于政府投资占股的 PPP 项目，按照 PPP 相关政策规定，那么它无疑不属于政府债务，政府也不得对这部分债务予以担保（这种担保在法律上也无效），也不得违法违规形成政府隐性债务。然而，如果该项目属于政府独资的项目，即项目资本金全部由政府投资注入，那么项目法人（项目公司）实质上属于国有独资公司，实践中对其债务融资如银行贷款是否属于政府债务或政府隐性债务存在较大的认识分歧。有观点认为，政府独资项目的债务应属于政府债务或纳入政府债务管理，否则若只是算作项目公司自身债务的话，银行等债权人对作为股东的政府及其有关部门或出资人代表没有追索权，则该项目的债务融资在很大意义上变成了一种"项目融资"，而"项目融资"将大大增加项目债务融资的难度，并有可能推高融资成本；支持该观点的另一个依据是，纳入政府债务管理有助于从总量上控制这类政府投资项目的实施，从而将有限的政府投资资金用于非经营性项目以及确有必要的经营性项目。

从促进政府投资资本金注入项目的市场化融资角度来看，上述观点虽也有一定的道理，但无疑是错误的。从《中华人民共和国预算法》（以下简称《预算法》）等法律看，现阶段我国地方政府债务的合法来源只有两种：一是政府发债包括一般债和专项债；二是转贷外国政府贷款和国际金融组织贷款等主权债务。就债务责任主体而言，项目公司属于国有独资公司，即使该公司由政府投资设立，但定位和性质仍然是有别于政府机关和公益事业机构性质的国有企业，其市场化债务融资作为政府债务没有法律依据，依法应当不属于政府债务。政府及其有关部门只以投资注入的资本金为限对项目公司的债务承担有限责任。此外，政府及其有关部门也不得对这类政府投资项目的银行贷款、企业债券等债务融资提供各种形式的担保如担保函、承诺函、安慰函等，因而这类市场化债务也不构成政府或有债务，同时不得形成政府隐性债务。实践中，如果将这类债务算作政府债务的话，又突破了《预算法》等法律的限制，成为第三种增加政府债务的来源方式，并很可能"放任"甚至助长地方政府这类债务融资行为——地方政府很可能据此将政府投资的资本金注入项目变成一种"融资平台"。特别是现阶段政府投资的资本金注入项目并不完全限于基础设施领域，还包括高技术产业化、战略性新兴产业和产业地产等产业领域，其债务融资都算作政府债务的话，很可能会进一步增加政府债务负担。当然，政府控股或参股投资的经营性项目，由于存在其他投资主体的参与，其市场化融资更不应属于政府债务。

　　总之，《政府投资条例》对政府投资、融资行为作出了严格规范。政府投资要以非经营性项目为主，即使是公共领域的（准）经营性项目，也要努力引入多元化投资主体，支持引导各类社会资本包括民间资本投资参与。原则上，只有少数确有必要的（准）经营性项目，政府才采取资本金注入方式（对于这类项目政府也可采取投资补助或贷款贴息方式予以支持）。对于政府投资资本金注入项目，虽然属于政府投资项目，也无论是政府独资、控股或参股，但其市场化债务融资均依法不属于政府自身债务，而属于项目公司自身债务。为支持这类项目除项目资本金之外的债务融资，促进项目投融资落地，地方政府可以通过发行专项债券方式筹集资金并转贷项目公司；对于这类项目的银行贷款、企业债券等市场化债务融资，可鼓励政策性融资担保机构或其他第三方融资担保机构予以增信支持；此外，地方政府可以根据项目财务效益和债务偿还能力状况，给予项目公司适当的运营补贴——这属于地方政府合规的增信方式。

第四节 审慎开展运营期 PPP 项目资本金退出试点工作

实践中，PPP 项目社会资本方特别是建筑施工企业具有潜在的投资退出需求，而项目资本金退出或项目股权回购属于比较简单可行的投资退出方式之一。考虑到项目资本金退出对 PPP 项目持续安全稳定运营和债务风险防范存在潜在不利影响，地方政府和金融机构也难免担心项目资本金退出后相关风险防控问题，为审慎稳妥起见，建议有关部门可以先开展 PPP 项目资本金的退出试点工作。

一、PPP 项目社会资本方存在潜在的投资退出需求

虽然都属于基础设施领域专业化的产业资本，但是建筑施工企业（如工程设计企业和设备供应企业等）与基础设施投资运营类企业的商业模式实际上存在很大的差别。前者参与基础设施项目投资的主要目的并非像后者一样旨在通过长期的项目运营（经营）管理来获取投资回报，而是旨在带动其建筑工程施工主营业务发展并获取项目建设期的施工利润，通常并不谋求通过长期持有项目产权或经营权而获取投资收益。因而，从企业发展战略考虑，建筑施工企业在获取了其投资的基础设施项目包括 PPP 项目的施工利润后，特别是在项目建成竣工（或最晚进入正常运营期）后，设法寻求全部或部分投资退出或提前回收原始投资就成为题中之义乃至必然选择。

实际上，即使是高度依靠项目运营管理获取投资回报的基础设施投资运营类企业，如果其获得更好的基础设施项目投资机会，或者出于降低杠杆、实施债务重组或加快回收原始投资等需要，对既有存量基础设施项目其实也存在潜在的投资退出需求。健全基础设施项目包括 PPP 项目的投资退出机制，形成投资进入与投资退出/回收的闭环和良性循环，也有助于吸引更多的社会资本方包括建筑施工企业投资参与基础设施项目，在很大程度上有助于社会资本方提前回收投资、提高资金运用效率，从而提高投资效益。除了建筑施工企业和基础设施投资运营商之外，金融资本作为基础设施项目重要的投资参与方，限于期限匹配的制约或其投资者出于投资参与更好的项目考虑，也存在潜在的投资退出需求。

二、运营期项目资本金逐步退出是社会资本方投资退出的较好方式

实践中，基础设施项目投资退出的方式可以有多种，对于建筑施工企业（以及其他具有较强投资退出需求的投资者）而言，在项目运营期最直接、最"解渴"的投资退出方式一般主要有两种：其一，项目原始股权或经营权的全部或大部分转让。股权转让的对象可以是项目既有其他投资人（股东），也可以是第三方投资人包括权益型公募 REITs 基金等金融资本。其二，PPP 项目资本金的退出，实质上是 PPP 项目公司减资，主要是项目公司对原始投资人如 PPP 项目社会资本方拥有的项目股权进行回购或赎回。

第一种方式实质上并不涉及项目资本金或原始投资的退出，只是项目原始股东及其相关股权或经营权（收益权）的更换，从现有 PPP 政策和项目资本金制度看，没有制度法规层面的障碍，符合 PPP 项目合同规定要求并获得地方政府或项目实施机构的认可即可。然而在实践中，股权或经营权转让涉及交易环节较多，利益相关主体较多，尤其是地方政府担心作为原始投资人的社会资本方彻底实施投资退出后，项目持续安全稳定提供服务很可能会受到影响。相对而言，第二种方式比较直接，不涉及第三方投资者的参与，交易环节简单明了，交易成本也较低，因而成为 PPP 项目社会资本方尤其是建筑施工企业以及基础设施投资基金等社会资本方非常期盼的一种投资退出方式。当然，地方政府对此投资退出方式的顾虑还是存在的，也担心社会资本方"捞一票就走"，而忽视 PPP 项目长期安全稳定地提供服务这一最重要的目标任务实现。

三、允许运营期适度减少项目资本金可以产生"逆向选择"的作用

投资项目资本金制度设计的重要初衷之一是建立投资风险约束机制，投资项目最大的潜在风险主要在建设期和运营初期（这段时期堪称投资项目全生命周期的"死亡谷"），项目能否达到预期目标、获得成功往往在这段时期能够得到答案，而进入正常运营期后主要风险一般都能得到大大释放甚至基本消除。基础设施项目进入正常运营期之后的项目资本金退出，并不是发生在项目建设期和运营初期，对完成项目投资建设这一重要的阶段性工作没有任何实质性影响，对运营初期的风险防控和预期目标任务实现没有影响，因而项目潜在的风险相对较小，对建立投资风险约束机制的影响也较小。

实际上，建立健全项目资本金在运营期的分期分批退出机制，从博弈论看，还具有"逆向选择"的重要作用，即有可能反过来激励项目投资人及项目公司

从建设期开始就踏踏实实地把项目建设和运营好。毕竟只有把项目建设和运营好，实现项目预期的目标任务，在运营期的项目资本金退出才能获得政府和银行等金融机构的同意或认可。

四、建议审慎开展 PPP 项目资本金退出试点工作

项目资本金的退出意味着项目现金流的大量流出，对于退出后的信贷风险防范和保障项目持续安全稳定运营并提供相关服务还是存在潜在的不利影响，特别是当项目发生预期外的、非保险可转移的风险时，如自然地质灾害或突发性疫情。此外，实践中有的基础设施如强运营类基础设施项目也不适宜退出项目资本金或股权，因而在制度建设层面上，审慎构建项目资本金退出或项目公司股权回购机制是十分必要的。

建议国家发展改革委会同财政部、人民银行和行业主管等有关部门研究制定基础设施领域项目资本金退出的指导意见，制定基本制度规则和操作规范。在此基础上，在交通、市政、社会事业等行业领域开展项目资本金退出试点工作，精选若干基础设施项目（重点为特许经营/PPP 项目），科学制定项目资本金退出试点方案包括退出条件、退出时间、退出比例、风险防范机制等，规范审慎推进项目资本金分期分批、合理有序地退出。待总结试点基础设施项目资本金退出经验后，再研究决定是否适度扩大项目资本金退出的行业领域范围并完善有关制度规则，如制定 PPP 项目资本金退出的审批监管办法。

第五节　审慎实施项目资本金来源和性质的"穿透监管"

"穿透监管"原本是金融监管特别是促进金融机构合法合规操作、防范金融风险的一种重要手段，体现了"实质重于形式"的金融监管原则。实践中，项目资本金筹集的来源渠道除了项目投资人（股东）已有的资金、土地使用权和实物资产外，还包括从各类金融市场包括银行体系、债券市场和股权市场等筹集的资金。对项目资本金来源渠道尤其是资金性质实施"穿透监管"举措，防范违法违规融资，防范以债务性资金充当项目资本金，其初衷无疑是好的。

项目资本金"穿透监管"对投资建设领域防风险尤其是防范高杠杆融资和

防范金融风险也具有一定的作用，但"穿透监管"应该仅限于项目（法人）本身层面，不应该也没必要延伸到项目投资人（股东）层面。项目投资人是否愿意投资一个项目，有无按时、足额出具项目资本金的能力，以何种方式（资金、土地使用权或实物资产等）出具项目资本金，以及是否需要通过金融市场或其他外部融资渠道以股权或债权方式筹集这部分资金（如前述的发行权益型、股权类金融工具），还是交给项目投资人自主决策、自担风险为好，有关部门无须过多担心和操心。实际上，由于融资来源多渠道和融资方式多样化，以及项目信息不对称问题的客观存在，对项目资本金筹集的来源渠道和筹集方式实施有效的"穿透监管"并不容易，有关部门过多操心项目资本金筹集的来源渠道和方式及其合法合规性，也没有太大的必要。

实践中，即使有关部门非常努力地"穿透监管"到项目投资人层面，了解了用作项目资本金的这部分资金或资产最初的来源渠道和筹集方式，仍然要回到项目法人层面判断项目资本金的性质及其合规性，看其是否真正属于项目投资建设的"本钱"和银行贷款、企业债券等债务性资金的"安全垫"，是否能真正发挥对投资风险的安全保障作用。更进一步地说，就算有关部门努力"穿透监管"到项目投资人层面，发现虽然项目资本金的最初来源是项目投资人基于自身信用从银行等金融机构申请的贷款或发行的企业债券，但是如果这部分资金的偿还责任主体是项目投资人自身而非项目法人，就不构成项目法人自身的债务，则项目投资人以自身信用筹集的这部分债务性资金用作项目资本金也是符合项目资本金制度规定的。现行项目资本金制度也允许项目资本金从金融市场合法合规筹集。更何况，实践中项目投资人基于自身信用从金融市场等渠道筹集的资金，到项目投资人自己的账户上和报表上都变成了"现金"或自有可支配的资金，完全没必要也很难区分哪部分资金是项目投资人原来自有的，还是出于认缴项目资本金需要"临时"通过金融市场进行外部融资筹集的。还需要引起注意的是，对项目投资人而言，即使是所谓目前账户上的"自有资金"，追根溯源，恐怕有很大一部分也是以前通过债权融资方式从金融市场筹措的。所以，在很大程度上，项目资本金穿透监管到项目投资人层面基本没有实质性意义。

诚然，项目投资人如果从金融市场筹集债务性资金如银行贷款或企业债券，而非筹集权益型、股权类资金如股票增发，用作项目的资本金，总体上属于加杠杆行为。特别是如果项目投资人与项目法人合并财务报表的话，实际上相当于项目投资建设资金全部来自"双重"加杠杆，无疑具有潜在的债务风险。实践中，这种"双重"加杠杆的债务融资行为也并不少见，但其潜在的债务风险及其相应的风险防范措施，应由项目投资人与提供债务融资的银行或债券投资者自主判断和共同协商决定，无须有关部门操心，也无须有关部门实施"穿透监管"。

总之，投资项目资本金是项目投资建设的"本钱"，是项目投资人应当认缴的出资额。在项目资本金的监管工作中，牢牢把握项目资本金属于项目（法人）的非债务性资金，项目法人不承担其还本付息的责任，以及项目资本金实质上达到了银行贷款、企业债券等债务性资金的"安全垫"的核心功能和要求即可。

第八章　用好地方政府专项债券资金

地方政府专项债券是地方政府重要的投资资金来源。为更好地发挥地方政府专项债券资金的引导撬动作用，更好地适应具有不同收益来源的基础设施和公共服务等公共项目不同的融资需求特点，从 2019 年开始，国家允许地方政府专项债资金作为部分项目资本金，同时要求各省用作项目资本金的比例不得超过20%（2020 年开始提高到不超过 25%）。地方政府专项债属于政府显性债务，项目资本金则不属于项目单位的债务性资金，政府专项债资金用作部分项目资本金，要同时符合政府专项债政策和项目资本金制度相关要求。地方政府专项债券资金的投资方式主要包括直接投资、资本金注入和政府（转）贷款三种。政府专项债本息偿还的直接责任主体是地方政府自身，而非实际使用专项债资金的项目单位。政府专项债资金对具体项目的投资方式应根据项目收益来源和性质来确定。对于有一定经营性收入且具备市场化融资能力的项目，政府专项债资金可以作为部分项目资本金。政府专项债资金作为部分项目资本金应该符合《政府投资条例》和项目资本金制度相关要求，不得成为项目（单位）的债务性资金。对于这部分项目资本金，地方政府可以按股分红，也可以不分红或少分红，但不得从项目单位直接划转部分项目经营性收入作为政府专项债本息的偿还来源。

第一节　明确政府专项债性质和收益来源

一、政府专项债资金属于地方政府投资资金

地方政府发行专项债券属于规范透明的政府举债融资机制。按照《预算法》

和地方政府专项债管理有关规定，地方政府专项债券要用于资本性项目即固定资产投资项目建设支出，是地方政府投资资金的重要来源之一。需要注意的是，虽然政府专项债资金来源于地方政府发债，但是在使用和管理时除了按规定只能用于有一定收益的基础设施和公共服务等公共领域项目外，与政府一般债和政府预算内投资等其他来源渠道的政府投资资金并无实质性区别。

这就是说，地方政府专项债资金的申报和使用，除了要遵守专项债管理规定外，还应当严格贯彻《政府投资条例》相关规定和要求。为加强政府专项债资金的管理和使用，项目单位应当向投资主管部门申报使用专项债资金的项目，其中政府投资项目应当申报项目建议书、可行性研究报告和初步设计概算，企业投资项目应当申报项目资金申请报告。无论是政府投资项目还是企业投资项目，每年投资建设所需的政府专项债资金均应纳入政府投资年度计划并与本级财政预算主要是政府性基金预算相衔接。此外，使用了地方政府专项债资金的项目，无论是政府投资项目还是企业投资项目，除了履行项目审批、核准或备案手续以及其他开工建设的前置审批手续外，项目单位应当依法（《政府投资条例》或《企业投资项目核准和备案条例》）通过"投资项目在线审批监管平台"（国家重大建设项目库）及时、如实报送项目开工建设、建设进度和竣工的基本信息。

二、政府专项债项目的收益来源和性质

按照专项债政策有关规定，地方政府专项债资金必须用于有一定收益的公益性项目，主要是地方基础设施和公共服务等公共领域项目。但对于项目收益的概念和内涵尤其是其来源和性质，实践中似乎存在不一致。有人认为就是项目自身的经营性收入和事业性收费收入，如高速公路项目、公立医院项目的收费收入和体育场馆的经营性收入；也有人认为，还包括项目创造的政府性基金收入，比如国有土地使用权出让或出租收入。实际上我们认为，政府专项债对应的项目收益是一个综合性的概念，既包括政府从项目建设和运营中获得的收益，也包括项目单位从项目建设和运营中获得的收益，但无论是政府收益还是项目单位收益，最终都可以用于偿还专项债本息。实践中具体项目的收益来源与性质，可能存在较大差别，主要包括以下三类。

第一，项目直接创造的但不直接计入项目单位本身财务收入的政府性基金预算收入，主要包括项目新增的国有土地使用权出让或出租收入和耕地指标转让收入等。如棚户区改造项目直接创造的收益主要为国有土地使用权出让收入，但这部分收入按照土地管理相关法规要求属于政府性基金收入，不属于项目单位本身

的财务收入。

第二，项目运营管理中产生的专款专用、收支两条线性质的事业性收费收入，如城镇居民污水处理费、公立医院门诊医疗收费和公办学校学费等收入。这部分收益无疑属于项目单位本身的财务收入。

第三，项目收益当然还包括项目自身经营性收入，如体育场馆的冠名、广告和赛事门票收入，文化场馆的演艺门票收入，民用机场候机楼的商铺出租和停车收费等多种经营收入，高新技术企业或电子商务孵化器的租金收入，文化产业园区的房屋租金收入，公共厕所的广告收入，等等。

实践中，一些综合开发类项目的收益来源和性质不一定单一，还可能兼具上述两三种收益，如产业园区/产业新城综合开发项目、特色小镇项目、河道或流域综合治理项目一般具备政府性基金收入和经营性收入（如园区标准厂房的出租收入、河道综合治理项目的配套商业网点营业或出租收入等），公立医院和学校一般不仅具备事业性收费收入，而且也具有一定的经营性收入（如职业中学的学生住宿费和餐饮收入等）。

值得注意的是，政府专项债之所以不列入财政预算赤字的根本原因在于专项债本息偿付与地方政府一般公共预算支出无关。实践中，政府专项债项目对应的收益不得为项目单位从地方政府获得的补助性收入，因为政府补助性收入不属于项目本身创造的收益，而通常来源于一般公共预算。如果以项目单位获得的政府财政补助性收入偿付政府专项债本息，那么实质上等于政府拿自己的一般公共预算收入偿还专项债本息，这无疑使得政府专项债变成了政府一般债，显然不符合政府专项债不列入财政赤字的实质性要求。

第二节　合理确定政府专项债资金的投资使用方式

政府专项债资金属于政府投资资金，虽然构成了地方政府的显性债务，但对地方政府而言，专项债资金的使用安排却可以像其他来源的政府投资资金，包括一般债资金一样选择不同的投资方式。为提高政府专项债资金的使用效果，发挥专项债资金对企业投资和银行贷款等社会资金的引导带动作用，各地政府要针对专项债项目的行业特点特别是收益来源和性质选择合适的投资方式。按照《政府投资条例》，政府投资方式通常包括直接投资、资本金注入、转贷和投资补助、贷款贴息等方式。结合政府专项债相关政策要求和项目收益来源与性质，一般而言，实践中专项债资金的投资或使用方式通常包括直接投资、资本金注入和政府（转）贷款三种方式（见表8-1）。按照有关规定，政府投资补助和贷款贴息方式均属于政府"白给"性质，在项目单位不形成政府的任何权益，而政府专项债券在法律上构成政府债务、最终需要政府偿还，因而采取这两种政府投资方式实质上将导致地方政府偿还专项债券的资金来源与项目收益完全脱钩或不搭界（无论项目收益来源性质和数额），原则上不得采取。

表8-1 地方政府专项债资金的投资方式与项目性质对应表

专项债资金投资方式	政府直接投资项目	政府参股投资项目	政府独资或控股投资项目	PPP/特许经营项目
用作项目资本金	×	√	√	√
用作项目债务性资金	×	√	√	×
用作政府直接投资资金	√	×	×	×

注：政府直接投资项目为政府采取直接投资方式建设的项目，通常为没有或很少经营性收入的非经营性项目；政府参股项目或政府控股或独资项目为政府采取资本金注入方式建设的项目；PPP/特许经营项目政府可能参股或不参股。×表示不适合或不允许采取的投资方式。

第一，直接投资方式。对有政府性基金收入或其他事业性收费收入的非经营性项目，如产业园区基础设施开发建设（非园区综合开发项目）、政府收费公路、公立医院和公办职业学校等项目，由于没有直接收入或只有很少的经营性收入，不允许项目单位以市场化方式进行债务融资如申请银行贷款，或者不具备偿还银行贷款的条件，专项债资金应以直接投资方式为主。比如，公立医院项目使用专项债资金建设完成后，政府可以在确保公立医院正常运转的前提下划转其部分门诊和医疗等事业性收费收入作为专项收入并偿还政府专项债本息；又如，园区基础设施开发建设项目以土地收储整理、一级开发和基础设施建设为主要建设内容，本身属于非经营性项目，但能够产生政府性基金收入（主要为园区国有土地收储后的出让收入），故政府专项债资金可以先以直接投资方式投入，待这部分国有土地出让后偿还专项债本息。在政府直接投资方式下，政府专项债以项目产生的政府性基金或事业性收费偿还。

第二，资本金注入或转贷款方式。对于有一定经营性收入的准经营性项目，如收费公路、供水、供热、文化场馆、体育场馆、城市公共交通、城市轨道交通等项目，地方政府专项债资金原则上应当采取资本金注入方式，辅之以必要的政府（转）贷款方式。比如，地方政府可以用专项债资金作为部分项目资本金，投资（或与其他社会资本方联合投资）设立供热项目公司或体育场馆项目公司，再通过项目公司的税后利润分红乃至政府股权转让收入偿还专项债本息。此外，可以根据项目投资建设需要，地方政府将一部分专项债资金转贷给项目公司，转贷的期限可等于或略低于专项债发行期限；考虑到地方政府需要支付一定的前期咨询和发行费用，为覆盖这部分费用，转贷款利率可略高于专项债发行利率或在发行利率基础上收取一定的手续费。

第三，原则上不得支持效益较好的经营性项目。对具有较好经营性收入经营性项目，如旅游、燃气供应、垃圾焚烧发电、新能源发电等项目，市场机制比较健全，具备较好的产业化运作基础和条件，企业投资积极性较高，原则上没有政府投资的必要性，因而专项债资金原则上也不应投入（无论以何种投资方式）。这类项目应首先鼓励支持企业自主投资模式或通过 PPP/特许经营模式实施。对于中西部地区确实需要政府投资资金支持的这类经营性项目，专项债资金应当以资本金注入或政府（转）贷款方式投入。

值得注意的是，按照国家有关规定可以作为部分项目资本金的专项债资金，不是非得通过项目自身的经营性收入来偿还，也不一定必然成为项目单位自身的债务性资金，完全可以也应该按照项目资本金制度要求成为严格意义上的地方政府投入的项目资本金。实践中，如果政府专项债资金直接从项目经营性收入划转部分收入偿还，特别是优先于普通债权如银行贷款或企业债券偿还，则作为项目资本金是有问题的。且不说这种做法直接违背了国家有关项目资本金制度的规定，即使名义上作为政府投资的项目资本金，也发挥不了作为银行贷款等债务性资金"安全垫"的作用，银行等金融机构也很可能不会实质性地认可其作为项目资本金，仍然会要求项目单位相应地增加其他来源的真正意义上的项目资本金。

第三节　明确政府专项债作为项目资本金的条件

2018 年我国基础设施建设投资增速相比 2017 年出现了大幅度下滑，很大程度上是因为防风险、"去杠杆"以及"资产管理新规"等相关政策叠加导致基础设施项目融资难特别是项目资本金筹集难。如果作为固定资产投资活动"本钱"

的项目资本金都没法落实，债务融资就更无从谈起，所以允许地方政府专项债资金作为部分项目资本金有利于带动银行等金融机构的信贷资金投入，从而助推基础设施建设项目投资、融资落地。2019年6月中办、国办联合发布的《关于做好地方政府专项债券发行及项目配套融资工作的通知》明确提出，对于铁路、高速公路、供水等重大项目，地方政府专项债可以作为部分项目资本金。其后，为更好地发挥地方政府专项债资金对银行等金融机构的引导带动作用，国务院常务会议进一步扩大了专项债资金作为部分项目资本金的行业范围，主要包括铁路、公路、市政等十个基础设施行业领域的重大项目和补短板项目。

按照投资项目资本金制度相关规定，项目资本金不能成为项目（法人）的债务性资金，不存在项目（法人）偿还项目资本金本息的问题，更不能由项目（法人）自身的收入直接偿还项目资本金，但项目投资者可通过分红的方式获得投资回报。实践中，如果地方政府专项债资金用作部分项目资本金，需要重点关注并解决以下六个主要问题。

第一，项目经营性收入的问题。按照项目资本金制度有关规定，只有经营性项目才实行项目资本金制度（非经营性项目由于没有经营性收入来源，没有债务偿还能力，其项目资本金比例实际上为100%），仅有政府性基金收入和事业性收费收入的项目（如公立医院和学校建设项目），实际上属于非经营性项目（也不实行项目法人责任制）。因而，政府专项债资金不能也没有必要用作这类项目的资本金，项目单位也没有偿还银行贷款等市场化融资的经营性收入来源，甚至依法依规不允许从银行等金融机构借入资金或拖欠工程款，否则属于违规融资和形成政府隐性债务。

第二，政府专项债本息偿还资金的来源问题。项目资本金是项目债务性资金的"安全垫"，作为项目资本金的专项债资金的本息只能由地方政府通过项目产生的政府性基金收入（如国有土地使用权出让收入，如果有的话）和项目投资分红偿还。如果地方政府通过划转项目自身的经营性收入直接偿还专项债本息，那专项债资金是不可以作为项目资本金的，否则直接违反项目资本金制度的规定。而地方政府不应该出现这样违背项目资本金制度的投资行为。

第三，期限匹配的问题。如果专项债的本息偿还期限与项目投资回报期不匹配，尤其是大大低于项目投资回报期的话，那么地方政府将专项债资金作为项目资本金要很慎重，要有效防范专项债本息偿还的潜在风险。对地方政府而言，从源头上做好项目可行性研究论证，尤其是深入分析测算项目是否真正具备相应的投资回报特别是债务偿还能力，是至关重要的。

第四，政府运营补贴收入偿还专项债本息的问题。政府专项债政策的基本前提是项目自身产生的收益与专项债本息偿还能够实现自平衡（也正是因为这点，地方政府专项债才可以从法律上不纳入地方财政赤字），由于政府付费和运营补贴并不属于项目自身产生的收益，无论政府专项债资金是以采取直接投资、资本金注入、转贷款或其他方式用于某个项目，项目偿还专项债本息的最终来源都不能是政府的付费和运营补贴资金。实践中，对于使用政府专项债资金作为部分项目资本金的项目，如果项目依靠政府付费或运营补贴获得财务收入如政府付费的PPP项目，并产生税后利润，再进行税后利润分红，政府再依靠这部分税后利润分红偿还专项债本息，显然有违政府专项债政策的基本前提和要求。实际上，主要依靠政府付费或运营补贴获得财务收入的项目，基本属于非经营性项目，其可行的融资模式是地方政府发行一般债而非专项债。实践中，没有必要更不应当允许通过政府付费或运营补贴资金"人为地创造"所谓的项目收益，从而使得某个项目具备发行专项债的前提条件。

第五，项目建设期专项债利息偿还的问题。作为项目资本金的专项债资金在项目建设期仍然会产生利息，但这部分利息不得由项目单位偿还，而需要作为投资主体的地方政府（其有关部门或授权的出资人代表）偿还。考虑到项目建设期没有经营性收入更没有投资分红，因而这部分利息偿付需要地方政府通过其他政府性基金收入"搭桥"安排。

第六，"加杠杆"的问题。地方政府专项债资金用作项目资本金无疑属于地方政府层面和项目层面"双重"加杠杆，从宏观上看，无疑提高了宏观杠杆率。特别是考虑到银行等金融机构是购买专项债券的"主力军"，而在使用专项债作为项目资本金的项目层面，银行贷款又是项目债务性资金的主要提供者，故从穿透监管看，"双重"加杠杆后实际上意味着更多的项目建设资金都是银行等金融机构直接或间接提供的，潜在的金融风险比较大。这势必对专项债项目的收益可靠性提出了更高的要求。

按照投资项目资本金制度规定，项目资本金不得作为项目本身的债务性资金，项目单位不承担项目资本金的还本付息责任（没有任何承担的义务），但投资者可以按股分红或获得投资收益。政府专项债本息的偿还责任主体是地方政府，如果地方政府用专项债项目产生的政府性基金或行政事业性收费等专项收入偿还专项债本息，再用项目自身产生的经营性收入（不包括政府付费或运营补贴资金）偿还银行贷款等市场化融资的债务，则专项债资金作为部分项目资本金是没有问题的。此外，如果项目只有经营性收入，地方政府用项目的分红或投资收益来偿还专项债资金，则专项债资金作为部分项目资本金也是没问题的。

需要引起注意的是，无论专项债的投资使用方式如何，对于地方政府而言，专项债资金的利息每年都要支付，一般的付息方式是半年或一年支付一次，这与银行贷款利息的支付要求基本一致。在项目建设期，如果专项债资金作为政府（转）贷款，那么可以像银行贷款一样通过利息资本化方式解决专项债利息支付资金来源的问题。然而，项目资本金在项目建设期不能获得投资回报如投资分红收入，即使该项目在运营期具有经营性收入或事业性收费收入，在建设期也没法取得这类收入，故专项债资金用作项目资本金存在项目建设期专项债的付息资金没有来源的问题。如前所述，实践中地方政府需要从其他政府性基金预算收入中"搭桥"安排部分资金用于政府偿还作为项目资本金的专项债的利息，待项目进入运营期后再使用项目投资分红收入或项目创造的政府性基金收入，偿还这部分建设期所支付的"搭桥"资金。

第四节　合理确定政府专项债作为项目资本金的比例

目前我国地方政府专项债资金用作项目资本金的比例主要有两个方面的原则要求：一是各省（自治区、直辖市）年度政府专项债总额用作项目资本金的比例要求；二是专项债资金用作具体项目资本金的比例要求。考虑到地方基础设施建设，特别是超前开展基础设施投资最缺的是项目资本金，为进一步发挥专项债资金对银行贷款投入的带动作用，建议二者的比例要求宜适度放开，尤其是前者比例不宜实行各地区和各年度"一刀切"。

一、适度扩大各地区专项债作为项目资本金的比例

按照地方政府专项债有关规定，以省级行政区为单位，各省（自治区、直辖市）新增专项债总额中可用作项目资本金的比例不超过20%。由于各地区经济发展水平不一、城镇化发展水平不同、基础设施投资建设重点不同，即使是同类基础设施项目，项目收益和偿债能力也不同甚至相差很大，因而各地对于专项债用作项目资本金的需求和可能性也不尽相同。此外，即使是同一省份，每年新开工的项目也不一样，政府自身投资能力也不尽相同，对项目资本金的需求也不一样。因而，目前各省份和各年度的专项债资金用作项目资本金均实行"一刀切"

的不得超过 20% 的做法，虽然比较便于政府专项债资金的使用和监管，但不能充分体现不同地区、不同年度的基础设施项目对政府专项债资金的差异化需求，也在很大程度上制约政府专项债资金对银行贷款等社会资金的引导带动作用。正因如此，针对基础设施项目资本金筹集难的突出问题，2020 年政府工作报告提出扩大地方政府专项债资金作为项目资本金的比例（从 20% 扩大到不超过 25%）。为进一步发挥专项债资金对银行贷款等信贷资金的带动作用，建议从"十四五"时期开始，进一步扩大政府专项债资金作为项目资本金的比例，以省级行政区为单位，从现行不超过 25% 进一步提高到 30%～35%；同时，也没必要再实行各省级行政区"一刀切"，具体可由各省级政府根据本年度基础设施项目对项目资本金的实际需求情况自行决定，30%～35% 的比例即可。值得注意的是，允许地方政府提高专项债用作项目资本金的比例，也不属于一项强制性要求，而是给予地方政府尤其是省级政府更大的自主权，使更多的重大工程项目和补短板项目有可能通过更适合的方式使用政府专项债这一成本较低特别是更为规范透明的直接债务融资工具（实际上，2020 年以来地方政府专项债资金用作项目资本金的比例总体上不超过 10%）。

二、依据项目收益合理确定政府专项债资金用作项目资本金的比例

除了地方政府专项债资金用作项目资本金的总量比例外，用作单个具体基础设施项目的资本金比例也需进一步调整和完善。对于具体项目而言，专项债资金占项目资本金的比例为多少合适？这其中的"部分"到底是指多少，是否有下限或上限？从地方政府专项债资金的使用情况看，具有较大的灵活性，可以根据具体项目投资建设实际需要、投资回报水平以及银行贷款等市场化融资的偿还能力等情况综合确定，原则上只要一个项目的资本金不是全部来自专项债资金都是合规的。从实践看，不同专项债项目的资本金总额中专项债资金的占比相差很大。比如，从内蒙古实施的两个专项债项目使用专项债资金作为项目资本金的情况看，集大铁路（内蒙古段）项目的资本金比例为 70%，专项债资金用作项目资本金的比例高达 63.8%，而呼和浩特新机场项目的资本金比例为 50%，但专项债资金用作项目资本金的比例仅占 4.7%，还不到前者的 1/10。实践中，还需注意的是，如果用作项目资本金的专项债资金本息偿还并不来源于项目本身的投资收益或分红，而是主要依靠项目产生或创造的政府性基金收入或事业性收费收入，确定专项债作为项目资本金的总额和比例时还要考虑政府性基金收入或事业性收费收入的情况，确保这部分收入能够及时、足额偿还专项债本息。

考虑到不同项目的收益来源和水平不同，对于确有必要使用专项债资金的项目，在落实专项债资金偿还来源、有效防范债务融资风险的前提下，在地方政府、项目单位与银行等金融机构协商一致的基础上，建议专项债资金用作部分项目资本金的政策也可以进一步调整完善，即可以根据项目实际情况，允许作为全部项目资本金，而非作为部分项目资本金。

第五节　政府专项债应重点用于基础设施和公共服务领域

地方政府专项债作为重要的政府投资资金来源，要严格贯彻《政府投资条例》的要求，用于市场机制不能有效发挥作用的行业领域，以基础设施和公共服务等公共领域为主，以非经营性项目为主（当然非经营性项目很多也具有一定的收益主要是政府性基金收入和事业性收费收入）。对于基础设施等公共领域确有必要的经营性项目，政府专项债资金可以根据项目收益尤其是经营性收入来源情况，予以适当支持。尤其需要注意的是，地方政府专项债资金要严格限于投向固定资产投资项目或资本性支出项目，非固定资产投资项目或基本不形成固定资产（资本）的项目或标的资产如企业股权和经营权，不属于政府专项债资金的投向范围，更不得作为其投资重点。

有鉴于此，要进一步明确单纯土地收储项目和投资建设内容很少的棚户区改造项目（类似的项目还有以获取农村建设用地指标为主要目的的产业园区基础设施项目和农村旧村庄改造项目等），不得使用专项债资金。遗憾的是，截至2019年的这几年期间，70%~80%的地方政府专项债资金被用于土储和棚改项目。按照国务院常务会议要求，2020年政府专项债资金明确不得投向土储和棚改项目（不包括续建项目），这是政府专项债政策的重大调整之一。值得注意的是，土储项目和很多棚改项目的投资建设内容太少，项目资金实际上主要用于征地拆迁安置补偿支出，较少甚至基本不形成固定资产（固定资本），对于短期扩大有效投资从而促进稳投资的作用太小，而长期的经济学意义上的扩大供给能力和优化供给结构的作用更小。

与此同时，与一般投资建设项目的一大差别是，土储项目和很多棚改项目属于"一锤子买卖"，基本没有后期的运营工作（即使有部分运营工作，也基本属于后续二级土地开发性质的产业项目或房地产开发及配套商业开发项目的运营包括商业出租和物业管理等），直接促进稳就业、增加财税收入的效果也较小甚至基本没有。在现阶段需要通过拓展投资空间、扩大有效投资，从而促进稳增长、稳就业的大背景下，将有限的政府专项债资金用于单纯土储和棚改项目的问题就更加凸显。

除此之外，也由于基本没有后期的项目运营或经营工作，土储和棚改项目（不包括后续二级开发性质的产业项目或房地产开发及配套商业开发项目）的实施周期太短，一般在一年以内甚至几个月时间，而政府专项债券的存续期限至少为 1 年，二者期限存在严重不匹配。而土储和棚改项目产生的国有土地使用权出让收入等收益，要"趴"在地方政府性基金的账上等上很长时间才能用于偿还专项债本息，期间又不得用作其他用途，也不得挤占或挪用（否则可能很难保障到期偿还专项债本息），无疑严重影响这部分政府专项债资金的使用效率。还应当引起注意的是，一旦这类项目储备的国有土地不能及时、足额向房地产开发企业或其他工商企业出让，政府专项债本息偿还将"没有着落"，地方政府潜在的债务风险不小。

总之，地方政府专项债券资金的投向和重点应严格限定于国家明确规定的基础设施和公共服务等公共领域，尤其是有一定收益特别是经营性收入或事业性收费的重大基础设施项目和补短板、惠民生项目，要切实贯彻国家投资、产业等政策要求，把有限的政府专项债券资金用于真正扩大有效投资、优化供给结构的"刀刃上"。

第六节　政府专项债资金应审慎用作 PPP 项目资本金

近年来在有关部门规范 PPP 项目操作、加强 PPP 项目全过程监管的大背景下，很多银行等金融机构出于防范风险考虑对 PPP 项目采取了非常谨慎甚至完全不参与的做法，而 2018 年"资管新规"正式出台后，基金、信托、资产管理等各类资管机构也大大收紧了对 PPP 项目的投资或融资支持，从而导致很多 PPP 项目陷入了融资难、融资贵的困境。

为帮助解决 PPP 项目融资难的问题，并有效降低 PPP 项目的融资成本，一些 PPP 业界专家提出 PPP 项目也应允许使用政府专项债资金，甚至有的部门和个别地区也提出探索政府专项债与 PPP 模式相结合的投融资方式。实践中，有个别 PPP 项目也确实使用了政府专项债资金（作为地方政府投资的资本金注入）。

然而，现行 PPP 政策明确提出，PPP 项目的融资责任包括项目资本金出具和债务性资金筹集以及还本付息，应由社会资本方而非政府方承担。政府专项债资金本质上属于政府投资资金，特别是地方政府是专项债最终的债务偿还主体。实践中，无论政府专项债资金作为项目资本金投入还是作为债务性资金转贷给 PPP 项目社会资本方或项目公司，如果 PPP 项目不成功甚至失败了，最终专项债本息偿付责任还得由地方政府承担。有鉴于此，尽管 PPP 项目也属于政府负有提供责任的公共项目范畴，也无论 PPP 项目本身是否具有一定收益包括政府性基金收入、事业性收费收入或经营性收入等，原则上均不得使用政府专项债资金。

实践中，对于需要政府投资占股或资本金注入的 PPP 项目，如果该 PPP 项目能够产生政府性基金或事业性收费收入，且这部分收入加上 PPP 项目分红或投资收益（来自经营性收入或使用者付费）能够偿还专项债本息，那么，地方政府可以使用专项债资金作为政府投资 PPP 项目的资本金注入。政府投资的这部分项目资本金应当严格按照项目资本金制度相关规定执行，要真正成为 PPP 项目的"本钱"和银行贷款、企业债券等债务性资金的"安全垫"，不得直接构成 PPP 项目（公司）的债务，不得直接从 PPP 项目公司划转经营性收入偿还专项债本息，更不得优先于 PPP 项目的银行贷款和企业债券偿还。还需注意的是，PPP 项目公司的收入只能是使用者付费或其他经营性收入，而不得是政府运营补贴收入，否则又变成了地方政府用一般公共预算收入偿还专项债本息，违背了政府专项债相关规定。

总之，地方政府专项债资金属于地方政府显性债务，对专项债资金用于 PPP 项目要进行严格限制和规范，不能为了解决当下 PPP 项目融资难、融资贵的问题，而给未来增加更多的 PPP 项目政企责权利关系不明确特别是风险分担机制不清晰、不完善的问题。

第七节　探索以政府专项债贷款作为部分项目资本金

对银行和债券投资人而言，贷款或债券的利息才是其应获得的回报，项目投资回报高低其实与其没有直接关系，因而其更关心的是项目投资建设有无"做生意本钱"或"安全垫"的问题，特别是该"安全垫"能否真正发挥对贷款或债券资金的安全保障作用。实践中，政府专项债本息偿还在银行贷款和债券本息偿还之前还是之后？或者说，孰优先孰劣后，是银行和债券投资人非常关心的问题。

如果政府专项债的本息偿还优先于银行贷款和企业债券本息偿还，恐怕银行和债券投资人是不可能接受政府专项债作为严格意义上的项目资本金的，甚至很难接受政府专项债资金作为项目的债务性资金。如果项目单位的其他债务性资金劣后于银行贷款和企业债券等债务偿还，则其在很大程度上也充当了"安全垫"的作用。项目资本金属于"做生意的本钱"，符合国家规定的项目资本金充当银行贷款、企业债券等债务性资金的"安全垫"，无疑是没问题的。项目单位的其他债务性资金或夹层资本如果确实能有效发挥"安全垫"的作用，对银行和企业债券投资者而言，在很大程度上也是可以接受的。

地方政府专项债如果采取地方政府（转）贷款并构成项目单位自身债务的方式，那么其本息无疑要项目单位用自身的经营性收入或事业性收费收入偿还。然而，如果政府专项债（转）贷款的偿还期限较长，甚至超过了银行贷款、企业债券等债务性资金的偿还期限，特别是地方政府还明确承诺专项债（转）贷款本息偿还可以劣后于即期银行贷款、企业债券等债务性资金偿还，在项目单位破产时也可以劣后清偿，则这部分专项债资金实质上对银行贷款或企业债券资金具备了"安全垫"的作用。在此前提下，建议有关部门从项目资本金监管层面认可其作为项目资本金或准资本金。实际上，从项目资本金制度改革的大方向看，在强化其防范投融资风险功能的同时，项目资本金的来源性质和认定标准也应当更多地交由金融机构等市场主体来自主决定。实践中，至于银行和企业债券投资者是否认可政府专项债（转）贷款作为项目资本金，是否需要设置什么前提条件或约束性规定，并真正发挥其安全保障作用，则可以由地方政府、项目单位与银行和企业债券投资者等相关利益方共同协商确定。

当然，政府专项债（转）贷款不属于项目单位真正的"本钱"，即使银行等金融机构认可其作为"项目资本金"或防范风险的"安全垫"，实际上也是提升了项目单位的融资杠杆率，潜在债务偿还风险无疑是存在的。政府专项债（转）贷款作为项目资本金的比例越高，项目单位真正的"本钱"越少，项目单位的偿债风险将越大。如果项目资本金全部来源于专项债（转）贷款资金，意味着项目单位将100%负债建设和运营，无疑将背上沉重的债务负担。因而，与政府专项债资金作为部分项目资本金的规定相似，适度限制政府专项债（转）贷款作为项目资本金的比例，从而限制项目高杠杆融资是十分必要的。从国际上看，并没有项目资本金比例的明文规定，但有的具备稳定经营性收入的基础设施项目实际的项目资本金比例可以低至5%～10%（大大低于我国最低项目资本金比例一般不低于20%或最多可再下浮5个百分点的规定），但很多基础设施项目仍然取得了成功。为此，建议政府专项债（转）贷款作为项目资本金的比例不宜超过实际项目资本金总额的50%。比如，某个基础设施项目实际资本金比例为30%，则政府专项债（转）贷款占实际项目资本金的比重最多可以达到50%，即占项目总投资的比例不得超过15%。

尽管在一定程度上提高了项目的融资杠杆率，但是政府专项债（转）贷款作为项目资本金或准资本金具有积极意义，主要体现在三个方面：首先，在不改变项目股权结构和原始投资人（股东）相关权益的同时，帮助项目单位筹集了部分项目资本金，这也是与政府专项债资金直接作为严格意义上项目资本金的一大区别。其次，对于没有政府性基金收入但有较好经营性收入的基础设施项目，有利于保障政府专项债资金的偿还，并使得这类项目有可能更多地利用银行贷款、企业债券等债务资金，从而有助于解决项目融资落地的问题。最后，与政府专项债资金作为严格意义上的项目资本金并通过政府性基金收入和投资分红偿还专项债本息的方式相比，专项债（转）贷款作为项目资本金后的贷款利息支出可以在项目单位的企业所得税前扣除，抵扣部分企业所得税，从而可以适度降低项目单位的税收负担。

值得注意的是，地方政府专项债（转）贷款对项目单位而言毕竟还是债务性资金性质，最终需要项目单位偿还本息。如果其作为项目资本金，那么与现行项目资本金制度还是存在冲突的。为稳妥审慎起见，建议国家发展改革委会同人民银行、银保监会等有关部门，在报经国务院批准或授权后，先选择部分重大基础设施项目尤其补短板项目进行试点，待发现问题、总结经验后再推广运用。

第九章 美国市政债对我国地方政府专项债改革的借鉴

美国地方政府市政债由州和地方政府发行，按照偿还责任主体和资金来源分为一般责任债券（General Obligation Bonds）和收入债券（Revenue Bonds）两类。我国从 2015 年开始发行的地方政府专项债券与美国市政债中的收入债券比较类似。但我国地方政府专项债既构成地方政府（显性）债务，由地方政府承担最终偿还责任，又不计入地方政府财政预算赤字，与美国收入债券不构成地方政府债务存在本质区别。我国地方政府专项债尽管明确要求用于有收益的基础设施等公益性项目，但是实质上高度依赖地方政府信用。为促进政府专项债的长期可持续性，防范政府债务风险，我国有必要借鉴美国地方政府收入债券发行和监管做法，改革并完善地方政府专项债券发行和使用相关制度规则。

第一节 美国地方政府市政债券发行和监管做法

美国地方政府市政债券（Municipal Bonds）是州和地方政府及其授权机构为一般市政支出或特定资本项目建设筹集资金而发行的债券，是美国州和地方政府及其授权机构的重要融资方式。市政债券承担着为州和地方政府的基础设施和公共服务等公共项目建设融资的功能，其募集的资金一般用于公共项目投资建设，如交通、教育、医疗等基础设施项目，以及基础设施相关的维修和改造。美国市政债券市场是世界上规模最大、运作最规范的市政债券市场之一。

一、发行主体和发行方式

（一）发行主体

美国是一个联邦制国家，行政管理体制分为三层，分别为联邦、州和地方政府（Local Government），财政体系也同样由这三级政府的财政构成。美国市政债券的具体发行主体分为三类：州和地方政府、政府机构和债券使用机构。其中，州和地方政府包括州及州以下各级地方政府，是市政债券的主要发行人，发行规模占比约为50%；政府机构主要是指地方政府代理或授权机构，发行规模占比约为47%；市政债券资金的使用机构，发行规模占比仅约3%。[①]

美国制定了市政债券相关的一系列法律法规，建立了良好的法律环境，在法律层面明确规定了州和地方政府可以通过发行债券进行举债融资。美国市政债发行主体依据相关法律发行市政债券，联邦政府很少进行干预，也无权对地方政府发债进行制约。特别是，不仅州政府发行市政债券不需要联邦政府的批准或同意，而且州以下各级地方政府发行市政债券也不需要所在州政府的批准，只需符合州层面有关发债的法律法规即可。

（二）发行方式

美国市政债的发行方式分为公募和私募两种，以公募方式为主。在公募发行方式中，发行主体通过一系列筛选，最终选择出一家或多家承销商负责债券的承销工作。根据不同的债券承销商筛选方式，公募又分为竞争承销与协议承销两种方式。竞争承销是指发行主体通过对比参与发行竞标的承销商的投标利率，遴选出负责承销债券的承销商，亦即发行主体会选择为债券发行支付最高价格或提供最低利率的承销商。协议承销是指由发行主体自主选择合适的承销商，发行利率由发行主体和承销商协商决定，之后债券交给承销商实施承销。实践中，无论采取竞争承销还是协议承销方式，都需要市政债发行主体公开刊登发行广告发出正式销售市政债的通知。私募发行即不对所有的投资者公开发售，而是私下直接配售给一部分事先确定充当代理商的机构投资者。

现阶段，美国一般责任债券发行都采用竞争投标的方式，收入债券则大多数采取协议发行的方式，而私募发行方式所占比重较低[②]。近年来，美国采取协议发行方式的市政债券占比达到80%左右。

---

① 马晓风. 地方政府债券发行管理的国际比较与借鉴［D］. 云南财经大学硕士学位论文，2018.

② 西尔万·G. 费尔德斯坦，弗兰克·J. 法博齐. 美国州与地方政府债券手册［M］. 北京：中国财政经济出版社，2012.

二、不同市政债的发行条件

(一) 一般责任债券

虽然美国联邦政府对州政府并没有存在明确的债务总额限制，但这并不意味着美国各州政府可以任意举债融资。美国州和地方政府一般责任债券的发行条件都是比较严格的，不但要求偿债资金来源于税收，还受到举债规模限制，需要通过预算审批，审核程序也极为严苛。[①] 美国市政债中的一般责任债券的偿还资金完全来自州政府税收，而州政府税收又与州政府部门和机构的正常运转密切相关。因此，各州宪法和普通法针对一般责任债券发行做出了比较严格限制。一般责任债券的发行要满足债务规模总量限制、债务规模比例限制、债务发行期限限制、法律和选民投票限制等前置条件，特别是要经过州议会投票通过才能发行。

债务规模总量限制是指对州政府的一般责任债券总量做出的硬性规定。比如，亚利桑那州宪法规定，州政府一般责任债券存量不可超过 35 万美元。凡是做出总量限制的州政府，其规定的债务总量都很小，因此这些州政府都不发行一般责任债券。因而基本上可以认为，做出总量限制等同于禁止州政府发行一般责任债券。

债务规模比例限制是应用最为广泛的政策。美国各州大多采用一般责任债券存量或待偿资金额（Debt Service，每年需要为存量债务支付的利息与本金之和）作为分子，以普通基金收入、个人所得税、财政总收入、人口数量或辖区内房地产市值作为分母来计算该比例，但不同州的主要税源不同，该比例的计算方式也不尽相同。比如，阿肯萨斯州规定，一般责任债券存量不得超过其上一财年普通基金收入的 5%；新墨西哥州则规定，一般责任债券存量不得超过州内应纳税房地产市值的 1%。

债务发行期限限制是指最长偿债年限，目的是限制各州市政债的发行期限。比如，佛蒙特州规定其一般责任债券必须在发行日后 20 年内偿付完毕；而马里兰州则有着更为严格的期限要求，州政府必须在 15 年内偿付完毕。

法律和选民投票限制是指大多数州宪法规定，州政府需要通过向立法委员会递交宪法修正案后，才可合法地发行债券，如亚拉巴马州。有的州虽然没有债务总规模的限制性要求，但是在发行债券时必须得到多数选民投票的通过。比如加

---

① Denison D V, Hackbart M, Moody M. State Debt Limits: How Many Are Enough? [J]. Public Budgeting & Finance, 2010, 26 (4): 22–39.

州规定，只有在 2/3 的选民投票同意后，州政府才可发行一般责任债券。

（二）收入债券

美国地方政府收入债券的偿还资金则来源于公共项目本身的收入，其本息偿付并不影响政府的正常运转，因而收入债券的发行条件与一般责任债券相比较为宽松。[①] 收入债券由各州和地方政府自主发行，纳入预算管理，基本上不需要全民公决，甚至不一定需要通过议会批准。收入债券不但可以由州和地方政府依法自主发行，还可以通过法律授权的方式，由代理或授权机构发行。值得注意的是，美国所有市政债券的发行都要征求独立金融顾问的意见，出具可行性报告证明其可以独立运作，在专业人士的指导下设计发行市政债。由于收入债券的发行限制较少，所以发行总量及其所占比例均大大高于一般责任债券。但相比于一般责任债券，收入债券存在较大的偿还风险。

三、偿还要求和风险防控

（一）偿还要求

美国市政债类型根据偿还要求分为一般责任债券（General Obligation Bonds, G. O.）和收入债券（Revenue Bonds）两类。其划分依据是偿债资金是否来自地方税收。偿债资金来自地方政府税收的市政债称为一般责任债券，偿还资金来自特定公共项目收入的市政债券称为收入债券。

美国一般责任债券的偿债资金通常源自地方政府的一般性财政收入，也就是一种或几种政府税收收入。一般责任债券虽然用于特定公共项目建设，但其发行和本息偿还并不与特定公共项目相联系，而是以发行主体自身的信用为担保，以地方政府税收为支持，因此一般责任债券的偿还资金完全由政府的信用和税收支持。对于学区和城镇这类较小的发行主体来说，税收的主要来源是其拥有的财产，主要是房地产。对于州和地方政府这样的发行主体来说，税款征收范围更加具体，如公司收入所得税、商品销售税、个人收入所得税以及财产税等。[②] 一般责任债券的发行主体主要是州和地方政府，资金用途为非营利性质的公共投资项目即非经营性项目。

美国收入债券则与特定公共项目直接挂钩，其偿还资金主要来源于特定公共

———

① Pinna M. An Empirical Analysis of the Municipal Bond Market in Italy: Sovereign Risk and Sub - Sovereign Levels of Government [J]. Public Budgeting & Finance, 2015, 35 (3): 68 - 94.

② Hildreth W B, Zorn C K. The Evolution of the State and Local Government Municipal Debt Market over the Past Quarter Century [J]. Public Budgeting & Finance, 2005.

项目的收益。收入债券一般是为了投资建设收费道路、桥梁、港口、机场、供水设施等使用者付费的公共项目，满足这些公共项目的融资需求而发行的债券，并以这些公共项目自身的收入作为偿还资金。美国收入债券遵循"谁使用、谁偿还"的原则。如果项目收益不够支付本息，州或地方政府不会用税收收入进行兜底担保，损失由债券投资人自行承担，但债券投资人可以通过购买债券保险来转移风险。所以，收入债券虽然属于债务融资方式，但独立于地方政府的资产负债表，即属于地方政府的表外融资。然而，由于缺乏州或地方政府的兜底担保，与一般责任债券相比，收入债券的偿还资金来源单一，因此债券利率也较高。

美国收入债券的发行主体为州和地方政府或其授权机构，发行主体多元，债券品种丰富，审批程序便捷。比如，机场债券通过机场建成后的经营收入偿付债券本息。此外，美国还有医院债券、收费公路和汽油税债券、自来水债券等多种与特定项目直接挂钩的收入债券。

（二）风险防控

美国对市政债风险防控工作高度重视，采取的监管举措十分严格。美国将发行主体监督管理与市场约束二者有机结合起来，在事前、事中和事后进行风险防范和管控，有效减少了政策、信用和市场风险，使得地方政府债务管理和债券市场有效运行。[①]

在发行阶段，严格限定发债规模和比例，实施有效监督，避免地方政府通过债券市场过度举债或不当举债。政府实行严格的预算管理，控制发债规模，制定合理的投资规划，减少不必要、不合理的举债行为。发行一般责任债券，大多数州都需要议会甚至选民投票批准，这一方面引入了公众监督机制，同时还通过限制债务总规模或比例等方式，防止政府过度举债融资。

在交易和存续阶段，采用严格规范的信用评级机制和信息披露制度，动态地对市政债进行有效管理和监督，从而有效降低了债券风险并提高了透明度。通过对市政债建立健全严格的信用评级制度，在很大程度上保证了债券评级的客观性和准确性，也有助于从源头上有效防范风险。债券信息披露制度则要求发行主体必须提高透明度，如实、及时地披露与市政债相关的各项重要信息，从而进一步确保债券信用评级的准确性。

在风险处置阶段，将市场手段和政府干预手段相结合，有效处理市政债券的违约风险。美国《联邦破产法》允许地方政府申请破产，并明确提出当市政债

---

① 王敏. 美国市政债券风险控制的经验及启示［J］. 金融发展评论，2018（5）：40－46.

券出现违约时，采用市场化机制和国家干预机制相结合的手段保护债券投资者的利益。考虑到一般责任债和收入债券最终的偿债责任主体不同、偿还资金来源不同，故其风险处置方式也不同。对于收入债券，通过债券保险等市场化手段实现风险的转移从而减少债券投资者的损失。因为收入债券仅以公共项目自身收入作为偿还保障，所以当项目自身收入不足以偿还债券本息时，债券的投资者或持有人将自行承担损失，政府不进行兜底或分担债券投资者的损失。对于信用评级相对较低的收入债券，投资者通常会引入债券保险的方式来转移风险。当债券发行主体无法偿还债券本息时，保险公司按照约定条款承担偿付义务。目前，美国有多家专业的市政债券保险公司，可以在市政债券发行和后续各个环节提供保险服务。对于一般责任债券，一般要根据风险程度通过降低政府开支、财务重整等手段来处置和化解偿付风险。

第二节　对我国地方政府专项债管理改革的启示与借鉴

我国从 2015 年开始推出的地方政府专项债券也用于有一定收益的基础设施和公共服务等公共项目，与美国地方政府的收入债券比较类似。然而，二者发行和监管制度相差很大，项目收益和收入的概念也不完全相同。特别是，我国地方政府专项债既构成地方政府债务又不计入地方政府赤字、既明确要求用于有一定收益的公共项目又由地方政府承担债务偿还责任，与美国地方政府收入债券有很大差别。美国收入债券发行和监管做法包括地方政府承担的相关责任，对我国地方政府专项债改革具有启示和借鉴意义。

一、明确政府专项债的偿债责任主体

我国地方政府专项债虽然用于由一定收益的基础设施和公共服务等公共项目，但发行主体是省级政府（名义上是省级政府代发，实质上省级政府就是发行主体）。特别是在法律上，政府专项债的最终偿债责任主体也是省级政府而非有关市县政府，更非具体使用政府专项债资金的项目单位。美国地方政府收入债券的发行主体虽然也可能是州和地方政府，但在法律上完全有别于其一般责任债券，并不属于州或地方政府自身的债务，最终偿债责任主体也明确是相关政府机

构或项目单位，州和地方政府并不承担最后的兜底偿还责任，更无面向债券投资者的直接偿还义务。美国收入债券偿付出现违约时，州或地方政府也不承担债券投资者的损失。这是我国地方政府专项债与美国地方政府收入债券的根本性区别。我国地方政府专项债在法律上要在偿债义务方面尽快明确由项目单位以其特定的收益最终承担，即使仍然由省级政府代为发行，也不应纳入地方政府自身显性债务范畴。也只有尽快实现与地方政府一般债的"切割"，地方政府专项债才能实质上不计入财政预算赤字。

值得注意的是，按照现行有关地方政府专项债管理使用规定，我国地方政府专项债还允许作为部分项目资本金。按照项目资本金制度规定，作为项目资本金的政府专项债资金，不得成为项目单位的债务性资金，也不得由项目单位直接偿还这部分专项债券的本息。因而实践中，对于作为部分项目资本金的专项债资金，要明确应当由项目产生的政府性基金收入和项目投资分红偿还，并由地方政府作为最终偿还主体；相应地，这部分政府专项债构成了地方政府自身债务，应当纳入政府债务管理范畴。

二、尽快打破政府专项债的"一般债信仰"

美国地方政府的收入债券并不构成州或地方政府的债务，也不由州或地方政府承担债务偿还责任，因而债券投资者实际上要承担较大的风险，当然其利率也大大高于美国一般责任债。而在我国，由于最终偿债责任主体是地方政府（甚至都不是真正发行专项债的市县政府，而是省级政府），地方政府专项债在债券市场投资者看来，与一般债没有任何实质性区别，发行主体、方式、期限和利率等与一般债几乎完全一致。这导致的一个非常大的问题是，债券投资者实际上无须关注公共项目本身的收益情况和各种潜在风险包括项目财务收入情况，无须关注项目所属的市县经济发展和财政收入状况，更无须关注地方政府性基金收入情况，只需躺在省级政府的信用身上"闭着眼睛买政府专项债"。我国地方政府专项债这种发行和偿还制度安排虽然对地方政府和项目单位来说也有信用高、利率低、期限长的好处，但从长远看，这只会强化债券投资者对地方政府专项债的"一般债信仰"，弱化二者原本应有的区别，从而不利于债券市场的长期可持续发展。其结果必然是，一方面，各市县政府"拼命"申报专项债项目，甚至不惜违规对专项债项目的收益进行"包装"乃至直接"造假"，导致省级政府承担最后偿债责任的市县政府专项债成为"公地悲剧"；另一方面，由于市县政府包括省级政府债务"天花板"的限制，我国地方政府新增的专项债发行很难像美国收入债券一样保持长期可持续性。

唯有尽快打破地方政府专项债的"一般债信仰"，才能有效约束地方政府尤其是市县政府发行专项债的行为，才能使新增专项债发行保持长期可持续性，才能"倒逼"地方政府创新公共项目商业模式、推进价格/收费机制改革，努力增加公共项目的经营性收入。

三、按公共项目的需要发行政府专项债

美国收入债券发行的一项重要原则要求是"按项目发行"，即募集的资金要用于有一定收入的公共项目，更重要的是，要根据具体项目建设运营的资金需求、偿债能力等情况来确定债券发行条件包括发行规模、利率和期限等。虽然我国地方政府也会对使用专项债资金的公共项目进行收益与偿债能力分析测算、评估二者的平衡情况，但其主要的目的是证明项目有收益且具备相应的偿债能力，能够满足项目审批和申报发行专项债的需要。实践中，我国地方政府专项债发行更类似于长期以来政府投融资平台公司的融资做法，即高度依赖省级政府信用，并由省级政府对很多使用专项债资金的公共项目，包括不同行业领域和不同市县的项目同时进行"打捆"发行，并适用相同的发行条件包括期限和利率等。由于不同项目收益的来源、性质以及偿还专项债本息的能力和时间并不相同，这种"打捆"发行方式显然很难体现具体公共项目的技术经济特点和"个性化"融资需求，难以体现不同行业领域、不同市县特别是不同收益来源、不同偿债能力的公共项目应有的不同的发行条件。

长期来看，如果不尽快改变地方政府专项债这种"打捆"发行方式，专项债很可能异化为另一种形式的地方政府"融资平台"。特别是，考虑到很多公共项目的收益在很大程度上是"包装"而非科学测算出来的，有的项目收益甚至是根据项目建设资金缺口"倒推"出来的，专项债异化为另一种地方政府"融资平台"的问题就更加明显了。有鉴于此，我国地方政府专项债发行方式要尽快改革，原则上不得将不同项目"打捆"发行，要尽快像美国的收入债券一样严格"按项目发行"，债券信用评级、发行规模和发行条件要精准匹配具体公共项目建设和运营的资金需求与偿债能力。考虑到实践中全部转为"按项目发行"存在很大的困难，作为替代方式，建议即使同批次专项债"打捆"发行，也要区别不同项目不同的发行期限，使得专项债资金更好地匹配每个项目的资金需求和收益特点。当然，最终的改革目标应当是，将政府专项债的最终偿债责任回归于项目单位本身。

四、加快推动政府专项债分类改革转型

我国地方政府专项债从 2015 年推出以来，发行规模扩张较快，2022 年新增专项债发行规模达到 3.65 万亿元，成为地方政府投资建设资金的重要来源，对于扩大有效投资、优化投资结构特别是加强基础设施补短板发挥了积极作用。截至 2021 年，地方政府专项债存量已经超过了 16 万亿元。值得注意的是，尽管也用于有一定收益的公共项目，但我国地方政府专项债相关政策中项目收益的概念有别于美国地方政府市政债中收入债券中定义的项目收入，最大的差别是前者除项目收费和经营性收入外还包含政府性基金收入，而后者主要限于项目使用者/受益者的付费或经营性收入。此外，从债券发行和监管机制尤其是地方政府承担的偿债责任看，我国目前的地方政府专项债与美国地方政府的收入债券也存在很大差别，实际介于美国地方政府的一般责任债与收入债券之间。借鉴美国市政债严格区分一般责任债和收入债券的做法，我国要根据具体公共项目的收益来源及其性质，尽快对地方政府专项债进行分类改革和转型，除了打破目前实施的按公共项目"打捆"发行方式外，更重要的是尽快回归政府专项债发行应有的初心，回归政府专项债不纳入财政预算赤字应有的原则要求。

第一，由于公共项目产生的政府性基金收入属于地方政府的财政收入，与项目单位自身的财务收入无关，对于地方一些只有政府性基金收入的公共项目，如产业园区土地整理项目、土地收储项目和棚户区改造项目等，项目单位本身实际上是没有负债能力的（即使有的话，也是依靠项目创造的政府性基金收入的返还或补贴，实践中很多这类项目就是依靠政府返还或补贴进行市场化融资的）。这类项目最好纳入非经营性项目范畴。如果项目产生的政府性基金收入不能通过法律法规调整或例外适用的方式直接转为项目单位自身的财务收入（实践中地方政府采取了打擦边球或变通的做法），使得项目单位具备债务偿还能力，这类项目应继续像 2020 年一样不得通过发行专项债筹集资金，或转为通过发行地方政府一般债的方式筹集资金。这类项目通过发行一般债筹集资金的一大好处是，即使项目创造的政府性基金收入不能如期及时"变现"，如项目整理或收储的土地流拍或出让价格低于预期，这部分债务偿还仍然有一般公共预算收入作为保障，而显然政府专项债的本息偿还缺乏这样的保障。

第二，我国事业性收费收入本质上属于使用者或受益者的付费收入。对于具有事业性收费收入的公共项目如公办医院、公办学校、公共文化设施项目等，根据项目收入和偿还能力情况，可以采取两种方式处理。其一，如果项目偿债能力

较差尤其是在扣除运营维护费用后基本没有"剩余"（如乡镇公办医院），该项目基本上属于非经营性项目，原则上应安排政府预算内投资资金或通过发行地方政府一般债筹集建设资金，相应的债务直接列为政府显性债务管理，最终偿还责任当然由地方政府承担。其二，如果项目事业性收费收入较多（如大城市公办医院），在扣除必要的运营维护费用后还有一定的"剩余"，可以考虑仍然由省级政府代为发行专项债，且可以不列入地方政府显性债务和财政预算赤字，但应当明确专项债的偿债资金来源于项目本身的事业性收费收入特别是不应当包含政府运营补贴收入。按照这种方式发行和偿还的地方政府专项债券，基本相当于美国的地方政府收入债券。

第三，对于具有使用者付费收入或其他经营性收入（如冠名收入、广告收入和附属的餐饮、停车收入等）的公共项目，其融资来源也可采取两种方式处理。其一，经营性收入较差的公共项目，不足以获取合理投资回报，属于准经营性项目，一般难以吸引社会资本投资，更难以开展市场化融资如申请银行贷款或发行企业债券等，且市场化融资的成本较高。这类准经营性项目可以考虑由省级政府代为发行专项债，但发行时应该明确公告其不属于地方政府自身债务。特别是，要像美国地方政府收入债券一样，明确由项目单位承担专项债的偿还义务，地方政府并不承担兜底偿还责任。对于这类准经营性项目，为增强项目自身的资产信用和还贷能力，并帮助其降低专项债发行利率，地方政府应当健全完善价格/收费机制，也可以根据建设和运营需要并依据项目提供公共服务的绩效情况给予一定的投资补助、奖补或运营补贴。其二，对于市场机制比较健全、经营性收入较好的经营性项目，要贯彻《政府投资条例》的要求，地方政府要坚持有所不为，不参与投资，更不得独资。原则上，这类项目应由社会资本包括民间资本自主投资或通过 PPP 模式投资，除项目资本金之外的债务融资则通过市场化融资筹集，比如申请银行贷款、发行项目收益债或重点产业专项债等。

五、分类设置政府专项债项目资金账户

在项目资金使用监管方面，美国市政收入债券通常根据项目资金的用途设置多个资金账户，一般包括日常运营账户、偿债账户、偿债准备金账户、维护改造准备金账户以及项目单位自由支配账户等，以确保项目各类用途的资金能得到落实和保护。同时，为加强不同用途的资金使用监管，保护债券投资者利益，促进项目安全稳定运营，美国市政收入债券还对项目单位的各类资金账户设置不同的优先级顺序，严格监控资金在不同等级账户之间的流动，即在充分满足较高等级

账户的资金使用需求之前，项目单位的收入现金流不得流入等级较低的账户。为加强项目资金使用监管，确保项目收益用于偿还专项债券，我国地方政府专项债项目也应根据项目资金不同用途分类设置若干优先级账户，包括日常运营账户、维修改造账户和偿债准备金账户等，同时切实加强对项目不同等级账户资金划转和使用的监管。

六、研究引入政府专项债的外部增信措施

按照上述政府专项债改革转型设想，我国地方政府专项债发行和偿付也将剥离地方政府自身的信用，而主要依赖专项债项目自身资产信用。这在很大程度上将导致政府专项债的信用评级下降，从而不仅会增加专项债券的发行利率，还会增加发行难度，甚至有可能导致很多公共项目发行不成功，从而影响项目建设运营。为帮助地方专项债提高信用评级，有必要研究引入外部增信措施。借鉴美国支持地方收入债券发行的做法，建议可鼓励既有保险机构开展地方政府专项债的保证保险业务（类似于保险机构针对银行贷款开展的保证保险义务）乃至成立专门的地方专项债券保险机构。地方专项债券的发行主体可以通过这类保险机构进行信用增进从而提高债券信用评级、降低融资成本，并相应地转移政府专项债项目潜在的债务偿还风险。具体建议如下：地方专项债发行主体如政府投融资平台公司/城投公司向这类保险机构支付一定的保费购买专项债的保证保险。未来如果专项债偿付发生违约，无法偿付部分专项债本息，则由保险机构按照保险合约规定向债券投资者代为偿付。同时，保险机构还可进一步寻求再保险机构的合作，分摊转移其潜在的代为偿付政府专项债风险。

第十章　适度超前开展新型基础设施投资

新型基础设施是我国现代化基础设施体系的重要组成部分，也是现代产业体系的重要组成部分。新型基础设施不仅创造新型新兴消费，催生新产业、新业态和新模式，而且为传统产业和传统基础设施赋予新的强大发展动能。加快新型基础设施建设，适度超前开展新型基础设施投资，是短期拓展投资空间、扩大有效投资需求的重要抓手，更是长期扩大有效供给、优化供给结构，从而促进经济社会转型升级发展、创新发展乃至提高整个国家竞争力的重要战略举措。为抢抓新型基础设施建设的重大战略机遇，构筑我国新型基础设施建设的先发优势，要把新型基础设施建设放在国家战略层面系统布局、主动谋划。为把握新型基础设施建设国际竞争的战略主动，打造竞争新优势、开拓发展新空间，助推构建新发展格局，新型基础设施建设应作为我国"十四五"时期以及更长时期内经济社会发展的重点领域，建议研究制定新型基础设施发展规划。

第一节　准确把握新型基础设施的概念和内涵

新型基础设施是信息技术革命和互联网技术革命的融合发展产物，以技术创新为驱动，以信息网络为基础，以传输、储存数据信息和数字计算为主要功能，提供数字转型、智能升级、融合创新等服务的基础设施体系。新型基础设施重点领域主要包括第五代移动通信（5G）、工业互联网、物联网、人工智能、大数据中心等领域，主要建设目标是支撑信息化、智能化发展，支撑互联网经济和数字经济发展。新型基础设施是我国现代化基础设施体系的重要组成部分。加快新型基础设施建设是 2018 年中央经济工作会议上作出的重大战略决策。2020 年以来，党中央、国务院多次明确提出，统筹存量和增量基础设施，统筹传统和新型基础设施建设，加快新型基础设施建设步伐。2020 年 10 月通过的《中共中央关于制定国民经济和社会发展第十四个五年规划和二〇三五年远景目标的建议》再次明确提出，系统布局新型基础设施，加快第五代移动通信、工业互联网、大数据中心等建设。按照中央决策部署，国家"十四五"规划纲要也再次提出，围绕数字转型、智能升级、融合创新支撑，布局建设新型基础设施。

值得注意的是，新型基础设施内容丰富，领域广泛，其内涵、外延也并非一成不变，特别是随着技术进步在不断演变。按照新型基础设施的服务对象和功能划分，新型基础设施可分为三类：一是信息基础设施，如 5G 网络、工业互联网、卫星互联网等；二是融合基础设施，如智慧城市、智慧能源、智慧交通、大数据中心和云计算等；三是创新基础设施，如国家重点工程实验室、人工智能等。实践中，鉴于特高压电网、新能源汽车充电设施、城际铁路和城际轨道交通等基础设施也是基于相关领域技术创新和产业化发展而产生的，也可以说是新型的基础设施。但准确地说，这几类基础设施属于搭载了相关高新技术和新型基础设施后，服务功能更强和服务质量更高的传统基础设施。

第二节　充分认识加快新型基础设施建设的重大意义

新型基础设施是我国现代化基础设施体系和现代产业体系的重要组成部分，是我国信息化、智能化、数字化发展的重要基础和保障。加快新型基础设施建设是党中央国务院作出的重大决策部署。加快新型基础设施建设不仅具有短期需求侧扩大有效投资的重要作用，更具有长期供给侧优化供给结构乃至夯实提升国家竞争力的重大战略意义。

一、新型基础设施建设催生新经济、新消费发展

新型基础设施顺应了我国经济社会信息化、智能化、数字化发展的新趋势、新要求，顺应了人民群众对美好生活特别是消费转型升级的新需要。新型基础设施属于扩大有效投资的重点领域，也是现阶段经济社会发展的主要补短板、强弱项领域，更是重要的"增后劲"领域。加快新型基础设施建设不仅有助于促进短期投资需求增长，而且从供给侧看具有巨大的供给效应，既扩大供给能力，又

优化供给结构。新型基础设施本身是信息技术、互联网技术等高技术产业化应用和创新发展的结果，又进一步支撑乃至催生新产业、新业态和新模式等新经济的发展，特别是顺应了经济社会转型发展、高质量发展的新趋势、新要求，有助于引领乃至创造新兴、新型消费需求。比如，近几年涌现出大量基于"互联网＋"的网上直播、网上歌舞厅、短视频等新兴消费，在 4G 网络没有普及之前很可能"想都想不到"；而随着信息传输和处理功能更为强大的 5G 网络等新型基础设施的不断普及和完善，将会有更多"想都想不到"或者"即使此前想到也没法实现"的新兴新型消费走进人民群众的生活中，如自动无人驾驶出租车、网上虚拟世界实地旅游等。总体上看，基于新型基础设施相关信息数据资源和要素的"新基建＋"经济和"新基建＋"消费具有潜在的巨大市场需求，因而具有巨大的发展前景。

二、新型基础设施建设为传统产业发展赋予新的强大动能

工业互联网、数据中心和人工智能等新型基础设施在传统产业，包括制造业和服务业都具有巨大的潜在需求，有可能为传统产业插上信息化、智能化的"翅膀"。其既有可能为传统产业从采购、物流、库存、生产和销售等各个环节提供精细化管理的重要载体，也有可能为企业生产资源和要素的优化配置提供集约化管理的重要平台，从而有可能助推企业去库存（甚至基本实现零库存）、降成本、增效率并进一步提升企业综合竞争力。新型基础设施还可以为产业融合发展提供重要的基础条件。比如，建筑施工企业依托互联网和数据中心可以对跨区域、跨行业领域的多个甚至所有在建工程项目实施动态管理和监控，实施工程项目建设所需各类资源要素的统筹利用尤其是集约优化配置，实现不同工程项目相关资源要素的互联互通和共建共享，从而大大提高工程项目管理的规范化、集约化、精细化水平，并大大降低管理成本和建设成本。又如，制造业企业如果广泛应用数据中心和智能制造技术，那么将大大提高生产的规范化、标准化水平，生产和经营管理的精细化水平，从而显著提高企业生产效率。此外，制造业企业甚至还有可能依托物联网和数据中心对客户开展产品全生命周期的动态售后服务包括开展故障预警、远程维护、质量诊断、远程过程优化等在线增值服务，从而拓展产品服务价值空间，实现从制造向"制造＋服务"的融合发展和转型升级发展。再如，银行业金融机构依托互联网和大数据中心等新型基础设施，实现与工商、税务、社保、统计等有关政府部门实时、动态的信息互联互通，在很大程度上可以缓解我国现有金融组织体系的结构性缺陷和信息不对称等突出问题，把企业的纳税信用、社保信用等社会信用转化为信贷信用，从而提高金融服务实体经济的能力，更好地满足不同层次实体企业尤其是小微企业的投融资需求。

三、新型基础设施建设为传统基础设施插上信息化、智能化的"翅膀"

新型基础设施也可以为传统基础设施和公共服务等公共领域赋能，提高传统基础设施和公共服务的服务质量和效率，提升其标准化、集约化、精准化管理水平，降低其建设或运营成本，提高其经济、社会和环境等综合效益。新型基础设施甚至还有助于提高传统基础设施和公共服务等公共领域的边际产出效率，扩大其服务边界范围和服务容量。同时，新型基础设施与传统基础设施融合发展、共建共享具有广阔的发展空间，有助于实现相关资源和要素的优化配置与集约节约利用。这样融合发展的基础设施实际上不属于单纯的新型或传统基础设施，而是属于融合基础设施。比如智慧路灯杆，既能实现传统的道路照明功能，还可以通过大数据处理实现智慧照明从而为传统道路照明赋能（降低能耗、降低成本和提高照明效果），甚至还有可能集成5G基站、交通信息数据采集、交通安全动态监控、新能源汽车充电桩等新型基础设施的功能，从而在更大程度上实现资源要素的集约节约利用。实际上，这种多功能集成的智慧路灯杆属于典型的融合基础设施，很难单纯定义为路灯杆、充电桩还是智慧城市数据采集终端设施。又如城市智慧交通基础设施，依托互联网和大数据中心，可以大大地提高交通出行和停车服务的精准度，提高交通和停车服务质量，提高城市道路和停车资源的使用效率，缓解城市交通拥堵和停车难的问题。

四、加快新型基础设施建设是夯实国家经济竞争力的重要抓手

新型基础设施的5G网络、工业互联网、物联网、人工智能、大数据中心等重点领域代表了全球新一轮科技和产业革命的重要发展方向，已成为不可阻挡的时代潮流。新型基础设施及其与各领域的深度融合发展具有广阔的应用前景和巨大的发展潜力，正对各国经济社会发展产生着战略性和全局性的影响。新型基础设施已经成为经济社会发展新的重要增长点，也是当前世界各国尤其是主要发达国家支持鼓励发展的重点领域，对于提高国家整体经济竞争力、保障国家经济安全具有重要的促进作用。新型基础设施建设不仅催生新经济新消费，还隐含大量新技术、新标准等重要市场要素之争，涵盖宏观、中观和微观等不同层面的新信息、新数据等重要资源之争，甚至涉及国家经济安全和产业安全之争。加快新型基础设施建设，把握新型基础设施建设国际竞争的战略主动，占领新型基础设施

的顶尖人才、核心技术、标准规范等制高点，将大大提高国家经济社会的运行质量和效率，提高国家经济竞争力，保障国家安全，也将意味着在很大程度上抓住了引领乃至主导未来世界经济发展的"牛鼻子"。这也是加快新型基础设施建设重要的价值和长远意义所在。

第三节　正确区分新型基础设施与传统
基础设施的特点

新型基础设施具有一般基础设施的网络化、规模化等特点，也为经济社会活动提供重要基础和条件，提供相关信息数据资源要素。新型基础设施之所以称为"新"，主要在于其新的技术经济特点、新的服务对象和新的应用场景，尤其是为经济社会发展带来新的强大动能，培养创造新的经济增长点。与此同时，新型基础设施和传统基础设施并非对立，完全可以也非常有必要优势互补，形成合力，甚至成为融合基础设施。

第一，技术经济特点不同。新型基础设施建设主要体现为人力资本投资以及相关信息技术与设备投资，技术含量高，技术进步空间巨大，技术迭代快，尤其是上游技术进步对新型基础设施的服务质量和水平具有重大影响。而传统基础设施几乎都属于重资产或资本密集型行业，技术进步空间相对较小，但产业关联度高，短期拉动经济增长作用较为明显。从需求侧看，加快新型基础设施建设对供应链拉动作用很大，无疑有助于扩大有效投资，但短期内扩大有效投资需求、促进稳投资的作用不如"铁公机""水电气"等传统基础设施"来得快"。从供给侧看，经过多年大规模的投资建设，传统基础设施存量资产巨大，边际产出效益呈现下降趋势，这也是传统基础设施发展的一般规律，而新型基础设施属于典型的强弱项和增后劲领域，正处于快速发展阶段，长期的供给作用包括扩大有效供给和提高供给效率，边际产出效益高，投资乘数效应好。

第二，服务对象不同。传统基础设施属于空间物理形态特征明显的有形的基础设施，主要服务于有形的人流与物流，重在提供生产生活条件，提供有形的公共产品和服务以及生产资源和要素，从而助推工业化、城镇化发展。而新型基础设施主要建立在信息技术和互联网技术快速发展的基础上，大多空间物理形态不明显，甚至有的属于无形的基础设施，主要承载传输信息流和数据流，重在为生产生活提供无形的信息数据资源要素，从而为工业化和城镇化发展插上信息化、智能化的"翅膀"，为城镇化、工业化发展乃至整个经济社会转型发展和高质量发展赋予新的强大动能。传统基础设施甚至也是新型基础设施的服务对象，传统基础设施搭载新兴基础设施后，将大大拓展传统基础设施的服务范围，提高传统基础设施的服务质量和效率。

第三，应用场景不同。新型基础设施为数字经济和"互联网＋"经济的发展提供有力保障，为人与人、人与物以及物与物提供万物互联互通的基础和条件。新型基础设施建设具有较好的乘数效应，支撑经济社会信息化、智能化转型与发展，催生新产业、新业态和新模式发展，促进产业融合发展，创造新兴新型消费需求，从而为经济社会发展带来新的强大动能。新型基础设施承载传输的信息数据资源属于重要的市场要素，具有广阔的应用"蓝海"，目前远没有得到充分挖掘和应用。传统基础设施主要提供公共产品和公共服务，支撑城镇化和工业化发展，支撑农业、工业、商贸、物流等传统产业发展。虽然，现阶段传统基础设施的潜在需求仍然很大，传统基础设施仍然存在不少短板和弱项，但从总体上看，传统基础设施的应用范围和空间已经得到较充分挖掘。

第四节　着力推进新型基础设施投融资机制创新

5G网络、工业互联网、物联网、人工智能、大数据中心等新型基础设施重点领域，本身是基于信息技术和互联网技术革命而产生的，虽然具有信息数据的传输和储存等功能，也具有很大的经济效益和社会效益，但是除个别行业领域具有较强的公共服务属性外总体上产业属性更强，作为公共产品的非竞争性和非排他性的特点并不太突出。即使有的新型基础设施领域具有非竞争性和非排他性的特点，但在技术或使用层面基本上可以实现排他性，从而使其成为需要使用者/受益者付费的俱乐部产品。特别是，新型基础设施重点领域的技术进步快，上游关联产业的技术和设备以及下游需求或应用场景开发在时间和空间上均具有一定甚至较大的不确定性。

总体而言，新型基础设施本身具有新兴产业和高技术产业的特点，是我国现代产业体系的重要组成部分。投资于新型基础设施重点领域在很大程度上类似于产业投资尤其是创新创业投资，因而按照新兴产业和高技术产业化发展的思路和路径，明确政府的投资责任，确定政府和企业的投资分工，设计新型基础设施项目投融资模式，是更加合适的。实践中，大量专业化的企业投资主体以及很多风险投资 VC 和私募股权投资基金 PE 等金融资本已经投资进入了相关新型基础设施重点领域及其上下游关联产业领域。

鉴于此，在新型基础设施重点领域的投融资模式选择上，各级政府要明确政府投资边界范围。新型基础设施投资要坚持政府引导、市场主导、企业运作的原则，以企业自主投资模式为主，主要基于市场化融资，投资决策由企业自主作出，投融资风险由企业自行承担。这其实也是新型基础设施与传统基础设施主要依靠政府投资的一大区别。如果按照"铁公机""水电气"等传统基础设施和公共服务领域长期以来以政府投资为主导的投融资模式，限于政府部门及其所属国有企事业单位的专业人才、技术能力特别是项目运营管理能力和经验不足，再加上政府投资、融资能力制约，新型基础设施重点领域恐怕很难建设和运营好，很难保持长期可持续发展，甚至很有可能导致政府背上沉重的债务包袱。

实践中，有的政府投资主导的新型基础设施项目使用效率不高，预期功能和作用没有得到充分发挥或挖掘。特别是，新型基础设施重点领域重在通过激发下游开发应用场景、激发信息数据资源要素应用等途径获取投资回报，政府投资主导的投融资模式（即传统公建公营模式）在挖掘新型基础设施的商业价值和开发应用场景，从而创新商业模式和盈利模式等方面，既缺乏足够的激励机制，也缺乏必要的投资风险约束机制，甚至缺乏必要的容错机制。

考虑到拥有新型基础设施相关核心技术和运营能力的专业化的实体企业即产业资本在投资建设新型基础设施时通常面临较大的外部融资制约，建议产业资本要积极主动加强与风险投资和私募股权投资基金等金融资本的合作，发挥各自优势，形成合力；银行业金融机构也要加强与风险投资和私募股权投资基金等的合作，通过股权投资与债务融资相结合的方式，更有力地支持新型基础设施项目建设及其下游应用场景项目开发。

与此同时，考虑到新型基础设施建设具有巨大的技术、经济和社会等正向外部效益，新型基础设施项目本身也有一定甚至较大的投资风险，特别是技术风险和短期的需求风险较大，各级政府有必要也可以积极有所作为，更好地引导企业投资方向，更有效地调动企业投资的积极性。为进一步加快新型基础设施重点领域建设步伐，支持引导企业投资，加快推进新型基础设施项目投融资落地，建议各地政府可根据本地新型基础设施重点领域的建设需要，采取适宜的政府投资方式，适度加大政府投融资支持力度。

第一，政府出资设立产业投资基金。建议地方政府可出资与社会资本包括专业化的产业资本和金融资本联合设立新型基础设施投资基金，通过投资基金的市场化运作和专业化管理助推新型基础设施重点领域建设。为调动社会资本参与设立新型基础设施投资基金的积极性，基金的投资收益可以进行结构化设计，地方政府还可以向其他基金投资者适当让利（但政府不得对其他基金投资者承诺固定回报、保本保收益或远期本金/股权回购等）。

第二，给予政府投资补助。考虑新型基础设施项目既具备较高的技术含量，又具有较强的技术外溢性，为支持引导企业投资新型基础设施项目，有关地方政府、有关部门也可以参照对新兴产业和高技术产业化项目给予政府投资资金支持的做法，对新型基础设施项目给予一定比例的政府投资补助或贷款贴息，如政府投资补助比例为项目总投资的10%~20%。

第三，鼓励本地国有企业投资参与新型基础设施重大项目。为加快新型基础设施重点领域建设，地方政府还可鼓励支持本地国有资本运营公司与专业化的新型基础设施投资运营企业联合投资相关重大项目，发挥各自的优势，形成合力。本地国有资本运营公司应侧重财务投资人的定位，不谋求对重大项目的战略性投资持股，不寻求重大项目的管理和控制权，而重在以强大的投融资能力支持重大项目及其应用开发项目落地实施。

第四，推广运用政府和社会资本合作模式。对于具有较强公共服务属性的新型基础设施建设项目，如智慧照明、智慧交通、智慧城市、智慧水务建设项目等，地方政府可以审慎引入PPP模式。在切实加强PPP项目谋划和可行性研究论证的基础上，精心编制项目实施方案，科学合理确定项目主要交易结构，通过公开招标等竞争性方式遴选合格的专业化社会资本方投资参与。为健全投资回报机制，调动社会资本的积极性，地方政府可根据PPP项目投资建设和运营需要，给予适当投资补助或运营补贴，但不得对社会资本方承诺实施明股实债、固定回报和远期股权/投资本金回购等安排。考虑到新型基础设施项目技术含量高，特别是以市场为导向，以使用者付费为主要投资回报来源，建议地方政府可鼓励专业化社会资本方提出拟引入PPP模式的新型基础设施项目建议。

第五节 制定"十四五"时期新型基础设施发展规划

新型基础设施为传统产业和传统基础设施插上信息化、数字化和智能化的"翅膀"。基于新型基础设施的"新基建＋"经济拓展了"互联网＋"经济的范围，是"互联网＋"经济的升级版和加强版，是助推新时代我国经济迈向高质量发展，特别是创新发展和转型升级发展新征程的重要抓手。为适度超前开展新型基础设施投资，构筑我国新型基础设施建设的先发优势，加快建设创新型国家和世界科技强国，加快新型基础设施建设步伐，促进"新基建＋"经济发展，应当作为我国"十四五"时期经济社会发展的一项重要任务，以及扩大有效投资的主要方向之一。

编制和实施经济发展规划，是我们党治国理政的重要方式，是党的主张转化为国家意志的重要途径，也是贯彻落实党中央重大决策部署的重要方式。新型基础设施相关技术是引领未来的战略性技术，世界主要发达国家把新型基础设施重点领域建设作为提升国家竞争力、维护国家安全的重大战略，并研究出台相关规划和政策措施。为贯彻落实党中央、国务院的决策部署，形成政府和社会、政府和市场的共识，明确政府责任，明确相关目标任务，更好地引导企业的投资方向，从而充分发挥市场在资源配置中的决定性作用和更好发挥政府作用，加快新型基础设施建设步伐，建议研究制定"十四五"时期新型基础设施发展规划，并将其作为"十四五"时期国家层面的重点专项规划。

鉴于新型基础设施建设涉及多个行业领域，涉及多个部门的职责分工，也涉及中央和地方事权分工，编制新型基础设施发展规划，明确发展战略意图，有助于达成各部门之间的共识，调动地方政府的积极性，形成中央与地方、政府与市场的合力；此外，编制规划有助于统筹新型和传统基础设施建设，促进新型基础设施科学有序发展，避免各地区不顾本地新型基础设施发展基础和条件，不顾本地技术和人才制约，"运动式"地投资建设新型基础设施，特别是避免出现低水平重复建设和高端产业低水平发展的问题。在国家层面新型基础设施发展规划的基础上，建议具备较好的新型基础设施建设发展基础和条件的地区，也可研究制定本地区"十四五"时期新型基础设施发展规划或具体新型基础设施重点领域发展建设的行动计划。

研究编制"十四五"时期新型基础设施发展规划，要以新发展理念为引领，坚持目标导向和问题导向，突出创新驱动发展战略，贯彻绿色发展、开放发展战略，以供给侧结构性改革为主线，明确新型基础设施发展的指导思想、基本要求、发展目标和发展路线图，明确主要发展任务和发展重点，提出新型基础设施领域的重大科技创新工程、重大开发应用工程、重大建设项目和重大改革举措，提出投资、财税、金融以及人才培养引进、土地利用等相关政策措施，提出组织保障、财税金融、政府服务和规划实施监测评估等保障措施。考虑到加快新型基础设施建设的重大意义，且实现规划目标和主要任务涉及多个部门的职责分工，建议国家层面的新型基础设施发展规划，由国家发展改革委会同工信、科技等有关部门联合研究制定。在规划编制过程中，要通过研讨会、座谈会、实地调研和问卷调查等多种方式，广泛征求新型基础设施相关企业以及专家学者的意见和建议。

　　发展规划描绘的是美好愿景和蓝图，但规划目标任务能否实现的关键还在于规划能否高质量地实施和落实。新型基础设施投资建设以企业为主体，以市场为导向，以创新为动力，以产业化发展为基本原则。为更好地发挥规划的导向作用，更好地引导企业投资方向，调动企业投资的积极性，对于纳入新型基础设施发展规划的重大项目，地方政府要切实加强项目谋划或帮助企业深入开展项目可行性研究论证，研究确定商业模式，健全投资回报机制，完善投资风险防控机制，切实提高投资决策科学化水平。与此同时，对于发展规划中提出的重大科技创新工程、重大开发应用工程和重大改革举措，有关部门和地方政府要制定相关行动计划或实施方案，深化细化相关目标任务，落实相关责任要求，完善相关保障措施，开展必要的试点示范工作，扎实推进实施。

第十一章　稳妥推进基础设施公募 REITs 投融资模式

　　我国存量基础设施资产规模巨大，存量资产引入权益型公募不动产投资信托基金（REITs）有利于基础设施领域降杠杆和防风险，也有助于拓宽基础设施投融资来源，对于统筹存量和增量基础设施发展乃至构建现代化基础设施体系都具有积极的促进作用，同时也为资本市场投资者，尤其是社保和保险等追求稳定收益的长期机构投资者提供新的直接投资机会。权益型公募 REITs 实质上是"以资产融资"，REITs 基金投资者和基金管理人要高度关注基础设施项目本身的资产质量以及项目运营管理中的各类风险，同时关注 REITs 基金层面和项目管理层面的治理机制。存量基础设施项目引入权益型 REITs 具有较好的发展前景，仅按照底层基础资产5% 的 REITs 转化率估算，潜在 REITs 基金市场规模将达到 3 万亿元以上。

第一节　不动产投资信托基金 REITs 的基本含义

　　不动产投资信托基金（Real Estate Investment Trusts，REITs），是指基金管理人通过面向投资者发行可转让的收益凭证募集资金，并将募集资金投资于由专业化机构运营管理的标的资产（所有权或经营权），获取投资收益（运营收益或资产增值收益），最终将投资收益按投资者所持有的收益凭证比例分配给投资者的一种金融产品。REITs 实质上是一种资产证券化产品，即将标的资产（如基础设施项目所有权或经营权）分割为标准化、可转让的证券（收益凭证），并通过公开或私募的方式由投资者认购该证券。另外，REITs 也是一种集合信托投资工具，即集合各类投资者的资金，由基金管理人进行管理运作，将资金用于投资收购原始权益人持有的标的基础资产，并获取投资收益。从标的基础资产的原始权益人角度，REITs 属于一种直接融资工具和原始投资的退出工具，是"以资产融资"，而从 REITs 基金投资者/购买者角度，REITs 又属于一种直接投资收购标的基础资产的集合投资工具。

根据底层基础资产所属行业领域的不同，REITs 一般分为基础设施类 REITs 和房地产 REITs，具体又分为仓储物流类 REITs、商业办公类 REITs、租住物业类 REITs、商业零售类 REITs、旅游娱乐类 REITs 和基础设施类 REITs 等。国际上 REITs 应用比较多的行业领域是房地产领域，募集资金主要用于住宅与商业地产，如租赁住房、酒店、商场、写字楼等投资经营，所以在我国 REITs 曾经长期翻译为"房地产信托投资基金"。实际上，国际上 REITs 运用行业领域较广，如美国 REITs 也大量应用于基础设施领域，成为基础设施领域重要的直接融资/投资模式。就基础设施领域 REITs 而言，按照不同的分类标准，可以分为权益型 REITs、抵押型 REITs 或混合型 REITs，也可以分为公募 REITs 或私募 REITs。目前中国证监会和国家发展改革委联合推出的基础设施 REITs 属于公募性质的权益型 REITs，重要政策导向是在基础设施领域推进投融资机制市场化改革，引入多元化投资主体参与，开展真正的股权融资/投资方式并盘活基础设施存量资产。

第二节　我国推行基础设施 REITs 的重大意义

基础设施项目引入权益型 REITs 打通了基础设施领域除银行贷款、债券发行和股票上市等融资方式之外又一个对接资本市场的直接融资渠道，开启了基础设施项目面对资本市场的各类机构投资者乃至个人投资者开展直接股权融资之门。基础设施领域推行 REITs 投融资模式具有重要的现实意义，有助于为基础设施建设筹集资金，从而助推扩大有效投资和稳投资；长远来看，促进了基础设施投融资主体的多元化发展，有助于促进基础设施领域投融资模式从主要依靠间接融资和债务融资模式向更多地采取直接融资和股权融资模式转型，在某种程度上这种基础设施投融资模式转型具有历史意义。

一、有助于拓宽基础设施领域投资资金来源

REITs 金融工具属于一种直接融资方式，可以为项目发起人或原始权益人筹

集基础设施项目投资资金提供除贷款、债券或股票等融资方式之外的选择。2019年7月《政府投资条例》正式施行后，除了少量确有必要的经营性项目外，政府投资应当主要用于非经营性项目建设。但长期以来大规模基础设施投资建设形成的存量经营性项目资产中仍然沉淀了大量政府投资或国有资本。如果政府或其所属城投公司等国有企业能够以适当的方式盘活存量资产或实现投资退出的话，这些被盘活的存量政府投资或国有资本无疑有助于提高政府或国有企业的投资能力。而通过向 REITs 基金投资者转让存量基础设施项目全部产权或经营权，显然属于投资退出的有效途径，投资退出的资金当然可以用于新的基础设施项目包括非经营性项目投资建设。特别是，发行权益型 REITs 符合投资项目资本金管理相关规定，经过中国证监会和国家发展改革委联合开展的基础设施 REITs 试点并总结经验后，有可能作为部分新建基础设施项目资本金（不得超过项目资本金总额的50%），从而有助于缓解基础设施领域项目资本金筹集这一大难题。这也是权益型 REITs 金融工具对于统筹基础设施存量和增量发展从而助推现代化基础设施体系建设的重大意义所在。

二、有助于盘活基础设施存量资产

市场交易能发现价值、创造价值、提升价值，这也是市场经济的魅力所在。如果我国现有大量沉淀的存量基础设施资产（包括产权或经营权）不能以适当方式进入市场交易的话，就很难认识和实现其潜在的真实价值。而由于缺乏市场化的交易机制，投资主体相对单一，基础设施的原始权益人尤其是地方国有企业也没有很大的动力和压力去提升或挖掘基础设施的潜在价值，从而容易导致优质存量资产因经营管理不善，效益低下甚至陷入亏损状态。REITs 把长期以来沉淀的大量基础设施领域存量资产转化为标准化、规范化、可交易的金融产品，为基础设施领域引入了多元化、市场化的投资主体，提高了存量资产的流动性，盘活了存量资产。特别是，由于不同投资者投资参与 REITs 的目的不尽相同、投资回报要求不尽不同、投资风险偏好也不尽不同，对标的基础设施资产价值的认识不完全相同，引入 REITs 有可能发现并进一步提升存量基础设施项目资产的价值。此外，基础设施项目通过权益型 REITs 引入基金管理人、更多的投资者乃至新的项目运营管理机构，促进了投资主体的多元化。这些多元化的投资主体有可能为基础设施项目带来更多更优质的市场资源和要素，从而增加项目经营性收入，并进一步提高项目资产的潜在价值。这也是基础设施 REITs 作为流动性较强的股权融资工具有别于债权融资工具特有的价值发现功能。

三、有助于地方政府降杠杆和防风险

长期以来，基础设施领域主要依靠政府及其所属投融资平台公司、城投公司等国有企业投资、融资和建设，且主要采取银行贷款、企业债券以及政府债券等债务融资模式，地方政府及其所属国有企业为此背上了沉重的债务（及隐性债务）包袱，当然也蕴藏着潜在的财政风险乃至金融风险。权益型 REITs 则属于股权投资方式，有助于减少基础设施项目的债务融资需求。特别是权益型 REITs 对原始权益人而言属于投资退出工具，基础设施存量资产引入 REITs 基金后地方政府或国有企业等原始权益人有可能直接偿还存量债务，从而帮助地方国有企业等原始权益人降杠杆和防风险。

四、有助于为资本市场投资者提供更好的投资机会

不同的投资者包括机构投资者和个人投资者具有不同的投资收益和投资风险偏好。从资本市场投资者的偏好看，很多投资者也愿意在承担比企业债券更高的投资风险基础上获取相对稳定且相对较高的收益，基础设施 REITs 就属于有可能提供这样的投资机会的金融工具。基础设施的投资收益相对稳定、投资风险较小，但投资强度较高、投资回报周期较长，一般需要长期资金相匹配。基础设施 REITs 可以为保险资金、社保基金、主权财富基金等长期机构资金提供相对安全稳定的投资机会，甚至在很大程度上权益型基础设施 REITs 就是为这类谋求较高分红比例、较稳定投资分红收入的机构投资者量身打造的金融投资工具。特别是基础设施 REITs 政策对基金分红（按要求每年不低于税后可供分配现金流的90％，且每年至少分红一次）的强制性要求，比起很多投资收益率也不差但派息率太低的基础设施类上市公司强多了，对追求投资分红派息而非高成长性的稳健型长期机构投资者如社保、保险机构等具备较大的吸引力，当然也可以为资本市场的其他各类投资者，包括为高净值家庭和个人提供资产配置/投资的机会。当然，在为投资者提供更多投资机会的同时，REITs 也促进了基础设施领域的投资主体多元化和投资方式多样化，即存量基础设施资产的并购投资。在很大程度上，基础设施 REITs 政策出台标志着基础设施领域投融资理念的重大转变，即研究设计投融资机制和相关政策时不仅要考虑解决建设资金缺口的需求问题，而且要从潜在融资供给者或投资者的角度考虑其投资或配置资产的收益和风险等合理合法利益诉求，从而实现融资需求和供给的平衡，促进基础设施投融资落地。

五、从宏观上有助于完善储蓄转化投资机制

长期以来，我国高度依赖间接融资，尤其是银行贷款的融资模式，从宏观层面看，不利于储蓄转换为投资，转化为投资的效率也相对较低，而且还会加大宏观杠杆率，使得金融风险堆积在银行体系。REITs 属于市场导向的直接融资方式，改变了间接融资模式下主体相对单一的银行信贷决策和风险控制机制，变成了多元主体决策、风险相对分散的投融资机制。其不仅决策机制更加完善，责任约束和风险控制机制更加健全，而且实施全过程的规范性和透明度更高，更有利于提高储蓄转化为投资的效率。

第三节　基础设施 REITs 运用的基础和前提条件

一、引入 REITs 的重要前提是基础资产真实出售

无论是权益型 REITs 还是抵押型 REITs，其发行的重要前提条件是底层基础资产应当具备现金流收入，这也是其市场价值所在。基础设施 REITs 的实质是将基础设施底层资产未来的净现金流收入进行证券化，变成标准化、可交易、可在公开市场流通的有价证券。因而，REITs 发行必须首先要建立在底层基础资产权属明确的基础上，亦即底层基础资产的产权或经营权（如仓储设施租金收入、高速公路收费权收入、铁路运输票款收入等）应由原始权益人合法完全享有，不存在权利争议，其他任何第三方不具备追索权，从而实现真实出售。如果原始权益人转让的底层基础资产存在产权不明确或经营权（收益权）存在争议，资产及其收入不能合法合规地转让给 REITs 基金投资者，则无法作为 REITs 的底层基础资产。需要注意的是，底层基础资产一般不得用于抵质押担保或者其他限制性条件，除非原始权益人能够通过某种交易安排在转让基础资产前或转让后将其予以解除。实践中，原始权益人一般可以通过以下四种安排解除基础资产的抵质押担保等权利负担：①与贷款银行（或其他提供债务融资的金融机构）协商替换担保措施（如第三方担保），将基础资产的抵质押担保予以解除；②承诺将向 REITs 基金投资者转让项目产权或经营权后回收的资金提前偿还银行贷款及其他债务，从而也解除基础资产抵质押状态；③在项目引入 REITs 之前原始权益人寻找

过桥资金，提前偿还银行贷款及其他债务，解除基础资产抵质押；④如果基础资产用于为第三方提供抵质押担保，则需要通过与第三方及贷款银行共同协商寻求该贷款银行认可的其他担保措施，从而将基础资产的抵质押担保予以解除。

二、REITs 的基础资产要具备持续稳定现金流

在基础设施领域，底层基础资产主要包括项目产权和经营权（收益权）两种，其中产权主要表现为基础设施项目公司原始股东的股权，股权转让意味着原始股东的投资直接退出。考虑到很多基础设施项目的资产所有权并不属于项目公司，项目公司只是拥有政府授予的项目特许经营权及其收益权，作为基础资产的特许经营权（收益权）转让实际上只是项目公司作为原始权益人的净现金流收入转让，转让的资金实际上归属于项目公司，而非完全意义上的项目原始股东的投资直接退出。从权益型 REITs 的股权投资要求看，以基础设施项目公司原始股东股权作为基础资产或标的资产的操作路径相对清晰、便捷。

实践中，无论基础资产是产权还是经营权（收益权），作为基础设施 REITs 的底层基础资产通常需要满足以下三个前提条件和要求：

第一，项目本身具备稳定现金流。新建项目存在较大的设计和建设风险，经营风险更没有办法检验，所以项目建设期发行 REITs 筹集资金的难度相对较大。而存量基础设施项目在竣工投产特别是进入正常运营期后，设计和完工风险基本释放，经营管理相对稳定，市场需求和价格等风险相对容易识别，现金流比较稳定可靠，比较容易得到 REITs 基金投资者的认可。我国 REITs 政策提出，原则上基础设施项目要运营持续 3 年，主要也是出于"证明项目具备稳定现金流"的考虑。

第二，项目具备受益者/使用者付费机制。从国际经验看，基础设施 REITs 的底层资产所处领域基本上为具有收费机制或经营性收入的行业领域，如仓储物流、铁路、收费公路、机场、港口、油气管道以及供水、供热、燃气供应等传统基础设施，以及通信网络、大数据中心等新型基础设施，可以产生一定的经营性现金流且相对比较稳定，甚至随着需求和价格/收费提高还可能有所增长。此外，特色产业园区如物流产业园区、文化产业园区（如北京 798 艺术区）、文旅特色小镇（如浙江乌镇）、冷链物流基地、科技孵化器、电子商务孵化器和产业园区标准厂房等，也属于比较适合的 REITs 基础资产。需要注意的是，主要依靠政府付费或运营补贴的 PPP 项目，虽然社会资本方尤其是建筑施工企业具有较强通过引入 REITs 实现投资退出的需求，但是这类项目收益增长的可能性较小且收益过于集中，特别是项目资产本身缺乏增值/溢价的空间，不太适合发行权益型 RE-

ITs（更适合引入抵押型 REITs 或资产支持债券 ABS）。现阶段 REITs 政策也明确提出这类项目不允许被纳入 REITs 的项目范围。

第三，基础设施资产产权或收益权不存在权属争议。项目公司股权未被股东抵押或可以依法予以解除抵押，项目收费权或特许经营权收益权质押可以解除或得到银行等债权人的认可，相关的土地使用权属明确且不处于抵押状态。

除此之外，项目发起人或原始权益人本身的资信对成功引入 REITs 也非常重要。REITs 政策要求，企业信用稳健、内部控制制度健全，最近 3 年内没有重大违法违规行为。从实践看，基础设施项目出现重大工程质量问题、拖欠工程款和贷款违约等均属于比较重大违规甚至违法的问题。如果项目引入 REITs 后委托第三方运营管理，则第三方同样也要具备稳健的企业信用和较强的运营管理能力，从而确保项目继续产生稳定的现金流。

第四节　基础设施 REITs 具有较大的发展潜力

一、权益型 REITs 是基础设施领域可行的投融资模式

我国现阶段仍然处于城镇化快速发展阶段，2019 年末，常住人口城镇化率为 60.6%，按照第七次人口普查结果，2020 年实际达到 63.9%，预计"十四五"期末将达到 68% 以上。在这一发展阶段，"铁公机、水电气"等传统基础设施领域仍然存在较大的投融资需求，而 5G 网络、大数据中心、智慧能源、智慧交通等新型基础设施重点领域的投资需求也在持续快速增长。潜在的高强度基础设施建设投资需求无疑需要相应的融资供给才能转化为有效投资需求。但长期以来，我国基础设施领域政府投资"大包大揽"且高度依赖债务融资尤其是银行贷款的投融资模式难以为继，不仅导致政府及其所属国有企业背上了沉重的显性和隐性债务负担，而且在一定程度上"挤出"了社会资本包括民间资本的投资机会。统筹存量和增量基础设施发展，通过存量基础设施引入权益型 REITs 基金等股权投资/融资方式，促进投资主体多元化，盘活存量资产，扩大投融资来源，促进增量投资，逐步成为基础设施领域投融资机制改革的共识乃至必然选择。在很大程度上，甚至可以认为，现阶段基础设施领域除了权益型 REITs 金融工具外，没有更好的"既增加投资资金来源，又助力扩大有效投资，还不增加债务"

的投融资模式。总之，权益型 REITs 是基础设施领域统筹存量资产和增量发展，从而促进构建现代化基础设施体系可行的投融资模式。

二、基础设施 REITs 市场规模将预计超过 3 万亿元

权益型 REITs 金融工具的实质是将具备持续、稳定现金流的存量基础设施项目基础资产即产权或经营权（收益权）未来一定时期甚至全生命周期产生的经营性净现金流进行价值重估，并将该重估后的基础资产价值进行证券化或折合为可供资本市场各类投资者认购的、标准化的证券产品（基金）。截至 2019 年底，我国基础设施领域存量资产总规模约为 380 万亿元，但大部分属于没有或很少经营性收入的非经营性资产如普通公路、市政道路、园林绿地、防洪工程等，这类存量资产在资产市场投资者眼中并没有"价值"，无法吸引其投资认购 REITs 基金。除此之外，30%～40% 是具有使用者付费机制、能够带来经营性现金流的经营性资产，即总额约为 120 万亿元，主要分布在能源、交通、水利、市政以及仓储物流、特色产业园区等经济基础设施，以及旅游、文化场馆、体育场馆、养老、保障房等社会基础设施领域。这些基础设施领域总体上具备较稳定的经营性现金流，特别是其中的优质基础设施项目，比较适合引入权益型 REITs。

按照经营性基础设施资产的经营性净现金流估算，初步估算这些经营性资产潜在的 REITs 基础资产的净现金流总额每年达到 6 万亿元左右。如果每年能将基础资产的 5%，即约净现金流 3000 亿元转化为权益型 REITs，按照存量资产项目平均约 10 年剩余经济寿命期或特许经营期计算，则我国权益型 REITs 融资额或市场总规模可望达到约 3.0 万亿元。如果经过积极努力，底层基础资产的转化比例达到 10%，则权益型 REITs 基金的市场总规模预计将达到 6 万亿元左右。这是现阶段我国基础设施 REITs 潜在的发展空间，总体上看市场前景非常好。

除此之外，如果基础设施类央企如国家铁路集团、国家电网、南方电网甚至中石油、中石化等拿出部分优质存量资产引入 REITs 的话，那么 REITs 基金市场规模有望进一步扩大。

三、踏实做好基础设施 REITs 试点工作

与债权投资性质的抵押型 REITs 和资产证券化 ABS 完全不同，权益型 REITs 属于真正意义上的股权投资方式，不得采取债权投资，包括类 REITs 方式常用的差额补足、流动性支持甚至第三方担保等方式，权益型 REITs 基金投资者要真正承担基础设施项目的投资风险。因而，引入 REITs 基金过程中涉及项目基础资产

转让价格、回报机制和投资风险管控机制以及健全项目产品或服务价格调整机制和保障项目唯一性（一定时期内的自然或行政垄断性）等一系列问题，也涉及现行 REITs 管理架构下 REITs 本身的治理机制问题。

这无疑对权益型 REITs 基金管理人的专业能力，尤其是基础设施运营、管理能力以及相应的风险防控能力是一个很大的考验和挑战。而目前国内专业化的具备主动管理能力的基金管理人非常欠缺。实践中，即使某个基金管理人通过权益型 REITs 试点具备了某个特定基础设施行业领域的项目运营、管理能力，但换一个技术经济特点不同、商业模式不同的基础设施领域开展 REITs 相关工作——如从机场项目换到机场高速公路项目，同样还是"外行"。同时，权益型公募 REITs 政策要求 REITs 基金几乎"把全部鸡蛋放在一个篮子里"——发行 REITs 基金募集资金的80%以上要按要求通过专项资产支持计划（ABS）投资于特定的基础设施项目，也与公募证券投资基金为了分散投资风险通常需要采取的"组合投资""分散投资"方式完全不同，也会额外增加 REITs 基金投资者对投资风险的担心。此外，存量基础设施项目引入权益型 REITs 后不仅是项目产权或经营权全部转让给特定的资产支持计划，在很大程度上意味着项目投资者（股东）变换以及相应的项目管理和控制权的转移，地方政府对基础设施项目持续安全稳定提供公共产品或服务的担忧或诉求也必须充分考虑。因而实践中，存量基础设施项目引入权益型 REITs 落地并不容易。

虽然上海张江 REIT、首钢绿能 REIT、中金普洛斯 REIT 等首批9只公募 REITs 基金已经正式上市交易，但我国基础设施权益型 REITs 尚处于起步阶段。目前最重要的任务不是快速推出多少基础设施 REITs 项目，短期内把 REITs 基金发行数量和市场规模搞到多大。风物长宜放眼量，原始权益人和有志于基础设施 REITs 长期发展的公募基金管理人也没有必要在试点阶段就"吃成胖子"，而应当是积极稳妥地做好基础设施 REITs 试点工作，精心筛选试点 REITs 项目，高质量编制好 REITs 发行方案。已经上市交易的 REITs 基金管理人和原始权益人要运营管理好试点 REITs 项目，力争成为成功的权益型 REITs 项目案例。

客观地说，基础设施 REITs 基金是交易结构包括投资风险和收益特点都有别于企业债券和股票的金融产品，但短期内资本市场的投资者很难深刻认识其中的差异，现行 REITs 相关制度政策本身也难言非常完美（即使推行了数十年的债券和股票相关制度政策也一样）。因而，有关部门要突出问题导向，尽快总结基础设施 REITs 试点经验教训，在此基础上进一步完善 REITs 相关制度政策。

第五节　基础设施 REITs 需要各方转变观念认识

一、地方政府应当但求基础设施所用，不求所有

权益型基础设施 REITs 政策要求项目发起人或原始权益人转让基础设施项目，全部产权或经营权以及相应的控制权和处置权，但项目资产仍然还在当地，还在提供相关公共产品或服务。对于地方政府而言，对"外行"的 REITs 基金投资者和基金管理人获得了基础设施项目管理和控制权的担心，对项目能否持续安全稳定提供公共产品或服务的担心，尤其是对其为获得更高收益而不惜牺牲工程质量和服务质量的担心，无疑是很自然的、很正当的。特别是考虑到权益型 REITs 每年要强制性地向基金投资者分掉 90% 以上的可供分配收益，地方政府对项目长期安全可持续运营的担心可能会更加强烈。

然而，地方政府也要对引入权益型 REITs 这种直接的投资/融资方式形成全面、客观、正确的认识，即权益型 REITs 的引入在很大程度也属于一种广义的政府和社会资本合作，有助于盘活存量基础设施资产，有助于提升基础设施资产的价值，提高基础设施项目运营效率，甚至有可能通过引入 REITs 将存量基础设施资产"卖个好价格"。地方政府及所属国有企业对待权益型 REITs 正确的态度应当是：不求基础设施资产所有，但求基础设施资产仍然所用。因而，地方政府要积极看待引入权益型 REITs 的意义，拿出优质存量基础设施资产吸引权益型 REITs 基金投资者，同时要切实转变政府职能，加强和改进对存量基础设施项目的外部监管包括实施科学合理的项目绩效考核评价，督促和保障项目公司实现项目应有的目标和产出。诚然，对 REITs 基金投资者和基金管理人感兴趣的存量基础设施项目都是具备持续、稳定经营性现金流的优质项目，但地方政府及其所属国有企业如果"一刀切"地排斥存量基础设施项目引入权益型 REITs，显然不是基础设施领域市场化、产业化改革大背景下应有的正确做法，更不是统筹存量和增量基础设施发展应有之策。

二、地方国有企业应当积极看待引入 REITs 的重要作用

存量基础设施项目引入权益型 REITs 后，"大股东"变成了资本市场的投资

者（即使只是名义上的），原始权益人通常通过战略配售 20% 以上的 REITs 基金份额。对于建筑施工企业和设备供应商等企业而言，其投资形成的存量基础设施项目（主要是 PPP/特许经营项目）引入权益型 REITs 后，可以回收大部分原始投资，从而可以实现投资退出以及相应的融资"出表"，因而对引入权益型 RE-ITs 具有较高的积极性。

然而，目前我国存量基础设施项目产权或经营权主要为国有企业包括地方国有企业和央企持有，存量基础设施项目向权益型 REITs 全部转让项目产权或经营权后，对于作为原始权益人的国有企业特别是需要做大做实经营性资产规模和夯实经营性现金流的地方国有企业，如对投融资平台/城投公司而言，虽然有助于"降杠杆"和化解存量债务，但是在很大程度上也伴随着优质资产"出表"，特别是基础设施项目管理和控制权的转移（当然，原始权益人也可以考虑通过认购大比例的REITs 基金份额达到不出表和不失去控制权的目的）。因而，很多地方的国有企业不太积极甚至不接受引入 REITs 这种金融工具都是可以理解的。但权益型 REITs 毕竟为地方国有企业提供了盘活存量资产、扩大投融资来源和"降杠杆"的重要机会，提供了又一个可以比选的融资来源和方式，因而全面、客观地认识看待权益型 REITs 引入对企业长期发展和可持续融资的作用，是十分必要的。

客观地说，当前基础设施领域很多地方国有企业债务负担沉重，陷入了"既缺少建设资金，又要降低杠杆率，还要加大基础设施投资力度"的困境。对于这个看似不可能闭合的"三角形"，不可能同时圆满完成的目标任务，存量资产引入权益型 REITs 这种直接股权投资/融资方式，无疑提供了一种现实可行的解决方案，而显然债务融资工具包括地方政府直接发债融资方式都做不到这点。以地方政府发行专项债券为例，虽然专项债属于规范的政府举债融资机制，也有助于扩大建设资金来源和加大基础设施投资力度，但对地方政府而言显然属于"加杠杆"和增加债务负担，蕴含着潜在的债务风险。此外，如果考虑到权益型 REITs基金投资者和基金管理人的定位还是以金融资本为主，项目管理和控制权即使名义上"转移"，总体上项目公司还是主要依靠原始权益人（或第三方专业化的项目运营管理公司）的运营管理经验和能力，地方国有企业理应对存量基础设施资产引入权益型 REITs 基金抱着积极审慎的态度。

三、REITs 基金投资者和管理人要强化股权投资理念

基础设施领域推行权益型 REITs 政策的重要原则是坚持权益导向，即 REITs基金投资者要开展真正意义上的股权投资。也只有开展真正的股权投资，才能既

帮助地方政府或原始权益人降低杠杆，又盘活存量资产、筹集基础设施建设资金。权益型 REITs 不得像此前开展的一些类 REITs 和 ABS 等债权融资工具一样实施收益差额补足、流动性支持和第三方担保等增信措施，地方政府更不得承诺明股实债、最低收益保障和远期股权回购等安排。权益型 REITs 基金管理人，包括基金投资者也要加快转变观念和认识，要强化买方思维、摒弃卖方思维，更要强化股权投资思维、摒弃债权融资/投资思维，特别是要摒弃基础设施领域投融资中长期存在的"城投债信仰"以及很多 PPP 项目采取的明股实债、固定回报、远期回购承诺等违法违规的做法。

诚然，权益型 REITs 基金投资者对 REITs 基金本身流动性较差或退出机制过于单一（主要通过二级市场转让）的担忧不是没有道理，长期持有基础设施项目产权或经营权，谋求相对较高的投资收益当然无可厚非，但更要有承担基础设施项目投资风险的正确认识甚至心理准备。特别是考虑到权益型 REITs 的投资并非证券投资基金相关政策要求的"组合投资""分散投资"，而基本上是单一的基础设施项目投资（为分散和对冲这种单一项目投资潜在的收益风险，REITs 政策也提出项目现金流来源具备较高分散度，且主要由市场化运营产生），REITs 基金管理人要切实承担长期持有和运营管理基础设施项目的责任意识，更要积极努力识别和有效管控基础设施项目的主要风险。因而，REITs 基金管理人强化"受人之托、代人理财"的正确理念和认识，努力提高主动管理能力，强化基础设施运营管理能力建设，是十分必要的。

REITs 基金管理人只有积极努力提高自身的专业能力，甚至把自己从金融资本的角色和定位转变为某种程度上的产业资本（如类似麦格理和黑石的资管机构），变成在特定基础设施领域具备较强运营、管理等专业能力的投资运营商，才能真正获得地方政府、原始权益人和 REITs 基金投资者等各主要利益相关方的认可，才能真正助推我国基础设施领域权益型 REITs 长期可持续发展。就现阶段而言，权益型 REITs 基金管理人比较现实可行的选择是，加强与基础设施领域既有专业化的投资运营商的战略合作。一方面，这些基础设施投资运营商本身很可能有降杠杆甚至轻资产运营的潜在需要，其存量基础设施项目有可能需要引入权益型 REITs；另一方面，权益型 REITs 基金收购的存量项目，REITs 基金管理人也很可能需要委托除原始权益人之外的专业化的投资运营商进行运营管理（尽管 REITs 政策允许 REITs 基金管理人设立专门的子公司承担项目运营管理工作，但是这绝非一蹴而就）。

总之，从发展方向看，基础设施 REITs 基金管理人不应像股票市场上证券投资基金管理人一样的财务投资人的定位，要尽力向产业资本的角色转变，尽可能变成金融资本和产业资本的"合体人"。

第六节　基础设施 REITs 需要税收优惠政策支持

基础设施公募 REITs 目前没有专门针对性的税收政策，只能适用一般性税收法规。公募 REITs 在设立、持有运营、退出等环节涉及增值税、企业所得税、个人所得税、土地增值税、契税、印花税等多个税种，纳税主体主要涉及 REITs 基金投资者、REITs 基金、专项资产支持计划和基础设施项目公司等多个层级。在 REITs 基础资产的设立环节，通常要进行资产重组或并购，这属于资产交易行为，需缴纳相关税费。

权益型公募 REITs 相关税收政策可能资本市场投资者和原始权益人比较关注，但对于 REITs 基金投资者而言，税收本身是中性的，在基金投资者追求的合理收益水平不变的情况下，税收增加（或减少）只会是降低（或提高）基础资产的市场价值以及相应的二级市场上 REITs 基金价格。对于基础设施项目原始权益人而言，公募 REITs 基础资产转让和交易环节的税负如果太高，会降低资产转让价格（估价）以及原始权益人的资产转让收入，从而在一定程度上影响其引入公募 REITs 的积极性（见专栏 11－1）。

专栏 11－1　公募 REITs 基础资产交易环节有必要减免相关税收

在公募 REITs 基础资产的交易环节和特许经营/PPP 项目到期后移交给政府指定机构的环节，相关税收减免政策还是很有必要的。比如，原始权益人在 REITs 相关权益转让环节的税费有必要减免，毕竟原始权益人不是 100% 转让基础设施项目所有权或经营权，因为按公募 REITs 政策要求原始权益人还要以战略投资者身份认购不低于 20% 的 REITs 基金份额。建议有关部门尽快明确公募 REITs 交易环节和移交环节相关税收减免政策。

权益型公募 REITs 对资本市场的投资者而言属于直接的股权投资工具，REITs 投资者最终要承担项目投资风险包括项目失败风险，按照投资收益与风险相匹配的基本逻辑，当然期望投资收益能更高一些。实际上，权益型公募 REITs 也确实属于公司股票和信用债券之间投资收益和风险匹配较好的一种金融工具。另外，对项目发起人（原始权益人）而言，具备发行权益型 REITs 金融工具的基础设施项目属于优质资产，申请银行贷款甚至发行企业债券的条件基本上能够满足，项目发起人（原始权益人）也需要比选不同融资方式的优劣势。当权益型公募 REITs 的税收政策与普通股权投资方式相同，即 REITs 基金投资者的分红或派息，必须在缴纳所得税之后进行，即分红或派息资金只能来自税后可分配利润——这实质上属于在基础设施项目公司与 REITs 基金层面的双重征税，无疑相应地增加了 REITs 基金投资者的综合"成本"，从而很有可能反过来影响 REITs 基金投资者的积极性。如果 REITs 基金投资者坚持要求获取预期投资收益水平，必然要"压低" REITs 基金的发行价格，意味着"推高"项目原始权益人的融资成本并降低 REITs 相对于其他融资方式的优势，从而难免降低原始权益人引入权益型 REITs 的积极性。

还应引起注意的是，权益型 REITs 基金净收益每年分派比例不低于 90% 的强制性要求，虽然有利于调动基金投资者参与投资认购 REITs 基金的积极性，但是在很大程度上也会影响原始权益人引入 REITs 基金的积极性（特别是在原始权益人仍然实质上拥有基础设施项目管理和控股权的情况下）。此外，权益型 REITs 政策允许的 REITs 直接或间接的杠杆率太低（不得超过 40%），这无形中增加了权益投资总额，难免相应地降低 REITs 基金投资者的投资收益水平，从而也在一定程度上影响其投资积极性。

从国际经验来看，促进基础设施 REITs 发展的一项重要激励性政策是基础设施项目公司的分派利润在企业所得税前扣除。企业所得税前扣除政策使得权益型 REITs 金融工具在一定程度上具备了与银行贷款和企业债券等债务融资工具类似的性质，相比普通股权投资方式，包括公开发行公司股票上市方式具有更明显的优势。以美国为例，美国基础设施 REITs 主要为公司型 REITs，即公司直接持有基础设施项目股权或经营权，投资者则作为 REITs 公司的股东参与投资。按照美国基础设施 REITs 税收优惠政策，发行 REITs 这一金融工具的企业所得税税基为应纳税所得额减去当期向 REITs 投资者的派息。如果将当期应纳税所得额全部向 REITs 投资者分派，那么项目公司当期无须缴纳企业所得税。这就是说，基础设施项目公司给予 REITs 投资者的派息可以税前扣除，就像偿付银行贷款或企业债券利息一样。这既增加了 REITs 投资者的投资收益水平，又降低了基础设施项目公司的综合"成本"，因而调动了项目原始权益人和 REITs 投资者的积极性。美国 REITs 的税收优惠政策有力地促进了 REITs 在基础设施领域的运用，美国由此发展成为全球 REITs 规模最大的市场，目前 REITs 基金的二级市场规模大约占全球的 40%。

为支持权益型基础设施 REITs 发展，我国也有必要采取类似美国等国家的税收优惠政策，这也是目前资本市场投资者和原始权益人都比较期望的一项 REITs 激励性政策。如果缺乏所得税税前扣除的优惠政策支持，对基础设施项目原始权益人而言，在比选 REITs、银行贷款、企业债券等融资方式时，从融资综合"成本"比较或基础资产"卖个好价格"的需要来看，权益型 REITs 基金的优势可能还不如银行贷款和企业债券等债务融资工具。

第七节　REITs 资产端投资者需要关注的主要问题

基础设施公募 REITs 坚持权益导向，REITs 基金投资者与上市公司股票和证券投资基金投资者的定位存在很大差别。前者要穿透承担基础设施项目运营管理责任以及相关各种风险，而且获得相应的项目管理权和控制权，而后者本质上属于财务投资人，不追求也基本上不可能获得上市公司的管理权和控制权。实践中，公募 REITs 基金收益分配主要依靠经营性现金流收入，对基础设施项目收入现金流的稳定性要求很高。虽然公募 REITs 底层的基础设施项目原则上都是经过至少 3 年运营实践检验的优质资产，但也只是代表过去和现在的经营业绩，公募 REITs 基金管理人和基金投资者要高度关注和妥善处理未来可能影响基础设施项目运营和财务效益的主要风险或不确定性因素，从而确保获得长期稳定可持续的投资收益。

一、关注基础设施项目资产质量

在现行公募 REITs 试点阶段，基础设施项目引入 REITs 实行严格的审核制，即原始权益人引入 REITs 要先行获得发展改革委审核批准并向证券监管部门推荐。通过地方政府申报和发展改革委审核后推荐上市的基础设施公募 REITs 基金，总体上项目资产质量是要严格把关的。公募 REITs 基金投资者也可以看到该项目前 3 年的实际运营业绩和未来预期业绩。但是由于基础设施项目运营期比较长，期间存在很多不确定性因素乃至风险，公募 REITs 基金发行时预期的项目收益无法保证一直不变，仍然存在不确定性甚至可能不及预期。因而，项目运营风险因素识别及其防控机制包括存在哪些主要风险、谁承担风险防控责任、不同风险因素的影响、风险防控措施及其防控成本等，是公募 REITs 基金管理人，特别是基金投资者需要高度关注的。

收费类的水电气路等基础设施资产在未转让前可以为老百姓提供保质保量的优质服务。但是，地方政府往往担心，如果项目原始权益人退出了，特别是不承担运营管理工作的情况下，将来是否会影响项目服务质量和安全。当项目应当进行大修或更新改造时，如果不及时大修或更新改造，对项目服务质量乃至安全稳定性难免会有潜在不利影响。但是，在公募 REITs 发行阶段，计算公募 REITs 基金预期投资收益时，是否分析计算了未来整个营运期基础设施资产的大修特别是更新改造等资金支出。如果未来这类大额资金支出没有计入的话，无疑会影响公募 REITs 基金投资者当期甚至随后几期的分派率。这点是追求持续稳定投资收益的 REITs 基金投资者需要予以高度关注的。

二、关注基础设施资产定价机制

公募基础设施 REITs 基础资产实际上有"两个价格"，即原始权益人想卖的价格和投资者想买的价格，二者实际上是"买和卖"的关系。实践中，要重点关注基础设施项目收益来源性质对 REITs 价值的影响。公募 REITs 的价值通过基金投资者和基金管理人与原始权益人各自的利益诉求和投融资偏好来起作用，二者恐怕有时是相左的。比如，原始权益人倾向通过公募 REITs"卖高价""多融资"，而 REITs 基金管理人和投资者倾向卖价低一点，这样基金投资者未来的投资收益会高一点，REITs 基金发行时更愿意参与认购。

公募 REITs 这一金融工具对于原始权益人而言，是"卖优质资产""以优质资产进行融资"，而对基金投资者而言，是"投资于优质资产"。虽然原始权益人和基金投资者在确定 REITs 定价时都有各自的参照标的，但是总体上公募 REITs 的定价机制应该主要站在资本市场投资者的角度，主要由市场来决定，原始权益人不能一厢情愿地"卖高价"。与此同时，基础设施资产价格如果被压低了，相当于原始权益人"贱卖"基础设施资产（也可以说原始权益人以"优质资产进行融资"的成本偏高了），因而是不划算的。有鉴于此，原始权益人也不能被基金管理人和基金投资者"蒙骗"了，也需要对 REITs 合理估值做出基本判断，从而卖出相对合理的价格。

建议基础设施项目原始权益人可以聘请同行业领域专业化的工程咨询机构分

析测算未来项目需求、收益和成本并研究提出潜在风险识别与防控措施或应对办法，提高收益测算结果的准确性、可靠性，进而保障预期收益能够实现。这在很大程度上也给 REITs 基金管理人和投资者"吃定心丸"。

三、关注项目剩余收费或运营年限

特许经营/PPP 项目有一定的特殊性，主要是项目有明确的特许经营期或 PPP 合作期，到期特许经营者或 PPP 项目社会资本方要按照特许经营协议或 PPP 合同要求将项目移交给政府或其指定机构，且通常是无偿移交。2021 年国家发展改革委发布《关于进一步做好基础设施领域不动产投资信托基金（REITs）试点工作的通知》（发改投资〔2021〕958 号），对 PPP（含特许经营）项目引入公募 REITs 提出了若干明确具体的要求。此外，收费公路项目按照国家有关规定，也有一定的收费年限，若超过此收费年限，项目将失去收费权以及相应的收益权。对于这些有特定收费或政企合作年限要求的基础设施项目，投资者要特别关注项目剩余收费期限或特许经营期。在项目收费期或剩余年限内，如假定每年收益不变的情况下，总收益是不断降低的，因而 REITs 基金二级市场的价格可能逐渐下降。因而，这些项目的 REITs 定价机制有别于永续运营的项目（见专栏 11 - 2）。

专栏 11 - 2　基础设施项目剩余收费或特许经营期限对基金分派率的影响

特许经营/PPP 基础设施项目公募 REITs 基金相当于债权融资，REITs 基金投资者/持有人每年获得的分派资金中除了投资回报外，实际上还应当包括投资本金的"摊销"。因而，公募 REITs 基金投资者要高度重视项目剩余特许经营期限，该期限越长，要求基础设施项目的年度分派率越小，反之则要求越高。假如 REITs 项目估值为 100（基金认购价乘以基金份额），基金投资者期望的投资回报率为 5%（大约相当于目前银行股票的股息率），如果项目剩余特许经营期为 20 年，则该 REITs 基金的年度分派率要达到约 8%；如果项目剩余特许经营期为 25 年，则年度分派率要达到约 7%；如果项目剩余经营期为 30 年，则年度分派率要达到约 6.5%；反之，如果项目剩余经营期仅为 15 年，则年度分派率要接近 10%。

在剩余的收费或特许经营期限内，如果水电气路等公募 REITs 项目按照原来的特许经营协议经营，到期时 REITs 基金价值将归零甚至清算，所以到期前如何应对是投资者和基金管理人应当考虑的重大问题。其中一个应对策略是，到期前几年基金扩募或通过少分派去收购其他优质资产。当然，合规地争取政府继续委托运营该基础设施项目也是一个解决办法。此外，政府依照 PPP 或者特许经营协议提前终止合作协议或者提前接管项目的风险如何应对，也是要预先考虑好的。

四、关注项目的剩余经济寿命期

除了需要关注特许经营/PPP 项目的剩余经营期限，产业园区、仓储物流等基础设施资产虽然可以永续持有产权以及相应的经营权，但这类基础设施项目也有一个经济寿命期的问题，如建筑安装工程的经济寿命期可以达到二三十年甚至上百年，而设备的经济寿命期一般只有十年左右。

在经济寿命期到来之前，基础设施项目必须进行大修、更新改造甚至重建，这无疑需要增加投资，从而影响 REITs 持有人或投资者即期乃至此后几年的分派收益。此外，REITs 投资者和基金管理人还要考虑如何有效防范、合理分担相关风险，以及在不可抗力情况下的应对措施。

五、关注项目的收费和价格机制

基础设施项目大多具有所谓"两头经济"的特点，即投入端的价格高度市场化由市场决定，而产出端的价格往往受政府规制、实行政府定价或指导价。基础设施项目运营期很长，提供相关产品或服务的主要成本如原材料价格和员工工资薪酬等在运营期难免发生变化，项目产品或服务价格或收费要作出相应调整，从而保障项目收益合理稳定。

因而，公募 REITs 基金管理人和基金投资者需要关注项目价格或收费调整机制是否完善，尤其是如收费公路、供水、供电、供热、污水处理、垃圾处理等涉及政府定价或指导价的基础设施项目，更要关注是否可能影响项目运营收益。鉴于此，公募 REITs 基金投资者要特别关注项目产品或服务价格机制是否健全完善的问题，包括调价机制是否科学合理和在调价不及时、不到位情况下地方政府如何提供相应的补贴或补偿等。

六、关注 PPP 项目的合规性和合理性

国家发展改革委 2021 年 958 号文对 PPP 项目引入公募 REITs 提出了专门要求，尤其强调 PPP 项目本身的合规性。从 2015 年开始实施的很多 PPP 项目都经过了三年的营运期，具备了引入公募 REITs 的基本前提和条件，而且很多 PPP 项目的社会资本方为建筑施工企业（这类企业中标的 PPP 项目大约占 50%），其对于通过权益型公募 REITs 实现一定程度的投资退出具有较大需求。

公募 REITs 基金投资者和基金管理人要特别关注 PPP 项目运作过程的合法合规性，特别是 PPP 项目协议中相关交易结构的合规性和科学性。如果有的 PPP 项目协议确实不合理或存在较大问题，如项目建设用地获取方式不合规，项目风险识别不充分、政企风险分担机制不合理，地方政府向社会资本方承诺明股实债、固定回报、远期股权回购或承担投资本金损失，或者项目价格/收费形成调整机制不完善，恐怕有必要签署 PPP 项目补充协议或补办相关手续，从而使得 PPP 项目合法合规操作，也最大限度地降低 PPP 项目未来的运营和收益风险。

七、关注项目原始权益人的资信

公募 REITs 的核心是"优质资产上市"，而非企业主体或项目原始权益人发行上市，重点是将优质基础设施项目的股权或经营权等资产转让和上市交易，因而基础设施项目引入公募 REITs 主要依靠项目资产质量和信用，而非项目原始权益人的主体信用。实践中，若某个企业资产负债率较高、主体信用较差，是很难发行公司股票上市的，但是如果该企业投资运营的某一个基础设施项目权属清晰且具有较好的经营性收入和现金流，则依托该项目资产尤其是现金流收入是有可能引入公募 REITs 的。

值得注意的是，基础设施项目资产质量与原始权益人的主体信用并非完全割裂。实践中，优质基础设施项目资产质量在很大程度上表明原始权益人是靠谱或资信较好的。资信较好的原始权益人的项目资产如果转让给 REITs 基金，再委托原始权益人运营管理，那么该原始权益人对 REITs 项目资产质量和信用以及实现预期收益的保障是比较"靠谱"的。而主体信用较差、债务负担重甚至经营管理都出现了很大问题的原始权益人，即使想通过引入 REITs 达到融资化债的目的，恐怕资本市场投资者也不太敢参与认购 REITs 基金。鉴于此，公募 REITs 相关政策在强调基础设施项目资产质量要"靠谱"的同时，也提出了选择比较"靠谱"的原始权益人的导向。当然，实践中不能从一个极端走向另一个极端，

引入公募 REITs 基金不能过于强调原始权益人的资信，否则又背离了公募 REITs 政策秉承的"资产上市"而非"企业上市"的初心。

第八节　着力完善公募 REITs 的治理机制

我国公募 REITs 基金属于契约型基金而非公司制基金，而且为了规避相关法律对公募基金必须合理分散投资的规定，采取了"公募证券投资基金＋资产支持证券 ABS"的双层管理架构，又进一步增加了 REITs 治理体系的复杂性。因而，公募 REITs 基金投资者需要关注 REITs 基金和项目公司两个层面的治理机制，尤其是项目公司管理权和控制权是否科学合理设置。公募 REITs 基金管理人和 ABS 管理人实质上都属于"受人之托、代人理财"，受托运营管理基础设施项目的原始权益人或第三方运营管理机构其实也是代理人或受托人，最终承担投资责任和风险的是 REITs 基金持有人或投资者。实践中，如何科学合理确定公募 REITs 两个层面的治理机制，合理确定基金投资者、基金管理人和原始权益人等主要利益主体的责权利关系及其相关权力和利益如何有效保障和制约，是十分重要的。

公募 REITs 是"凭借优质的基础设施资产质量上市"。项目运营管理是确保项目资产质量特别是获得稳定可持续收益的重要基础和前提，实践中有必要合理划分项目公司管理权和控制权，建立现代企业管理制度，健全项目运营管理机制。为此，在基础设施项目运营管理层面，建议 REITs 基金投资者要高度重视以下主要治理机制：一是受托的项目运营管理机构（如原始权益人）本身的法人治理机制和企业管理制度建设情况，包括其控股股东情况。二是项目运营管理机构的专业人员和专业能力情况（该专业能力依靠 REITs 基金管理人所谓的专业人才无法替代）。三是项目运营管理机构的激励和约束机制以及相应的绩效考核评价机制。特别是，如果项目运营管理不好、运营业绩达不到预期，那么是否有必要、如何更换项目运营管理机构及其更换基本条件。四是合理界定基金管理人、基金投资者、项目运营管理机构的运营管理权责及激励机制。

公募 REITs 基金管理人在 REITs 治理体系中扮演着重要的角色，居于连接项目公司、运营管理机构和基金投资者/持有人的枢纽地位，但是按照现行公募 REITs 政策规定，基金管理人实质上也属于受托人之一（这是我国契约型 REITs 基金与其他国家公司制 REITs 基金的一大区别）。作为受托人，基金管理人无疑需要相应的激励和约束机制以及相应的绩效考核评价机制，但其科学合理性如何，无疑是基金投资者要关注的问题。

在 REITs 项目向国家发展改革委申报阶段，作为发行申报单位的原始权益人实际上是可以变更基金管理人和 ABS 管理人（律师事务所、会计师事务所或资产评估等中介服务机构）的。但是在公募 REITs 发行后的存续期，如果出现项目经营业绩未达到预期甚至出现亏损，或者除 REITs 项目之外投资业绩不理想甚至出现亏损，或者基金管理人自身管理混乱甚至严重违规等情况，作为 REITs 基金最高权力机构的基金投资者/持有人大会是否有必要、有权力更换以及如何更换基金管理人，也是基金投资者需要关注的问题。这些问题，实际上也是公募 RE-ITs 顶层制度政策需要明确回答的。

第十二章　激发民间资本投资
基础设施的内生动力

近年来，我国民间投资占固定资产投资总额的 50% 以上，占基础设施和公共服务等公共领域投资的比重接近 30%，占制造业投资的比重更是超过了 80%。新发展阶段，提振民间投资者的信心，拓展民间投资空间，引导民间投资方向，不仅对短期的扩大有效投资需求和稳增长、稳就业具有重要的促进作用，而且对长期的拓展有效投资空间、激发市场导向的投资内生增长机制乃至推动经济转型调整具有重要意义。基础设施投资需求大，适度超前开展基础设施投资，必须有效调动民间资本的积极性，激发民间投资动力。

第一节　民间资本投资城镇基础设施领域
存在两大挑战和制约

城镇基础设施领域算是对民间资本开放比较早的领域，国家在政策导向上一直鼓励支持民间资本进入城镇基础设施领域，但民间投资在城镇基础设施领域的地位总体上还比较低。在城镇基础设施领域已经基本形成投资主体多元化格局、投资市场准入对各类所有制主体平等开放的背景下，民间资本进一步投资进入城镇基础设施领域面临三大挑战和制约。

一、国家鼓励支持民间资本进入城镇基础设施领域

客观地说，市政公用事业算是对包括民间资本在内的各类社会资本开放比较早的行业领域。早在 20 世纪 90 年代中期，民间资本即开始陆续通过 BOT 等项目

融资方式进入市政公用事业领域。进入新世纪以来，随着市政公用事业领域市场化改革的不断推进，民间资本投资进入的步伐明显加快。2002 年 12 月，建设部出台的《促进市政公用事业市场化改革的意见》提出，鼓励社会资金采取独资、合资、合作等多种形式，参与市政公用设施的建设；对供水、供气、供热、污水处理、垃圾处理等经营性市政公用设施的建设，应公开向社会招标选择投资主体；允许跨地区、跨行业参与市政公用企业经营。2004 年 3 月，建设部颁布的《市政公用事业特许经营管理办法》，为我国市政公用事业市场化改革的法治化建设打下重要基础。特许经营制度由此也成为我国市政公用事业领域利用民间资本和外商投资的一项重要制度安排。2010 年 5 月，国务院发布的《关于鼓励和引导民间投资健康发展的若干意见》（国发〔2010〕13 号）提出，支持民间资本进入城市供水、供气、供热、污水和垃圾处理、公共交通、城市园林绿化等领域；鼓励民间资本参与市政公用事业建设，鼓励民间资本积极参与市政公用企事业单位的改组改制。2012 年 6 月，住房和城乡建设部发布了《关于进一步鼓励和引导民间资本进入市政公用事业领域的实施意见》（以下简称《实施意见》），提出"充分认识民间资本进入市政公用事业的重要意义""进一步鼓励引导民间资本参与市政公用事业建设"，并特别强调"不对民间投资另设附加条件""凡是实行优惠政策的投资领域，其优惠政策同样适用于民间投资""为民间资本创造良好的公平竞争环境""及时发布行业政策、市场需求、建设项目等信息，增加政策透明度，保障民营企业及时享有相关信息"。

2014 年 11 月《国务院关于创新重点领域投融资机制鼓励社会投资的指导意见》（国发〔2014〕60 号》的出台，对民间资本投资参与城镇基础设施领域相关政策措施进行了深化和细化，特别是对主要行业领域提出了投资重点，也再一次表明了国家鼓励、支持民间资本投资进入城镇基础设施领域的政策导向。该文明确提出，通过特许经营、投资补助、政府购买服务等多种方式，鼓励社会资本投资城镇供水、供热、燃气、污水垃圾处理、建筑垃圾资源化利用和处理、城市综合管廊、公园配套服务、公共交通、停车设施等市政基础设施项目。该文还提出，政府可采用委托经营或转让—经营—转让（TOT）等方式，将已经建成的市政基础设施项目转交给社会资本运营管理，从而大大拓宽了包括民间资本在内的各类社会资本投资参与市政基础设施的渠道和方式。该文还强调，在基础设施等领域积极推广PPP 模式，引入社会资本，增强公共产品供给能力。2017 年 9 月《国务院办公厅关于进一步激发民间有效投资活力促进经济持续健康发展的指导意见》（国办发〔2017〕79 号）再次强调指出，加大基础设施和公用事业领域开放力度，禁止排斥、限制或歧视民间资本的行为，为民营企业创造平等竞争机会。

总体上看，我国城镇基础设施尤其是市政公用事业领域经过近20年的市场化改革和制度创新，取得了积极成效，基本实现了两个"重大转变"，即从以政府为主导的国有企事业单位垄断经营向以市场为导向的企业化经营转变，从单一的政府投资主体向包括政府、民间资本、外资和跨区域、跨行业国有企业等多元投资主体的转变。目前我国城镇基础设施领域基本形成了投资主体多元化、运营主体企业化的格局。然而，在目前城镇基础设施领域已经基本形成投资主体多元化格局、投资市场对各类所有制主体平等开放的背景下，民间资本进一步投资进入市政公用事业领域面临两大制约和挑战。

二、民间资本要面对其他所有制企业的强有力竞争

目前，在我国城镇基础设施领域的投资准入市场对各种所有制企业均平等开放的条件下，民间资本投资进入城镇基础设施领域主要面临来自三类投资主体的竞争和挑战。第一类是既有城镇基础设施领域政府所属的国有或国有控股企业如城投公司。这些国有企业经过近20年来市场化、产业化、企业化的改革和历练，目前已经基本发展成为相对多元化发展、资产规模也较大的国有企业集团。这些国有企业虽然大多已经改制为以市场化为主导的企业，但在很大程度上仍然代表政府行使部分城镇基础设施项目投资主体的职责。与民间资本相比，这类国有企业在了解投资项目信息和与地方政府及其有关部门关系等方面具有很大优势，尤其是其逐利动机及对项目投资回报率的要求往往低于民间资本。而政府及其有关部门主要是行业主管部门对这类国有企业投资建设和运营城镇基础设施项目，显然比较放心，至少在保障服务供给的安全性和持续稳定性方面更为放心，也便于通过必要的行政手段进行监管和制约。实践中，大多数的城镇基础设施项目还是由这类国有企业承担投资、融资、建设和运营等责任。

第二类是跨区域、跨行业投资的国有或国有控股企业。这些国有企业以央企为主，也有的原本在其他地区从事城镇基础设施领域的投资、经营活动，还有的是在相关行业领域如工程建设、交通、水利等领域从事投资、经营活动，但在各地城镇基础设施领域实施市场化运作、开放投资准入市场的政策引导下，也大规模投资进入城镇基础设施领域。如在城市水务领域，作为北京市国有控股企业的首创股份（60008sh）立志发展成为全国水务领域的龙头企业，近几年水务投资业务几乎遍及全国各地，来自北京市以外的营业收入占比高达65%～70%。民间资本显然要面对来自央企和跨区域、跨行业国有企业的强有力竞争。考虑到现行

企业国有资产分级管理体制下"此国有非彼国有"的客观事实，这类央企和跨区域、跨行业的国有企业投资在很大程度上相当于"外资"，对于弥补地方城镇基础设施投资建设资金不足具有重要意义，再加上其资本实力较强、融资成本较低，特别是逐利动机又在一定程度上小于民间资本，实践中比较受各级地方政府的欢迎，往往成为地方城镇基础设施项目引入 PPP 模式或招商引资的重点对象，很多地方甚至对央企和行业排头兵实施定点、定向招商。

第三类是外资企业。我国城镇基础设施领域对外资开放甚至要早于民间资本，20 世纪 90 年代初中期外资即通过特许经营等方式投资进入我国城镇基础设施领域。如成都第六水厂扩建工程项目即为经国家有关部门正式批准的城镇基础设施领域首例 BOT 方式试点的外商投资项目。为扩大利用外资规模和提高利用外资水平，2000 年 5 月，原建设部还专门制定了《城市市政公用事业利用外资暂行规定》。总体来说，目前外资企业进入我国城镇基础设施领域的广度和深度甚至要超过民间资本。如在城市水务领域，外商不仅可以投资、经营自来水厂和污水处理厂，而且允许投资、经营相关管网设施。比如，作为全球最大的三家水务跨国公司——法国苏伊士里昂水务集团、法国威望迪集团和英国泰晤士水务公司早已投资进入了我国城市水务领域。又如，在城市轨道交通领域，也有来自中国香港、法国和德国的知名企业的直接投资。而按照国家发展改革委等有关部门最新修订发布的《鼓励外商投资产业指导目录》，几乎所有的城镇基础设施领域都属于鼓励或允许外商直接投资的行业范畴且允许外资控股。显然在城镇基础设施领域，民间资本也要面对外资企业尤其是具有强大技术能力、资本实力的跨国公司的强有力竞争。这对民间资本而言无疑也是一个重大挑战。

另外，从作为需求方的地方政府而言，其在选择城镇基础设施项目的投资、运营主体时，一般主要看重企业三个方面的信用和能力，即专业资质和项目业绩，尤其是主要经营管理人员和关键岗位技术骨干必须具备相关从业资质和经验，从而从管理和技术方面确保项目建设、管理、运营的可持续性；企业本身具备强大的投资、融资能力，从而能够确保项目建设资金及时、足额到位，且债务融资成本相对较低；良好的企业信用记录包括银行信用和诚信经营记录等，从而确保企业能够履行合约规定的责任和义务。目前，在这三个方面民间资本与上述三类企业均存在或多或少的差距，尤其是与跨国公司、央企和省级国有企业相比，在资本实力、专业人才、从业经验和专业资质等方面都处于明显的劣势。

在开放、透明、平等竞争的市场条件下，民间资本投资进入城镇基础设施领域显然面临着重大挑战。实践中，民间资本也许并非是投资信息不对称和投资机会不平等，而主要是由于自身综合竞争力不足，被国有企业、外资企业等其他具有更强综合竞争力的投资者"挤出"了。

三、民间资本要忍受城镇基础设施较低的投资回报率

相比计划经济时期普遍存在的政府政策壁垒和行政性垄断壁垒，近20年来，城镇基础设施领域的市场化改革和产业化发展给民间资本带来了巨大的投资机会。民间资本大量通过特许经营甚至自主投资模式进入城镇基础设施领域。考虑到城镇基础设施具有不同程度的自然垄断属性和需求弹性较小的特点（特别是这种需求受经济周期波动影响较小），在某种程度上民间资本只要投资进入了城镇基础设施领域，一般都能够获得比较稳定的投资回报，投资风险相对较小。

值得注意的是，地方政府投资建设城镇基础设施的主要目标是扩大公共服务供给、满足民生需求。利润最大化显然不是地方政府的主要目标，而社会公众更关注的也是如何保证服务质量、保障公众利益和公共安全。正因如此，城镇基础设施通常要受到政府部门的严格管制和制约，也要接受社会公众的监督。

在城镇基础设施领域，尽管服务需求相对稳定而且会随着城镇化水平的提高不断增加，但是政府制定价格形成机制的主要目标之一是要充分考虑社会承受能力，一般仅限于使投资者获得合理甚至通常低于社会平均利润水平的投资回报。比如，按照国家有关规定，城市供水价格由供水成本、费用、税金和利润构成，供水企业合理盈利的平均水平为净资产利润率8%～10%，主要是靠企业投资的，还贷期间净资产利润率不得高于12%。[①] 实践中，即使是这样一种定位相对较低的价格形成机制，也往往受制于社会公众承受能力和舆论压力以及政府政策调整（这种政策调整某种程度上属于政府信用缺失，但其原因通常来自社会舆论压力和政府宏观调控需要以及地方主要领导人换届或调整），难以真正按照相关规定或合约如特许经营协议或PPP合同的规定及时、足额地调整到位。

从首创股份、重庆水务、大众公用等几家总资产规模靠前的城镇基础设施类上市公司近几年加权净资产收益率指标看，尽管总体上相对比较稳定，但基本上都处于相对较低水平（见表12－1），[②] 而其他同行业领域非上市公司的投资回报

---

① 参见1998年9月国家计委、建设部联合发布的《城市供水价格管理办法》（计价格〔1998〕1810号）。

② 从银行等金融业上市公司净资产收益率看，2019年工、农、中、建、交五大国有商业银行以及其他上市银行净资产收益率普遍在11%～13%，大大高于市政公用事业领域平均水平，相对而言民间资本显然更愿意进入银行业。投资收益较高实际上是学术界和民间投资者呼吁放开民间资本投资银行等金融业最根本的原因。

水平可能更低一些。因而，民间资本即使投资进入了城镇基础设施领域，在获得相对稳定的投资回报的同时，很可能要长期"忍受"相对较低甚至是低于预期的投资回报水平。这对追求利益最大化的民间资本而言，无疑也是一个重要考验。毕竟民间资本不是来做公益慈善事业的。

表 12 - 1　我国城镇基础设施领域龙头上市公司加权净资产收益率　　单位:%

公司名称	2019 年	2018 年	2017 年
首创股份	5. 39	5. 42	5. 8
重庆水务	11. 39	10. 16	14. 99
大众公用	6. 78	6. 42	6. 56
中山公用	8. 24	5. 62	9. 2
创业环保	8. 48	9. 05	10. 33
深圳燃气	10. 47	11. 72	11. 0
申通地铁	4. 52	2. 25	3. 56

注：这几家公司主营业务为城镇基础设施建设、经营且属于总资产规模靠前的龙头企业。
资料来源：Wind，相关公司年报。

相对民间资本而言，尽管同样会受制于社会舆论压力或政府政策调整，但上述一、二两类国有企业对投资回报率的容忍度要大得多，而外资企业由于专业技术能力和经营管理水平较高，降低成本和提高投资收益的能力又要大很多。实践中，也许民间资本并非被各种"玻璃门"挡出或"弹簧门"弹出，而是由于无法长期"忍受"相对较低的投资回报率，自己"逃出"或根本不愿意投资进入城镇基础设施领域。

专栏 12 - 1　城镇基础设施领域的政府管制是制约其投资回报的重要因素

城镇基础设施提供的是市政公共服务，但受制于社会公众承受能力和社会舆论，往往与其他基础设施和公共服务行业一样存在不同程度的政府管制，因而具有典型的"两头经济"的行业经济特征，即项目建设和运营的各项投入要素（包括资金、技术设备、劳动力和原辅材料等）均基本实行了市场化供给，价格也主要根据市场供求关系确定，但项目的产出并没有完全实现市场化，而是受到政府不同程度的规制尤其是价格/收费的管制，无法随着成本和供求关系及时作出调整。实践中，城镇基础设施项目之所以回报较低甚至出现亏损，很大程度上与政府实施价格/收费管制直接相关。城镇基础设施服务价格/收费的政府管制，价格/收费形成和调整机制不完善，无疑会影响投资回报水平，从而影响民间资本的投资决策。

总之，鉴于上述两大挑战和制约，无论在政策导向上如何强调"不对民间投资另设附加条件"、如何"为民间资本创造良好的公平竞争环境"，城镇基础设施领域利用民间资本的实际效果也不一定如愿。或许，正是由于这两大挑战和制约，以自身利益最大化为主要目的的民间资本最好的投资领域本来就不该是以提供公共服务为主要目标、直接涉及社会公众利益的城镇基础设施领域。

第二节　客观看待民间资本参与铁路基础设施领域

2016年，民间资本控股的杭绍台铁路PPP项目作为铁路领域引入民间资本的示范项目成功签约落地，提振了民间资本的信心。然而，近年来第二个杭绍台铁路PPP项目或民间资本通过其他方式投资参与的铁路项目并没有出现，又引起了铁路领域吸引民间投资效果不理想的看法。总体上看，铁路领域打破行政性垄断，促进投资主体多元化、投融资方式多样化是必要的，也是国家一贯的政策导向，实践中也有利于降低政府投资压力和国家铁路集团公司的债务负担。然而理性地看，铁路属于自然垄断性基础设施，也是高度资本密集型基础设施，铁路收费又直接关系到民生，铁路技术经济特点和投资回报机制决定了铁路领域恐怕很难成为社会资本特别是民间资本的重要舞台，要实事求是看待铁路领域引入民间资本的前景。

一、铁路领域鼓励支持民间投资的政策沿革

鼓励支持民间资本投资铁路基础设施领域也是国家一贯的政策导向，国务院及有关部门先后制定过一系列鼓励民间资本投资铁路领域的政策文件。早在2005

年2月，国务院发布的《关于鼓励支持和引导个体私营等非公有制经济发展的若干意见》提出，允许非公有资本进入包括铁路在内的垄断行业和领域。2005年7月，铁道部颁布《关于鼓励和引导非公有制经济参与铁路建设经营的实施意见》，提出要按照"平等准入、公平待遇"的原则，在铁路建设、铁路客货运输等领域对社会资本开放。2006年4月，铁道部又联合有关部门发布了《关于继续开放铁路建设市场的通知》，对铁路建设市场的设计、施工、监理业务范围继续开放。2010年5月，国务院发布《关于鼓励和引导民间投资健康发展的若干意见》（又称"新36条"），提出鼓励民间资本参与铁路干线、铁路支线、铁路轮渡以及站场设施的建设，允许民间资本参股建设煤运通道、客运专线、城际轨道交通等项目；同时提出探索建立铁路产业投资基金，积极支持铁路企业加快股改上市，拓宽民间资本进入铁路建设领域的渠道和途径。2012年5月，铁道部发布《关于鼓励和引导民间资本投资铁路的实施意见》（铁政法〔2012〕97号），提出了"鼓励民间资本投资参与建设铁路干线、客运专线、城际铁路、煤运通道和地方铁路、铁路支线、专用铁路、企业专用线、铁路轮渡及其场站设施等项目"和"鼓励民间资本投资参与铁路客货运输服务业务"等14条具体意见，并特别强调"创造公平竞争、平等准入的市场环境"和"对民间资本不单独设立附加条件"。2014年11月，国务院发布的《关于创新重点领域投融资机制鼓励社会投资的指导意见》（国发〔2014〕60号）进一步明确提出，加快推进铁路投融资体制改革，充分利用铁路土地综合开发政策，不断完善铁路运价形成机制，以及向社会资本放开城际铁路、市域（郊）铁路等的所有权和经营权，等等。

客观地说，国家现有政策体现了吸引民间资本进入铁路领域的希冀。一是不断放宽民间资本投资铁路的领域，在投资领域和范围方面对民间资本几乎没有限制。比如，鼓励民间资本进入铁路工程建设领域，打破了长期以来铁路工程建设中高度寡头垄断的局面；鼓励民间资本参与铁路技术创新，投资铁路新型运输设备等的研发、设计、制造和维修，平等参与设备采购投标。二是不断拓展民间资本投资铁路的渠道和方式，如民间资本不仅可以直接投资建设铁路工程项目，还可以通过参与设立铁路产业投资基金、支持铁路企业股改上市等方式以及融资租赁、资金信托计划等多种投融资方式，参与铁路项目投资建设。

二、铁路领域吸引民间投资的效果尚待提高

总体上看，铁路领域现有吸引民间投资的相关政策措施似乎还是不够，民间资本对"鼓励引导民间投资的诚意"依然存在不同程度的担心，民间资本对投

资铁路项目应有的管理和控制权仍然难以有效落实到位。

根据《固定资产投资统计年鉴2010》，2010年铁路运输业固定资产投资总额中，尽管也有少量民间资本和外商投资，但国有投资尤其是中央投资占据绝对主导地位。从铁路投资项目隶属关系看，中央项目投资（由原铁道部作为投资主体或出资人代表）占比高达86.7%，其余为地方项目投资，其中绝大部分又是地方政府和地方国有企业投资；从不同所有制类型看，国有投资占比高达91.5%，国有及国有控股投资占比更是高达96.8%，民间投资占比仅为2.7%。7年后的2017年，铁路领域民间投资的地位并未改善。据国家统计局统计，2017年固定资产投资（不含农户）中铁路运输业投资总额为8006.2亿元，而民间投资仅为200亿元，占比只有2.5%，大大低于道路运输业民间投资的占比（12.5%），更远低于基础设施领域民间投资的占比（22.1%）。这说明，铁路领域投资主体单一、民间投资进入少的投资格局远未破题。

特别是，实践中迄今社会资本包括民间资本投资铁路似乎从未有过成功案例。比如，浙江金温铁路。该铁路1998年建成通车，是我国第一条合资兴建的股份制铁路——港资与当地政府和铁道部合资修建。由于在资金清算和运输调度上存在问题和矛盾，最终港资退出，金温铁路收归国有。又如，作为铁路投融资体制改革试点的第一个民间资本参与投资的铁路——衢常铁路项目。该项目于2005年启动，但2006年就进行了一次股权变更，到2007年民间资本彻底退出。再如，石太客运专线。该项目由铁道部、河北省、山西省和两家民营企业合资建设，但自2009年建成以来，长期处于亏损状态。这些不成功甚至失败的案例都增添了社会上对铁路建设利用民间资本不力的诟病。

值得注意的是，2017年复星集团牵头的民营企业联合体中标浙江杭绍台铁路PPP项目，项目已于2017年12月底正式开工建设，并于2021年建成通车。希望该铁路PPP项目成为第一个成功投资建设和运营的民营铁路项目。但客观地说，期限更长、难度更大、不确定性因素更多的项目运营管理的考验还没有开始，项目真正取得成功特别是成为成功的铁路PPP项目还有待时间检验。

三、客观看待铁路领域引入民间投资的前景

其实面对迄今民间资本投资铁路的这种窘境。管理层和业界包括民间资本都有必要做冷静而深入的思考，理性客观地看待民间投资铁路项目的前景，避免陷入情绪化、片面化的误区。

第一，铁路是一个典型的资本密集型行业，投资规模大、投资回收期长。从

世界范围看，铁路都不能算是一个收益性比较好的行业，对民间资本的吸引力即使与同样具有自然垄断性的市政基础设施相比，总体上都要差一些。特别是高强度的铁路基础设施投资一般民营企业很难承担。就投资回报而言，民间资本在其他行业领域的投资机会要多得多，潜在投资回报水平也要高一些。就铁路领域来说，无奈的现实情况是，尽管各地区都有鼓励支持民间资本投资铁路的"诚意"，而追求营利为主要目的民间资本却无太大"兴趣"。

第二，从国际上看，民间资本投资铁路或既有国有铁路私有化改革也普遍不成功。实行以私人投资为主的美国铁路从兴旺逐步走向衰败，与其说是来自公路、民航等交通运输方式的竞争所致，深层次的原因还在于铁路项目自身盈利性差导致的竞争能力差。而英国在20世纪90年代中后期对国有铁路实行私有化改革的失败，也印证了在英国民间资本投资铁路并没有取得预期效果。1993年11月，英国议会通过铁路改革法案，改革的主要内容是网运分离和企业私有化，将铁路分拆为1个全国性路轨公司、25个客运公司、6个货运公司等。但仅仅过了5年时间，英国政府就被迫重组路轨公司，路轨公司又重归了国有国营体制。考虑到美国、英国等发达国家在铁路市场准入、法治建设、产权保护和信用约束等方面比较完善，在我国铁路投融资体制及相关运营管理体制没有完全理顺之前，民间资本投资进入铁路领域，无疑要"三思而后行"。

第三，铁路本身具有自然垄断属性，铁路运输服务又是一个十分复杂的系统工程，要实施统一、有序的运行调度，路轨、车站、乘务、仓储、结算等各个环节要高度配合。铁路投资运营主体如果太多，那么交易环节无疑更多、更烦琐，总的交易成本可能反而会增加，监管难度和监管成本也会提高，从而有可能降低整个铁路系统的运行效率。此外，过于多元化的投资运营主体，还会降低铁路建设和运营等各个环节的规模化效益，也影响整个铁路系统的运行效率。目前，我国铁路实行高度集中统一的管理体制。在这个高度集中统一的体系中，基本只有单一的投资、运营主体——原铁道部和现在的国家铁路集团公司（国铁集团）。不能否认，这种高度集中统一的管理体制的确存在一定程度的"政企不分""行政垄断""效率低下"等问题，进一步实施政企分开、打破行政垄断、引入竞争机制无疑是必要的。但由于铁路行业本身的自然垄断属性，谁又能保证大量民间资本投资进入铁路领域后，打破了国铁集团的高度"行政垄断"体制就必然会提高效率呢？英国铁路在私有化改革后被分割为多家运输服务公司，各公司各环节的关系都要以合同形式规定，责权利关系变得十分复杂，大大增加了管理工作量和交易成本，反而导致了运行效率降低。英国尚且如此，谁又能保证，比英国铁路系统更加庞大复杂、不同铁路线路效益相差更大的我国铁路系统一定能够"独善其身"。

第四，铁路运输服务属于公共服务范畴，与其他绝大多数公共服务行业一样存在不同程度的政府管制，因而具有典型的"两头经济"的行业特征，即铁路投资建设、融资和运营的各项投入要素已经实行了市场化供给，其价格根据市场供求关系决定，但铁路的产出并没有完全实现市场化，主要是运输服务价格受到政府一定程度的管制，难以随着成本和供求关系及时调整。即使完全放开价格管制、由铁路企业自主定价，铁路企业也难以承受社会公众和舆论对涨价的巨大质疑和压力。铁路运价的政府管制，价格形成机制不完善，对民营企业的投资决策是一个重大考验。相信包括民间资本在内的任何社会投资者都会充分认识到这种政府管制潜在的投资风险和不确定性，并作出理性的投资决策。

第五，目前我国的确有一些自身财务效益还不错的铁路建设项目，如部分高铁、城际铁路和煤运通道等，包括2020年1月股票上市的京沪高铁项目。铁路领域有计划、稳妥地在这些财务效益相对较好的铁路建设项目中引入民间资本，是必要的，也是可行的。但还要认识到，国铁集团不但要承担不少国土开发、区域开发等以公益性效益为主的铁路项目，还要承担一些公益性运输任务。

第六，就算是受投资回报差、国铁集团高度垄断等因素制约，民间资本不愿直接投资铁路建设项目，还是有其他的投资机会和渠道参与铁路建设。如购买属于政府支持债券性质、风险很小的铁路建设债券对追求收益稳定、不愿承担高风险的投资者就是一个不错的选择，购买铁路类上市公司股票则是追求较高投资收益、投资风险承受能力较强的投资者可以考虑的。从表12-2可以看出，目前三个铁路类上市公司中，除广深铁路外，其他两家公司投资收益还是不错的。另外，针对铁路建设项目的需要，设立资金信托计划、资产管理计划和开展融资租赁也是国家鼓励的投融资方式。

表12-2　铁路领域上市公司加权净资产收益率　　　　　单位：%

公司名称	2019年	2018年	2017年
大秦铁路	12.55	14.00	13.96
广深铁路	2.58	2.72	3.59
京沪高铁	7.88	7.01	6.36

资料来源：银河证券，Wind。

总之，围绕民间资本投资进入铁路领域的各种看法，既有整个基础设施领域市场化、产业化改革过程中民间资本对铁路领域打破行政垄断、给民间资本更多投资机会的正常期盼，也有部分民间资本对铁路领域投资机会"过度期盼"的因素。这些都是正常的，但我们仍有必要强调客观分析，正确认识对待。一方面要继续坚持铁路领域市场化改革的大方向，深化铁路领域供给侧结构性改革，推进铁路投融资体制改革及相关配套改革，切实减少制约民间资本等社会资本关切的问题和困难，同时要切实做好民间资本投资铁路领域系统性的制度和政策设计，避免走入情绪化、片面化的误区。

第三节 积极拓展民间投资空间

民间投资普遍存在投资信息不对称、投资机会不公平、投资资源要素获取难、成本高以及投资风险承担能力差等突出问题或制约因素，从而影响其投资积极性，制约其健康可持续发展。建议从以下几个方面鼓励支持引导民间投资发展，拓展民间投资空间，激发民间投资的内生动力。

一、切实改善民间投资者的营商环境

营造良好的投资环境。营商环境不仅直接关系民间投资者的信心，也直接影响民间投资者的投资回报和投资风险管控。各级地方政府要依法加强对民间投资者特别是民营企业家的合法权益保护，包括各类产权、经营权和企业管理控制权等，切实降低民间投资者最担心的风险，让民间投资者形成稳定预期，坚定投资信心。制定和实施全国统一的市场准入负面清单管理制度，明确政府相关管理措施，形成全国统一的投资大市场。以平等对待各类市场主体为原则，合理设置市场准入资格条件，不得以任何形式对民营企业投资参与基础设施和公共服务等项目设置门槛，不得在特许经营/PPP 项目社会资本方招标采购文件中提出明显超出项目特点和实际需求的资质资格、业绩、奖项等要求，不得提出与项目投资建设运营无关的条件。贯彻落实国家有关减税降费和降成本的政策措施，切实降低民间投资者的税费和社保负担以及融资、物流、能源电力等资源要素成本，增强民间投资者的获得感，让民间投资者真正"有利可图"。

深化投资领域"放管服"改革。深入贯彻在投资项目审批和监管中更好地提供政府服务的理念，加强对民营企业投资项目的负外部性监管，在项目核准、备案以及规划、土地、节能和环保等前置审批或监管工作中主动做好民间投资服务和咨询工作，明确审批和监管工作制度规则，提高项目审批和监管工作的透明度。大力实施"一站式"服务、"保姆式"服务，落实部门首问负责制，帮助民间投资者"少走弯路"特别是"不犯错误""不走错路"，规避规划、产业政策、技术标准规范以及土地、环保、安全、反垄断等方面风险。加强发展规划、区域规划、投融资政策以及节能、环保等政策的宣介和解读工作，主动解疑释惑，及时发布权威性信息，帮助民营企业准确理解规划和政策意图，切实做好民营企业关切事项的回应工作。

加强诚信政府和法治政府建设。切实履行政府招商引资承诺和特许经营/PPP协议规定，不得随意改变政府与民营企业的相关约定；不得以政府换届、党委政府主要领导人变更以及部门职能调整和主要责任人变更等理由，单方面改变项目建设选址、建设规模、主要建设内容和建设标准以及投融资方案等重要事项，拖延甚至取消投资项目建设实施，拖延甚至不落实相关政策或事项，以及拖延甚至不履行政府付费或运营补贴等相关责任和义务。建立健全对政务失信的制约惩戒机制，对地方政府拒不履行政府作出的合法合规承诺，特别是严重损害民营企业合法权益、破坏投资环境等行为，加大查处力度，尤其是对造成政府严重失信违约行为的地方党政主要领导人和直接责任人要依法依规追究责任，惩戒到人。同时，要在投资建设领域贯彻落实"竞争中性"原则，在投资市场准入、投资机会获取、特许经营权授予、PPP项目招标采购和招商引资等方面对民营企业一视同仁，在项目资金筹措、建设条件落实以及安排政府投资和财政补贴资金等方面，公平、公正地对待民营企业等各类市场主体。

二、积极为民间投资者创造更多投资机会

从源头上降低投资项目信息和投资机会不对称的问题。地方政府要在经济社会发展规划、重点领域专项规划、产业政策以及重点专项行动计划的研究制定过程中，主动征求民营企业等各类投资者的意见和建议，体现民间投资者的合理合法的利益诉求，谨防在规划、政策和行动计划实施过程中造成国有资本对民间资本不合理的"挤出"效应。在基础设施和公共服务等公共领域投资项目的前期谋划和可行性研究论证过程中，要充分论证政府投资的必要性和选择适宜的政府投资方式，不能默认由政府作为投资主体，也不能理所当然地交由政府所属城投公司等国有企业投资；要主动听取民营企业等社会资本方的意见和建议，测试民营企业投资参与公共项目的积极性，并增加民营企业投资参与方式的研究论证内容。

大力支持本地根植性企业投资发展。各地政府要在加强招商选资工作、积极争取外商和外地企业投资的同时，大力支持本地根植性民营企业发展，调动其投资积极性，引导其加大有助于促进产量上规模、技术上水平或产品上档次的投资，加大有利于提高信息化、智能化、数字化水平的投资。对本地根植性企业的投资项目，在符合政府投资方向和产业政策的前提下，地方政府可给予适当比例的投资补助或资本金注入。鼓励地方政府所属产业类投融资平台公司以财务投资人为定位，通过跟投或阶段性持股等方式参与本地根植性企业投资项目。地方政府出资设立的产业投资基金或创业投资引导基金，要以本地根治性企业及其投资项目作为主要投资支持对象。

规范政府投融资平台公司等国有企业的投资行为。坚持政府所属投融资平台公司、城投公司等公益类国有企业"不挤出"的原则，对民营企业愿意投资参与的公共领域经营性项目和准经营性项目，要建立公开、公平、透明的市场竞争机制，在同等条件下优先选择民营企业投资建设和运营。在公共领域投资项目尤其是PPP项目可行性研究论证和项目实施方案研究中，要充分考虑民间资本在内的各类投资者在价格/收费机制改革、投资回报机制、投融资方案、投资风险管控等方面的合理合法利益诉求，从而调动民间资本的投资积极性。鼓励政府投融资平台公司、城投公司等公益类国有企业与民间资本联合投资运营公共领域有一定收益的项目，发挥各自的优势，形成合力、合作共赢。

着力打破民间资本的投资信息不对称问题。地方政府要建立常态化的政企对接机制，加强与相关行业协会、商会、产业联盟等社会中介组织的合作对接，向民营企业等各类社会资本方做好发展规划与产业政策宣介、投资信息发布和投资项目推介等工作。同时，对于重大公共项目和产业项目，地方政府可以邀请相关行业协会、商会、产业联盟等社会中介组织推荐同行业领域的"排头兵"。

三、加大对民营企业的投融资支持力度

促进资源要素市场化配置。资源和要素的获取难、成本高是制约民间投资发展的主要因素之一。对民间投资者而言，在很大程度上公平、公正获取投资项目相关资源要素的环境甚至比公平的投资机会更加重要，更能激发民间投资者的积极性。要从深化供给侧结构性改革入手，进一步推动生态环境、土地、资金和劳动力等资源要素的市场化配置和公平配置，让民间投资者公平且相对低成本地获

取投资项目建设和运营所需的各类主要资源要素，从而也为各种投资者营造公平的市场竞争环境。

努力加大金融支持力度。深化金融供给侧结构性改革，着力改变银行业金融机构特别是大银行不愿意甚至不屑于为民营企业特别是小微企业提供融资支持的现状。银行业金融机构要摒弃对民营企业的所有制歧视，打破融资的"玻璃门""弹簧门"，公平、公正对待民营企业等各类投资主体。要研究设计适合民营企业特别是小微企业特点的金融产品，努力帮助小微企业解决融资难、融资贵的问题。鼓励支持银行进一步加强与风险投资 VC、私募股权投资基金 PE、资产管理和融资租赁等机构的合作对接，加强企业/项目信息沟通和共享，通过投贷（投资＋贷款）组合、贷债（贷款＋债券）组合、贷租（贷款＋租赁）组合等多种方式支持民营企业投资发展。加强政银合作对接，地方市场监管、社会保障、劳动就业、税务等有关部门要加强与银行的信息共享，改善银行对小微企业的信息不对称状况，帮助银行预判小微企业的经营业绩状况以及信用风险，增强银行对小微企业的融资支持信心。

加大对中小企业的投融资支持力度。鼓励地方政府设立小微企业发展专项资金，设立小微企业偿债专项基金或融资担保基金。鼓励地方政府出资设立产业投资基金，采取专业化管理、市场化方式运作，重点支持创新创业企业投资发展。创新地方政府专项债券品种，借鉴近几年地方基础设施和公共服务等公共领域有一定收益的投资项目的政府专项债政策，探索发行支持中小企业发展的地方政府专项债券，在明确和有效落实政府专项债偿还责任的基础上，通过政府（转）贷款、资本金注入等方式支持有市场需求和较好收益的中小企业投资发展，重点用于其设备和技术改造项目建设。

四、鼓励支持民营企业协同协作投资发展

支持民间投资者走强强联合之路。针对民间投资者总体上小而散，特别是投融资能力相对较差的问题，鼓励支持民间投资者"合纵连横"，与其他各类投资者包括国有企业强强联合，优势互补、形成合力，共担风险、共享收益。比如，鼓励民营企业与其他民营企业或国有企业通过组建联合体的方式共同参与特许经营/PPP 项目竞标，支持民营企业与国有企业联合投资生态环境治理导向的综合开发（EOD）项目或交通导向的综合开发（TOD）项目。

鼓励民间资本创新投资方式。除了直接投资建设基础设施或产业项目的方式外，支持民间资本与地方政府联合出资设立产业投资基金、基础设施投资基金或

重大项目投资基金，地方政府可以适当让利，但不得对民间资本以及其他基金投资人承诺明股实债、保本保收益、远期回购等。在民营经济相对发达的地区，鼓励民间资本联合投资设立产业投资基金或天使投资基金，从而进一步拓宽民间资本投资领域，扩大投资规模。

五、支持民间资本参与盘活存量基础设施资产

目前民间资本主要投资于制造业和房地产等产业领域，但在基础设施和公共服务等公共领域投资相对较少，占比不足30%。除了鼓励支持民间资本参与公共领域"绿地投资"外，各地要积极稳妥推进公共领域存量资产引入特许经营/PPP模式，通过委托运营（O&M）、转让—运营—移交（TOT）、改造—运营—移交（ROT）等多种方式吸引专业化的社会资本包括民间资本参与存量资产的投资和运营。地方政府要逐步转变观念，坚持公共领域目标导向和结果导向相结合，对存量资产"不求所有但求所用"。部分市场化程度较高、价格机制较健全的存量资产甚至可以考虑引入民间资本自主投资（私有化），从而进一步拓宽民间资本投资领域，为民间资本提供更多的投资机会，同时盘活公共领域存量资产、提高存量资产的运营效率。

建议地方发展改革部门牵头，会同国资、财政、行业主管等相关部门制定和实施民间资本参与公共领域存量资产盘活的行动计划，精心遴选出一批比较适合民间资本投资参与的公共领域存量资产项目，精心制定相关项目实施方案，有计划、有步骤地开展存量资产项目引入民间资本的工作。对地方公共领域民间资本存量资产项目，建议国家发展改革委通过PPP专家库资源给予必要的智力支持。

第十三章 加大基础设施互联互通
投资力度

基础设施互联互通，尤其是跨省级行政区和跨边境的基础设施是新发展阶段构建新发展格局中畅通国内大循环、促进资源要素自由流动的重要基础和条件，而且直接关系跨省境和边境地区经济社会的长期稳定和可持续发展。"十四五"时期要将跨省和跨境的基础设施互联互通作为拓展有效投资空间的重点领域，创新投融资机制，完善相关投融资政策，努力加大投资力度。

第一节 推进跨省基础设施互联互通
助力构建新发展格局

我国跨省基础设施互联互通建设相对滞后，瓶颈效应比较突出，制约了基础设施网络化、规模化效益发挥，也制约了跨省相邻地区经济社会发展。"十四五"时期，把跨省基础设施互联互通和共建共享作为拓展投资空间、扩大有效投资的重点之一，不仅有利于促进基础设施领域补短板，打造现代化基础设施体系，而且对加快跨省相邻地区经济社会高质量发展具有重要作用，更对畅通国内大循环、构建新发展格局具有重要意义。

一、跨省基础设施互联互通成为重要短板领域

我国很多跨省基础设施存在"最后一公里"的瓶颈制约问题。由于不同省份的经济社会发展水平不同，不同省份之间的人流物流等重要生产要素的流动方向不同，不同省份的资源要素禀赋以及对能源电力、矿产资源、土地资源和水资

源等重要资源的需求不同，不同省份的产业结构特别是能源重化工产业和特色优势产业也不同，相邻省份对于跨省基础设施投资建设的重要性、必要性和紧迫性的认识往往相差很大，"一头热、一头冷"的现象比较突出。

实践中，处于"下游"或东南方向相对发达的省份对于推进与"上游"相对落后省份的基础设施互联互通往往积极性不太高，有的省份对仅仅过境、本地直接受益较少的基础设施项目建设的积极性也不太高，有的甚至因为要占用本地区相关土地、水资源、空间通道等资源要素以及环境容量而拖延甚至反对相关基础设施互联互通项目建设。这在很大程度上导致很多跨省基础设施建设成为现阶段我国基础设施领域的重要短板和瓶颈，如有的跨省交通基础设施建设进度不一致，甚至建设规模和建设标准不统一。有的跨省基础设施建设滞后，对基础设施网络化、规模化的效应发挥造成了很大的影响和制约，也往往导致跨省接壤地区在时间和空间上成为相对偏远、闭塞的地区，并进一步影响乃至制约这些接壤地区经济社会高质量发展。

二、明确跨省基础设施互联互通投资方向和重点

跨省基础设施互联互通和共建共享对于带动周边和沿线地区经济社会发展具有重要作用。促进跨省基础设施互联互通，要以整体优化、协同推进、融合发展为导向，统筹存量和增量、传统和新型基础设施发展。现阶段跨省基础设施互联互通的投资方向和重点建议主要包括以下三个方面。

第一，围绕国家重大交通运输和能源电力等大通道建设需要，重点支持跨省铁路、公路、水运等综合交通基础设施，以及电网、石油天然气管道等能源电力基础设施建设，打通省际乃至区域交通运输、能源电力、水运以及物流和旅游等设施互联互通的"卡脖子工程""最后一公里"。

第二，加快推动跨省接壤地区特别是有关相邻市县的公路、水运、电网、水利、旅游等基础设施的改造升级，统一建设规模和建设标准，协调建设进度，加快缓解瓶颈制约效应，扩大供给能力，提高供给效率。

第三，大力推进跨省的国家级重点经济区、经济带特别是城市群、都市圈的城际轨道交通、跨省公共交通、生态环境治理等重大基础设施互联互通和共建共享，促进跨省的都市圈、城市群协调协同发展乃至一体化发展。

三、建立跨省基础设施互联互通的协调协同机制

相邻省份以及跨省的都市圈和城市群要加强交通、能源电力、水利、水运、

物流、生态环境治理等相关基础设施规划的衔接和协调，共同研究制定"基础设施互联互通规划"或三年行动计划，明确基础设施互联互通的目标任务，明确各省份的责任，提出重大基础设施互联互通重大项目清单，建立常态化的基础设施互联互通规划建设协调协同机制，以及促进规划实施的保障措施。

对于纳入跨省基础设施互联互通规划中的重大基础设施项目，建议相邻或沿线省份要联合开展项目可行性研究论证，协商确定项目的建设地点、建设规模、主要建设内容和建设标准以及投融资方案等重大事项，明确各省份的责任，协调并落实项目建设条件和相关资源要素，协同推进项目投资建设进程。要进一步发挥规划的重要导向和约束作用，建议研究制定国家层面的"十四五"时期跨省基础设施专项规划或指导性意见，或者将重大跨省基础设施项目直接纳入国家以及相关省份的"十四五"时期国民经济和社会发展规划纲要中。

鉴于同一个省份内的接壤地区也会存在不同程度的基础设施互联互通问题，建议省内的接壤地区，特别是具备同城化发展基础条件的市县之间的基础设施互联互通和共建共享，也应当建立相应的跨地市或县市基础设施规划建设的协调协同机制，加快基础设施互联互通项目建设步伐。

四、建立健全跨省基础设施建设的投融资机制

组建专业化的投资运营主体。跨省基础设施互联互通属于我国现代化基础设施体系建设的重要组成部分，有的跨省基础设施影响范围不限于相关省份，甚至属于更大区域乃至全国范围，其投资建设和运营应当纳入中央事权。建议研究设立国家层面跨区域公路、水利、水运和电力等重大基础设施投资运营主体，重点投资纳入中央事权的跨省基础设施互联互通项目。鼓励相邻省份的接壤地区以及跨省的都市圈和城市群联合投资设立跨省重大基础设施建设、产业园区开发或旅游景区开发等投资运营主体，推动跨省基础设施共建共享和特色优势产业协同协调发展。支持河流/流域上下游省份联合组建或下游受益省份牵头组建流域综合开发治理主体，经上下游相关省份的省级人民政府联合授权或共同委托，实施河流/流域分期、综合、滚动开发和治理模式。

健全项目投资回报机制。创新基础设施互联互通项目的商业模式，充分挖掘项目潜在商业价值，完善相关价格/收费机制；鼓励跨省基础设施项目与沿线或周边地区的文化旅游、休闲度假、物流以及特色优势资源开发利用等产业类项目进行综合开发和一体化开发，提高整个项目的可行性尤其是投资回报水平，从而提高项目的可融资性，提高项目对社会资本包括产业资本和金融资本的吸引力。

对于部分跨省基础设施项目，相关省份可以给予必要的投资补助或运营补贴。

积极审慎引入 PPP 模式。鼓励相邻省份或跨省接壤地区相关市县联合引入特许经营/PPP 模式，合理确定项目目标和产出，联合开展项目可行性研究论证和项目实施方案研究，精心遴选专业化社会资本方，充分利用社会资本方的专业能力、同类项目经验和投融资能力等综合优势，加快推进跨省基础设施项目建设实施。鼓励跨省的存量基础设施项目引入 PPP 模式，通过 TOT、ROT、O&M 等运作方式盘活存量资产，提高运营效率。鼓励存量基础设施资产/经营权转让筹集的资金重点用于跨省相关基础设施项目建设或升级改造。

积极引入长期机构资金参与。鼓励社保和保险等长期机构资金通过债权投资计划或股权投资计划等方式参与跨省基础设施项目投资。支持社保和保险等长期机构资金与产业资本（专业化的基础设施投资运营企业）强强联合，共同投资跨省基础设施项目的建设和运营，允许二者可就投资收益分配和投资风险分担进行结构化设计。支持社保和保险等长期机构资金以及其他参与投资的金融资本实施适度的投贷（投资—贷款）结合方式，优化项目投融资结构。

努力加大政府投资力度。依托国家发展改革委建立的全国重大建设项目库，建立国家层面的交通、能源、电力、水利、通信、物流等重大跨省基础设施项目库。对入库项目适度加大政府投资力度，国家预算内投资和其他国家层面的专项建设资金要适度向入库的跨省基础设施项目倾斜，各级地方政府在安排政府专项债资金投向时也要适度向有一定收益的跨省基础设施项目倾斜。建议国家发展改革委研究设立"十四五"时期中央预算内投资的跨省基础设施互联互通投资专项，用于支持跨省基础设施互联互通项目建设，根据项目投资建设需要采取投资补助或资本金注入方式予以支持。

努力拓展项目资本金来源。跨省重大基础设施互联互通项目资本金比例，建议可在国家规定最低项目资本金比例的基础上适度下浮（最多不超过 5 个百分点），具体由金融机构和项目单位自主协商确定。加大地方政府专项债券资金的投资支持力度，对具有一定经营性收入的跨省基础设施项目，政府专项债券资金可以作为部分项目资本金。支持项目投资人（股东）从金融市场合法合规筹集资金，提高项目资本金的出资能力；鼓励项目投资人或项目单位（公司）通过发行权益型、股权类金融工具筹集部分项目资本金（按规定要求不超过项目资本金总额的 50%），包括永续债、权益型公募 REITs 和私募股权基金 PE 等。

第二节 把跨境基础设施互联互通作为 "一带一路" 建设重点

基础设施互联互通是"一带一路"建设的优先领域，促进我国与周边国家的跨境基础设施互联互通和共建共享尤其应作为"一带一路"建设的重点领域。跨境基础设施互联互通有助于推动我国沿边省份特别是其边境地区成为像沿海发达地区类似的开放发展的前沿地区，助推构建我国全方位对外开放发展格局，从而进一步促进构建国际国内"双循环"新发展格局。为加快推进跨境基础设施互联互通，要与周边国家建立国家和地区两个层面的联合工作机制，同时共同推进重大跨境基础设施项目投融资模式创新。

一、加快推进跨境基础设施互联互通具有重要意义

基础设施是经济社会发展的重要支撑，也是人民群众生活的基础条件。高质量的现代化基础设施建设和互联互通有助于扩大有效投资需求并带动相关地区经济社会发展。设施联通是"一带一路"建设的五大合作重点之一，其中基础设施互联互通更是"一带一路"建设的优先领域。我国跨境铁路、公路、水运、能源电力等基础设施互联互通建设相对滞后，短板和瓶颈制约效应比较突出，制约了沿边省份，尤其是边境接壤地区经济社会发展。我国很多边境接壤地区之所以成为相对偏远、相对封闭落后的内陆地区，除了与沿海发达地区地理位置相距较远、交通物流不便以及信息相对闭塞等客观原因外，很大程度上在于与周边国家基础设施互联互通的制约，大大影响了这些地区人流、物流、信息，特别是相关重要生产资源和要素的可获得性及其成本。值得注意的是，除了大量沿边的内陆地区外，甚至有的沿海地区也因为与周边国家缺乏高质量的基础设施互联互通，导致二者地理位置虽然相距不远、时空距离又"相隔很远"。

把我国与周边国家的跨境基础设施互联互通作为"一带一路"建设重点，加快推进相关基础设施互联互通项目建设，实现高质量的互联互通，形成高效便捷、覆盖国际国内的现代化基础设施体系，有利于促进基础设施领域补短板，促进边境接壤地区经济社会发展。实际上，从面向周边国家开放角度看，如果有便捷高效的基础设施支撑，边境省份特别是沿边接壤地区根本不存在所谓的偏远封

闭的问题。因而，加快跨境基础设施互联互通有助于把相对偏远封闭的沿边地区和内陆地区推向了像沿海发达地区类似的开放发展的前沿，有利于建设内陆开放型经济发展高地，构建我国全方位对外开放发展格局；有利于加强我国与周边国家的贸易和经济合作关系，促进我国与周边国家的资源和要素流动，助推"一带一路"国际经济合作走廊建设，推进我国与周边国家乃至整个区域经济建立更紧密的经济和贸易合作关系。

二、明确跨境基础设施互联互通建设的重点

按照构建互联互通、面向全球的高质量基础设施网络体系的要求，以"一带一路"新亚欧大陆桥、中蒙俄、中国—中亚—西亚、中国—中南半岛、中巴和孟中印缅六大国际经济合作走廊为主体，统筹存量和增量，积极推进与周边国家铁路、公路、水运、油气管道等基础设施互联互通。

现阶段的投资重点建议包括以下三个方面：一是积极推进跨境铁路、公路等缺失路段、瓶颈路段建设和升级改造，积极推进港口和水运通道建设，打通跨境交通基础设施互联互通的"最后一公里"；二是加快口岸基础设施建设，提高口岸综合服务能力和服务效率，促进人流物流便利化，探索合作共建共享口岸基础设施的新机制；三是加快推进跨境石油天然气管道和跨境发电厂与输电通道建设，稳步推进跨境光缆、洲际海底光缆和空中（卫星）信息通道建设，加快建设安全可靠、高效便捷的高质量现代化跨境基础设施体系。

三、建立健全跨境基础设施互联互通工作机制

在国家层面，积极争取与周边国家成立高层次的跨境基础设施互联互通协调协同机制，加强跨境相关基础设施发展规划计划的衔接和协调，联合制定跨境基础设施发展规划以及相关技术、标准规范和政策。

在此基础上，进一步建立健全跨境基础设施互联互通工作的执行机制，建议推动我国与周边国家的边境地区共同成立次国家级（省级政府）的联合工作组，共同研究谋划相关跨境基础设施互联互通项目，建立跨境重大基础设施互联互通项目库；联合开展重大跨境互联互通项目的可行性研究论证，研究制定重大项目投融资模式，明确中外投资责任主体及其投资分工与合作机制，统一重大项目的投资建设进度计划，促进重大项目同步、协调、协同建设。

四、创新跨境基础设施互联互通项目投融资模式

（一）充分发挥银行等金融机构的积极性

支持跨境基础设施互联互通和共建共享，国内开发性、政策性银行要有更大的担当和作为。国家开发银行和中国进出口银行要与国内其他商业银行建立健全协调协同机制，优势互补、形成合力，要积极地与周边国家相关银行开展银团贷款或联合融资；要主动加强与亚洲基础设施投资银行、世界银行、亚洲开发银行以及区域性多边金融机构等国际开发性金融组织的合作，为跨境基础设施互联互通项目提供投资建设资金、融资担保等全方位投融资服务。鼓励国内银行金融机构积极通过收费权质押、特许经营收益权质押等方式开展"项目融资"方式。

建议国家开发银行和中国进出口银行联合借鉴世界银行和亚洲开发银行的做法，以技术援助赠款方式，资助沿边地区省级政府（投资主管部门）与外国边境地区政府共同开展跨境基础设施互联互通重大项目谋划或可行性研究论证工作，确定重大项目建设方案包括选址、建设规模、主要建设内容和建设标准等主要事项，尤其是要创新项目商业模式，设计具有可操作性的项目投融资方案。

（二）积极审慎运用政府和社会资本合作模式

创新跨境基础设施项目投融资模式，支持引导国内基础设施投资运营企业、大型工程承包商等产业资本与社保、保险、主权财富基金以及商业性基础设施投资基金等金融资本组成联合体，共同参与相关跨境基础设施 PPP 项目的投资建设和运营。鼓励国内基础设施投资运营企业、大型工程承包商等产业资本向边境地区有关政府部门提出开展跨境基础设施 PPP 项目的建议。

为进一步推进跨境基础设施项目的同步协调建设实施，有效防范中外跨境基础设施项目中经常出现的建设进度甚至建设标准不一致等突出问题，建议边境地区政府有关政府部门可积极探索与周边国家相邻地区联合引入 PPP 模式，共同开展跨境基础设施互联互通特许经营/PPP 项目。该 PPP 项目要引入竞争机制，通过国际公开招标采购方式遴选具备较强专业能力和投融资能力的社会资本方，并由中外双方联合授权中标的社会资本方承担该项目的投资建设和运营工作。原则上，这类跨境互联互通 PPP 项目所需的政府付费或运营补贴资金由中外边境地区政府在协商一致的基础上合理分担。

（三）鼓励基础设施工程承包商投资跨境基础设施项目

从国际经验来看，大型工程承包商不仅是基础设施领域的重要工程建设者，也是基础设施领域重要的投资运营商。要支持引导国内的大型基础设施工程承包

商积极开展基础设施投资、运营业务，鼓励大型工程承包商通过 PPP 模式和自主对外投资模式（即企业自主投资、自主决策、自担风险），投资参与跨境基础设施项目以及"一带一路"沿线国家重大铁路、公路、水运、水利、能源电力以及城市供水、污水处理、垃圾处理、燃气供应和热力供应等基础设施项目。鼓励基础设施工程承包商积极加强与基础设施运营商以及银行、产业投资基金等金融资本的合作，提高基础设施专业能力和投融资能力，提升市场竞争力。

大型基础设施工程承包商要以参与跨境基础设施和"一带一路"沿线国家其他基础设施项目的投资建设和运营为契机，积极培养和引进对外直接投资人才，着力加强基础设施的运营管理能力，逐步实现从基础设施工程承包商适度向基础设施投资运营商的战略性转型。

第十四章 基础设施主要投融资模式解析

对于政府投资项目而言，投融资模式相对简单，重点是解决项目资本金筹集和债务资金来源。按照《政府投资条例》要求，政府投资项目在项目可研阶段要落实建设资金来源，在建设实施前要申报纳入政府投资年度计划，建设实施阶段，财政部门要按政府投资年度计划和财政预算及时、足额拨付建设资金。实践中，为解决非经营性基础设施项目缺少投资建设资金的问题，提高项目可经营性和可融资性，很多地方实施了一些以吸引企业投资、融资为主要目的、加快推进项目建设实施的投融资模式，主要包括 ABO、"F + EPC"、"I + EPC"、"EPC + O"、EOD 以及片区综合开发投资模式等。这些投融资模式的实施要点，合法合规性如何，适用性如何，以及是否存在新增政府隐性债务等问题，需要引起管理层和业界的高度重视。

第一节 政府授权投资运营模式

政府授权投资运营（ABO）模式是指针对网络基础设施项目或区域综合开发性质的项目组，地方政府以授权协议的方式，对融资平台/城投公司等政府所属国有企业（可以有条件放宽到国有控股企业）实施授权投资建设和运营。这种模式并非中国首创，更非中国特有，日本各类公团（如水利公团、公路公团、电力公团等）、美国田纳西流域管理局等实质上采取了 ABO 模式。中外 ABO 模式的最大区别是中国采取政府和企业签署授权协议的方式，而日本和美国则采取了更为规范、透明且约束力更强的专门立法授权方式。

ABO 模式属于传统公建公营模式的升级版，其与公建公营模式最大区别在于两个方面。其一，将公建公营模式下政府部门与项目单位（项目法人）之间的直接行政管理关系变更为授权协议下约束力更强的政府与企业之间的责权利关系；其二，实践中 ABO 模式引入了 PPP 模式的目标导向和结果导向原则，即只有被授权国有企业的建设和运营绩效达到了授权协议中约定的要求，政府才依据授权协议给予企业相应的政府投资补助或运营补贴。

ABO 模式实施程序和相关要求与特许经营/PPP 模式比较相近，其大致包括以下方面。对于某个网络基础设施或区域综合开发项目，地方政府有关部门选定本地投融资平台公司或城投公司等国有企业（也可以通过招商方式选定社会资本方），并与该企业签订项目授权投资运营协议（即 ABO 协议），授权该企业履行项目投资主体职责，并明确各方责权利关系；被授权企业根据自身专业能力或投融资能力，自行或与其他社会资本方联合投资建设和运营管理项目（联合投资方式比较灵活，可以是合资或合作，合作范围可以是项目整体或部分子项目），努力达到项目预期目标和产出；地方政府有关部门按照授权协议约定，实施必要的项目投资监管，开展项目绩效考核评价以及成本或价格监审；依据绩效考核评价或成本或监审结果，有关部门在运营期内定期（每年或半年）支付项目运营补贴或服务费用。ABO 模式与特许经营/PPP 模式主要有两大区别：一是政府直接授权企业投资建设运营，无须走社会资本方/项目法人招标程序；二是授权通常没有期限限制，被授权企业可以永久延续持有项目资产和经营权，不必移交政府。

在 ABO 模式下，被授权国有企业实质上剥离了政府的直接信用，其债务融资不构成政府（隐性）债务。被授权企业具有相对较大的投融资决策自主权，在授权范围内具体项目的投资，可以自行投资，也可以自主与其他专业能力更强、投融资能力更强的投资者包括央企、省属国企或民营企业联合或合资投资。

实践中，反对 ABO 模式甚至认为 ABO 模式不合法的观点认为，ABO 模式下由政府直接授权政府所属国有企业投资，在遴选被授权企业时缺乏竞争机制，属于政府私下相授行为，有违公平竞争原则。笔者认为，被授权企业通常是政府投融资平台或城投公司，其并非以营利为主要目的，实质上是政府特殊目的载体（SPV），以市场化方式履行政府在特定行业领域的职能，因而有别于一般竞争领域的国有企业，更有别于其他异地国有企业和民营企业。因而，总体上 ABO 模式并不违背公平竞争原则。

值得注意的是，地方政府不应当泛化使用 ABO 模式，其比较适用于有收费机制的网络基础设施以及包含经营性项目和非经营性项目的流域综合治理、片区或区域综合开发等项目，一般不适用于单纯的非经营性项目。非经营性项目更适用于政府付费的 PPP 模式，引入 ABO 模式的意义不大。

第二节　"融资 + 工程总承包"模式

政府投资项目建设实施前必须落实建设资金，因而由 EPC 企业为项目融资或垫资违背《政府投资条例》要求，属于违法行为。严格按照《政府投资条例》要求实施的政府投资项目，并不存在需要 EPC 企业代为融资的问题。政府投资项目如果采取"融资 + 工程总承包"（"F + EPC"）模式，实质属于垫资承包，说明项目没有落实建设资金或建设资金不能及时、足额到位，而这显然是违背《政府投资条例》要求的。尽管 EPC 企业出于承揽工程建设业务需要，愿意（通常是被迫同意）为政府投资项目融资或垫资，也是不允许的。

值得注意的是，企业投资项目包括城投公司和各类社会资本（如央企和民营企业等）自主投资建设的项目，是否可以采取"F + EPC"模式，相关法律法规并没有明确规定，按照"法未禁止皆可为"的原则，可以由企业自主决定，只要 EPC 企业愿意接受该模式。因而，实践中具体投资项目是否允许采取"F + EPC"模式的问题，实质上变成了该项目是否属于政府投资项目的问题。

而如何判断一个项目是否属于政府投资项目，不在于项目法人性质是企业还是行政事业单位，企业（主要是国有或国有控股企业）也依法可以作为政府投资项目法人或建设单位。政府投资项目最重要的判断依据是以下两点：其一，在政府投资方式上，政府以直接投资或资本金注入的方式投资项目，这是基本条件；其二，政府投资资金按项目安排、跟着项目走，项目建设所需的政府投资资金应当纳入政府投资年度计划并按照预算拨付。

实践中，如果政府先投资设立一个国有企业（如城投公司），该企业再以政府投入的注册资金作为自有资金或项目资本金投资建设一个项目，那么该项目实质上不属于政府投资项目，可以由该国有企业自主决定是否采取"F + EPC"模式。如果一个已经投资建设了 N 个项目的既有国有企业（如国家电网公司）作为项目法人再新建一个项目（如农村电网改造项目），该项目如果由政府投资注入资本金且这部分资金按照项目安排并拨付给该国有企业或其专门设立的项目公司，则该项目应当依法属于政府投资项目，不得采取"F＋EPC"模式。

第三节　"投资＋工程总承包"模式

"投资＋工程总承包"（"I＋EPC"）模式的核心是投资，是地方政府或其授权的项目实施机构通过招标等竞争性方式选择社会投资人，并由投资人（及其设立的项目公司 SPV）承担项目投资、融资、建设和运营等全过程责任及相关风险。这是该模式与"F＋EPC"模式的本质区别。在"F＋EPC"模式下，中标的 EPC 企业即使代为融资，也不承担投资、运营责任及相关风险，而在"I＋EPC"模式下中标的社会投资人承担的项目投资和运营等风险要大得多。

实践中，社会投资人之所以愿意接受"I＋EPC"模式，在很大程度上也是出于承揽工程 EPC 业务考虑，获取投资收益反而次之，所以社会投资人基本上是建筑施工企业。"I＋EPC"模式通常适用的项目是：项目工程属性较强，施工利润相对较多，建筑施工企业愿意参与投资；项目能够创造收益，但主要收益通常不直接归社会投资人/项目公司所有，而是依法归地方政府所有（如国有土地出让收益）。

"I＋EPC"模式实施的大致流程如下：政府授权的项目实施机构通过招标选择社会投资人；中标的社会投资人或其与地方政府所属城融资平台公司联合投资设立项目公司；项目公司具体负责项目投资、融资和建设管理工作；社会投资人承担项目 EPC 工作；项目全部建成或部分子项目建成后创造收益，政府再按照"I＋EPC"协议规定直接或间接返还部分或全部收益给项目公司；项目公司再以返还的这部分收益偿还债务融资，从而实现了项目投资融资—收益—政府返还部分收益—债务融资偿还的闭环。实践中，"I＋EPC"项目能够获得成功的关键是项目本身能够创造足够多的收益，使得政府"有钱"返还社会投资人或项目公司，这对社会投资人投资和运营能力是个很大的考验。

值得注意的是，"I＋EPC"模式所谓的政府或政府授权项目实施机构的招标实质上是项目投资人招标。既然是社会投资人中标项目而不仅仅是 EPC 中标，则该项目实质上变成了一个企业投资项目，这如同没有地方政府投资参股的 PPP 项目属于企业投资项目一样。

在"I＋EPC"模式下，地方政府和业界存在一个比较大的争议或疑惑是：

项目中标的社会投资人是否自动获得工程 EPC 业务，而不需要经过工程二次招标？考虑到该模式下社会投资人本身是通过招标方式获得投资（I）的资格，且政府或其授权项目实施机构在制定项目实施方案和招标时也为投资人设置了工程 EPC 相关资质条件，所以按照招标投标法及其实施条例有关规定，中标的社会投资人自动获得项目工程 EPC 业务是没有问题的。此外，从逻辑上讲，中标的社会投资人投资建设该项目，如果还要实施工程二次招标，那么社会投资人本身是没有参与工程投标资格的（否则成为自己的项目自己投标），其导致的结果必然是，没有社会投资人愿意接受对其承揽工程 EPC 业务没有任何帮助还要承担投资风险的"I＋EPC"模式。

当然，在"I＋EPC"模式下，如果中标的社会投资人不具备项目中某个子项目的设计或施工等专业承包资质条件，那么不能直接承担该子项目相关工程承包业务。该子项目应当依法进行工程二次招标，遴选合格的工程承包商。

地方政府之所以采取"I＋EPC"模式，在很大程度上也是出于缺乏政府投资资金，需要通过"I＋EPC"模式解决项目融资问题，从这点看"I＋EPC"模式与 PPP 模式比较相近。但是客观地说，在制度政策建设方面，在相关交易结构设计方面，在项目实施的规范性、公平公正性和透明度方面，在主要参与方的责任约束机制方面，"I＋EPC"模式要比 PPP 模式差很多，总体上 PPP 模式明显优于"I＋EPC"模式。而地方政府之所以选择"I＋EPC"模式而非 PPP 模式，恐怕主要在于现行 PPP 政策对本地所有 PPP 项目不得超过一般公共预算支出 10% 的红线限制，使地方政府设法选择 PPP 模式。

第四节　"工程总承包＋运营"模式

"工程总承包＋运营"（"EPC＋O"）模式是指项目建设单位委托工程总承包商负责项目的设计、施工和采购等工程建设任务，并在项目竣工后继续承担运营期一定时期内的项目运营维护工作。"EPC＋O"模式本质上属于投资项目建设和运营的一种组织实施模式，也可以称为建营一体化模式。严格来说，EPC 企业并非项目法人，不承担项目投资、融资责任及相关风险，因而"EPC＋O"模式不属于项目投融资模式。

项目采取"EPC＋O"模式有助于增强对 EPC 企业的责任约束，促进项目建设和运营全过程的集成创新，统筹建设和运营成本，综合平衡工期、成本和质量的关系，从源头上降低项目综合成本和提高投资效益。从建立项目全生命周期的责任约束机制看，"EPC＋O"模式与PPP模式的功能比较相近，可以说是一种不需要EPC企业/社会资本方承担融资责任及相应融资风险的广义PPP模式。

各地区要鼓励政府投资项目引入"EPC＋O"模式，但前提条件是地方政府在项目建设期，能够按照项目建设进度及时、足额拨付支付投资资金。实践中，要防止政府投资项目借"EPC＋O"模式的名义搭载融资功能，将原本应当建设期拨付的EPC工程款，挪到运营期再拨付，从而将该模式异化为"建设＋回购"（BT）模式。对于采取"EPC＋O"模式的政府投资项目，按照《政府投资条例》规定，项目各年度主要建设任务完成以及整个工程EPC总承包任务完成后，应当支付全部工程款（除扣除少量工程质量保证金外），否则该项目属于由EPC企业垫资建设或拖欠工程款，地方政府由此成为借"EPC＋O"模式名义新增政府隐性债务。

值得注意的是，企业投资项目包括政府所属投融资平台公司或城投公司等国有企业投资建设的项目，是否采取"EPC＋O"模式，是否在工程EPC总承包任务完成或工程竣工后支付全部工程款，是否将部分工程款挪到运营期支付，由企业和EPC承包商自主协商决定。这并不受《政府投资条例》管辖，也与政府是否违规融资和是否新增政府隐性债务无关。

第五节　生态环境导向的开发模式

生态环境导向的开发（EOD）模式是以生态保护和环境治理为基础，以特色产业开发运营为支撑，以区域综合开发为载体，采取产业链延伸、联合经营、一体化开发等方式，推动公益性强、收益性差的生态环境治理项目与收益较好的关联产业项目融合一体化实施，将生态环境治理项目的正外部性内部化的项目组织实施模式，也可以说是一种具有综合开发性质的投资模式。EOD模式是挖掘生态环境的经济价值、实现生态产业化的有效路径，是贯彻"绿水青山就是金山银山"理念，将"绿水青山"变成"金山银山"的实践探索。

在具体项目层面，EOD模式中的E代表生态环境治理项目，D代表资源或产业开发项目。通常情况下，生态环境治理项目建设实施后变成了"绿水青山"，能够大大提升项目范围内以及项目沿线或周边地区的土地/商业价值，但其往往不属于项目本身的财务收益，而属于项目的正外部性。EOD 模式的重要价值在于，通过生态环境治理项目和产业开发项目的融合一体化开发投资，在一定程度上和一定区域范围内将其正外部性转化为项目内部收益，从而提高整个 EOD 项目的可经营性和可融资性，并相应地减少政府对生态环境治理项目的建设和运营投入，降低政府投资压力。

为探索将生态环境治理项目与资源、产业开发项目有效融合，解决生态环境治理缺乏资金来源渠道、总体投入不足、环境效益难以转化为经济收益等瓶颈问题，推动实现生态环境资源化、产业经济绿色化，提升环保产业可持续发展能力，促进生态环境高水平保护和区域经济高质量发展，更好地推广运用 EOD 模式。2020 年，生态环境部、国家发展改革委、国家开发银行联合印发《关于推荐生态环境导向的开发模式试点项目的通知》（环办科财函〔2020〕489 号），并于 2021 年上半年共同确定了 36 个项目开展 EOD 模式试点工作，其后又于 2022 年上半年确定了 58 个试点项目。根据 EOD 试点文件，EOD 模式试点政策的基本要求大致如下。

第一，政府主导。EOD 模式必须充分发挥地方政府或园区（或开发区）管委会的组织协调作用，确保 EOD 项目实现预期的生态环境治理目标任务，这也是 EOD 模式实施的基本前提。为此，建议地方政府或园区管委会可成立主要领导人担任组长的领导小组，并设立专门办事机构乃至常设办公室。

第二，同一实施主体。EOD 项目应当由一个统一的企业主体或项目公司承担项目投资、融资、建设和运营管理等全过程工作，确保生态环境治理项目和产业开发项目同步协调推进，融合一体化实施，协调协同发挥经济、社会和生态等环境效益，从而实现项目正外部性内部化。

第三，项目合法合规操作。EOD 项目（包括内部子项目）的审批（核准、备案）手续齐备。如为特许经营/PPP 项目，应当符合特许经营/PPP 相关制度政策要求并合法合规操作，不得借 PPP 名义变相融资甚至违规融资。

第四，建立健全利益反哺机制。明确 EOD 项目财务效益反哺其中的生态环境治理项目的方式方法，确保产业开发项目的财务收益部分用于生态环境治理项目，从而实现二者利益共享，并有效降低政府投资或运营补贴支出。

第五，不得新增政府隐性债务。符合条件的 EOD 项目或其子项目，可以申报国家投资和申请发行地方政府专项债。但在 EOD 项目实施时，地方政府不得借 PPP、投资基金等名义变相融资，不得以企业债务名义新增政府隐性债务。

第六，坚持专业人做专业事的原则。EOD 项目具有综合开发投资性质，生态环境治理和资源、产业开发涉及的行业领域较多，建设和运营管理等专业要求高。鼓励社会投资者以联合体方式或共同组建项目公司方式投资参与 EOD 项目，实现利益共享、风险共担。

EOD 模式属于典型的片区/区域综合开发投资模式，实施难度特别是产业开发项目实施难度总体上非常大。其实施要点大致包括以下几个方面。

第一，加强 EOD 项目谋划。虽然 EOD 项目具有综合开发性质，但是投资规模和区域范围不宜太大，原则上应当以生态环境治理项目为主要边界范围。如果将全域或整个行政区内所有环境治理项目统一包装成为一个 EOD 项目，实际上很难同步协调实施。EOD 项目要靠产业开发项目获得经营收益，因而产业开发项目谋划或植入至关重要。值得注意的是，产业开发项目不应是单纯的工业或产业园区开发项目，也不应是单纯的房地产开发项目，更不应是单纯的国有土地收储项目。实践中，比较适宜的产业开发项目主要包括旅游观光、餐饮、文化体育、休闲娱乐以及必要的产业地产等项目。

第二，坚持以生态环境治理项目为主导。EOD 模式的基本前提是必须要有生态环境治理项目，且其生态环境项目建设处于优先地位，即在确保生态环境治理项目达到预期目标和产出的前提下，再谋划资源或产业开发项目，当然二者可以且应当同步协调建设实施，同时发挥效益。

第三，项目资产与收益高度关联。EOD 模式下生态环境治理项目应当与产业开发项目具有高度的资产和收益的关联度，比如在生态环境治理项目同一土地上或在其周边或沿线进行产业开发，在河道综合治理项目基础上开展餐饮、文化旅游以及游船等夜间经济。实践中，地方政府不能用与生态环境治理项目无直接关联的国有土地使用权出让收入反哺生态环境治理项目，也不能以无直接关联的资源开发或土地开发项目作为对生态环境治理项目投资和运营成本的补偿。

第四，EOD 项目实施主体搭建。根据 EOD 试点政策相关要求，考虑到 EOD 项目涉及行业领域较多，建议实践中可以采取"N + 1 + X"的架构，即 N 个企业联合体或 N 个企业联合组建 1 个 EOD 项目实施主体或项目公司，N 个企业主体依据各自专业能力和投融资能力承担具体生态环境治理项目或产业开发项目的投资建设或运营管理工作，同时根据 EOD 项目中各子项目所属行业领域情况，以及建立利益反哺机制的需要，在 1 个项目公司下面成立 X 个子公司或分公司具体承担各子项目的投资运营工作。

第五，合规获取 EOD 项目产业用地。一般而言，EOD 项目中的生态环境治理项目可以通过划拨方式取得土地，但按照国家有关建设用地规定，产业开发项目一般需要通过出让或租赁的方式取得建设用地使用权。实践中，根据 EOD 项目具体情况和产业开发项目投融资需要，产业开发项目用地可以通过以下几种方式获得：一是在生态环境治理项目边界范围内在符合环保要求的前提下，直接植入产业开发项目（如北京四环路生态隔离带内适度植入餐饮、酒店等项目）。这种情况下产业开发项目不需要新增建设用地。二是在生态环境治理项目基础上适度扩大 EOD 项目建设用地范围，将增加的建设用地用于产业开发项目，从而也直接将生态环境治理项目的正外部性内部化，即转化为整个 EOD 项目的内部收益。三是实施带公益条件的建设土地招标（1＋1）模式，即政府先公开拍卖生态环境治理项目周边或沿线部分土地，中标的企业同时以征地或直接划拨方式取得生态环境项目建设用地，再统筹投资建设 EOD 项目包括生态环境治理项目和产业开发项目。四是项目投资主体（社会资本方）招标＋产业开发用地招标（2合1）捆绑或社会资本方＋产业开发用地招标＋工程 EPC 招标（3合1）捆绑，即在 EOD 项目社会资本方招标的同时，设置土地招标条件（以及工程 EPC 资格条件），中标的社会资本方再统筹推进生态环境治理项目和产业开发项目建设。

第六节　片区综合开发投资模式

实践中，片区可以理解为产城融合、产业园区、特色小镇、田园综合体、流域或河道等空间意义上的区域，是促进新型城镇化发展和乡村振兴发展的重要载体。实践中，城市有机更新、棚户区改造、旧厂（场）区改造、旧村庄改造等领域，也比较适用综合开发投资模式。

片区综合开发投资模式并非一种特定意义的投融资模式，与前述的 ABO、"I＋EPC"、EOD 等模式以及 PPP 模式并非并列的概念，而是强调以综合开发投资理念推动整个片区/区域的资源要素整合和优化利用，促进片区非经营性项目和经营性项目协调有序建设，提高片区经济、社会和生态环境等综合效益，助推片区长期可持续融资和发展。

片区综合开发投资通常可以采取 ABO 模式、"I＋EPC"模式以及特许经营/PPP 模式等。传统公建公营模式也并非完全不可采取，但对地方政府投资能力是个很大的挑战，所以片区综合开发投资模式通常以吸引社会投资为主，并由社会资本承担相关投资、融资责任及相应的风险。片区综合开发需要在时间和空间统筹考虑整个片区投资建设进度、具体区块开发建设时序以及各类经营性和非经营性项目建设进度，从而实现投资、融资—收益、债务偿还—再投资、再融资—再收益、再偿环债务的良性循环。因而，片区综合开发投资通常采取"分期、综合、滚动、开发"的八字方针。

片区综合开发投资项目中通常包含大量的非经营性子项目，在很大程度上，这些子项目是整个片区开发必须完成的主要任务，而经营性项目反而是为其融资平衡服务的，或经过商业模式创新后植入的。实践中，片区综合开发项目的收益除了项目单位本身的经营性收入外，也有部分依法属于政府财政性收入的收益，如国有土地出让收入和项目建设运营产生的各项税费收入等。这部分财政性收入属于项目本身创造的，根据项目投资建设特别是债务偿还的需要，通过合法合规方式"返还"项目公司，从而支持项目再投资和滚动开发，实现良性循环，是十分必要的。地方政府的合法合规方式，一般需要满足以下条件：一是地方政府及其有关部门或其授权的项目实施机构与项目投资人签署了正式的投资合作协议，并在协议中约定政府支持方式及其资金来源；二是项目投资建设和运营管理达到了预期的阶段性目标任务，并通过了政府方或受托的第三方机构实施的绩效考核评价；三是地方政府在获得相关各类收益后采取项目投资补助或运营补贴等方式。

实践中，为防范政府财政风险，地方政府在实施片区综合开发投资项目时最好是"锁定财政性资金支出的上限"，即政府投资补助或运营补贴资金应当以项目建设和运营为政府创造的收益总额为上限，不涉及动用片区外既有的政府财政收入。这不仅实质上防范了地方政府潜在的财政风险，而且也意味着项目公司为政府创造的收益越高，有可能获得的政府收益返还总额也越高，从而有助于调动社会投资者及其项目公司的积极性。当然，片区综合开发投资项目采取这种锁定政府财政风险的做法，对社会投资者而言，投资、融资风险比较大。如果项目自身的经营性收入和为政府创造的收益不足，那么政府"反哺"项目建设和运营的能力将降低，项目投资、收益和融资平衡或良性循环将难以维持。所以，片区综合开发投资项目的社会投资者需要研究回答的一个重要课题是如何投资或招引技术市场前景好、效益好的产业开发项目并提高土地开发价值。考虑到现阶段工业化、城镇化发展趋势，这无疑是一个巨大的挑战。

需要注意的是，如果片区综合开发投资项目采取这种锁定政府财政风险的做法，即使采取 PPP 模式，地方政府对所有 PPP 项目财政承受能力评价之 10% 红线没必要考虑的——无论是否名义上超过了10%红线，都实质上防范了财政风险，原因在于"政府给我的钱实质上都是我挣的"。建议有关部门考虑片区综合开发PPP项目的特点，修改完善财政承受能力论证办法，甚至可以直接对这类锁定财政风险的PPP项目取消10%红线限制。

参考文献

［1］中共中央，国务院．关于深化投融资体制改革的意见（中发〔2016〕18 号）〔Z〕．2016 - 07.

［2］中共中央，国务院．关于深化国有企业改革的指导意见（中发〔2015〕22 号）〔Z〕．2015 - 08.

［3］国务院．关于加强地方政府性债务管理的意见（国发〔2014〕43 号）〔Z〕．2014 - 09.

［4］国务院．关于创新重点领域投融资机制鼓励社会投资的指导意见（国发〔2014〕60 号）〔Z〕．2014 - 11 - 16.

［5］国务院．政府投资条例（2019 年 7 月正式施行）〔Z〕．2019 - 04.

［6］国务院办公厅．关于保持基础设施领域补短板力度的指导意见（国办发〔2018〕101 号）〔Z〕．2018 - 10 - 11.

［7］中国银监会．关于加强 2013 年地方政府融资平台贷款风险监管的指导意见（银监发〔2013〕10 号）〔Z〕．2013 - 04 - 9.

［8］财政部，国家发展改革委，等．关于进一步规范地方政府举债融资行为的通知（财预〔2017〕50 号）〔Z〕．2017 - 04 - 26.

［9］张成福，党秀云．公共管理学〔M〕．北京：中国人民大学出版社，2001.

［10］吴亚平．投融资体制改革：何去何从〔M〕．北京：经济管理出版社，2013.

［11］吴亚平．全面认识政府和社会资本合作模式〔N〕．人民日报，2015 - 12 - 23.

［12］国家发展改革委投资研究所，国家开发银行业务发展局联合课题组．投融资体制改革与融资平台规范发展研究（内部报告）〔R〕．2012 - 06.

［13］国家发展改革委投资研究所课题组．新常态下政府投资方向和方式研究（中国宏观经济研究院 2015 年度重点课题报告）［R］．2015 – 12．

［14］吴亚平．紧扣五大改革主题构建新型投融资体制［N］．上海证券报，2019 – 01 – 10．

［15］吴亚平．促进地方公共领域投融资模式转型［J］．经济要参（内刊），2020，2449（39）．

［16］胡恒松，王宪明．中国地方政府投融资平台转型发展研究（2018）［M］．北京：经济管理出版社，2018．

［17］吴亚平．地方投融资平台不可忽视［N］．财经，2015 – 06 – 15．

［18］全国城投公司协作联络会，江苏现代资产管理顾问有限公司．中国城投行业发展报告（2018）［M］．北京：社会科学文献出版社，2018．

［19］陈桂莲，申苹．促进地方融资平台公司转型发展［N］．金融时报·金融界，2018 – 04 – 23．

［20］吴亚平．促进地方公共领域投融资模式转型［J］．经济要参（内刊），2020（39）．

［21］刘尚希．如何看待地方债务［J］．中国党政干部论坛，2010（4）．

［22］戴玉林．多措并举化解地方政府债务［N］．经济日报，2019 – 07 – 26．

［23］马晓风．地方政府债券发行管理的国际比较与借鉴［D］．云南财经大学硕士学位论文，2018．

［24］鲁政委，郭草敏，陈天翔．美国市政债：市场概况、运作机制与监管［J］．金融发展评论，2014（9）：33 – 57．

［25］Hildreth W B, Zorn C K. The Evolution of the State and Local Government Municipal Debt Market over the Past Quarter Century［J］. Public Budgeting & Finance, 2005（25）：127 – 153.

［26］何麒．地方专项债运行机制及权责模式法律问题研究［D］．武汉大学博士学位论文，2018．

［27］Denison D V, Hackbart M, Moody M. State Debt Limits：How Many Are Enough?［J］. Public Budgeting & Finance, 2010, 26（4）：22 – 39.

［28］冯文佳．我国地方政府债务监管制度研究［D］．天津财经大学博士学位论文，2016．

［29］Pinna M. An Empirical Analysis of the Municipal Bond Market in Italy：Sovereign Risk and Sub – Sovereign Levels of Government［J］. Public Budgeting &

Finance，2015，35（3）：68－94.

　　［30］西尔万·G. 费尔德斯坦，弗兰克·J. 法博齐. 美国州与地方政府债券手册［M］. 北京：中国财政经济出版社，2012.

　　［31］王敏. 美国市政债券风险控制的经验及启示［J］. 金融发展评论，2018（5）：40－46.

　　［32］逯元堂，赵云皓. 生态环境导向的开发（EOD）模式实施要义与实践探析［J］. 环境保护，2021（14/708）.

　　［33］国家发展改革委投资研究所，中建投资基金管理（北京）有限公司，杭州城投基础设施投资管理有限公司，北控水务（中国）投资有限公司，南京卓远资产管理有限公司，北京市中闻律师事务所联合课题组. 地方政府专项债资金作为投资项目资本金研究［Z］. 2020－12.